本研究课题得到中国保监会 2011 年部级课题重点研究项目"保险公司资金运用风险管控研究"（课题编号：ZD201001）的研究资助

金融学论丛

保险资金运用风险管控研究

RESEARCH ON THE RISK MANAGEMENT OF THE INSURANCE INVESTMENT

朱南军 等 著

北京大学出版社
PEKING UNIVERSITY PRESS

本书得到北京市社会科学理论著作出版基金资助
图书在版编目（CIP）数据

保险资金运用风险管控研究/朱南军等著. —北京：北京大学出版社，2014.10
（金融学论丛）
ISBN 978-7-301-25160-7

Ⅰ.①保…　Ⅱ.①朱…　Ⅲ.①保险资金—风险管理—研究—中国　Ⅳ.①F842.4

中国版本图书馆 CIP 数据核字（2014）第 282082 号

书　　名	保险资金运用风险管控研究
著作责任者	朱南军　等著
责任编辑	郝小楠
标准书号	ISBN 978-7-301-25160-7
出版发行	北京大学出版社
地　　址	北京市海淀区成府路 205 号　100871
网　　址	http://www.pup.cn
电子信箱	em@pup.cn　　QQ:552063295
新浪微博	@北京大学出版社　@北京大学出版社经管图书
电　　话	邮购部 62752015　发行部 62750672　编辑部 62752926
印 刷 者	北京飞达印刷有限责任公司
经 销 者	新华书店
	730 毫米×1020 毫米　16 开本　17.5 印张　353 千字
	2014 年 10 月第 1 版　2014 年 10 月第 1 次印刷
定　　价	45.00 元

未经许可，不得以任何方式复制或抄袭本书之部分或全部内容。
版权所有，侵权必究
举报电话：010-62752024　电子信箱：fd@pup.pku.edu.cn
图书如有印装质量问题，请与出版部联系，电话：010-62756370

前　言

本书从保险资金运用与风险管控的理念出发,分析了保险资金运用中可能遇到的风险,并结合美国、欧盟、日本、中国台湾地区的经验,总结其对中国大陆的启示。同时,在对我国保险资金运用历史及现状分析的基础上,运用了基于 Markowitz 均值—方差的投资组合构建,对投资组合的 VaR 进行估计,发现企业债投资、房地产投资有利于提高保险资金运用效率。就保险资金运用风险监管的角度来看,通过对比分析 Solvency Ⅱ 角度、美国 RBC 角度、动态财务分析,发现我国保险资金运用渠道增加将给监管带来不少挑战,应当坚持风险监管与偿付能力监管相结合的方式。本书还在此基础上分析了长周期下的保险资金运用风险与监管,并运用熊彼特创新理论对中国技术创新与经济发展相互关系进行了实证分析,同时结合美、日的经验,得出应当密切关注预定利率水平及发展公司债市场的结论。最后,本书从保险公司、监管部门和政府三个层面分别提出政策建议。

本书第 2 章分析保险资金运用与风险管控的理念。由于保险资金具有负债性、稳定性、增值性、敏感性和社会性等特点,清晰界定保险资金的性质及其内涵,是实现保险资金运用风险管控的必要前提和基础。保险资金的性质决定了保险资金运用必须遵循安全性、流动性、收益性和多样性等原则。为了确保上述原则得以有效实施,保险公司必须采取科学、合理和规范的资金运用组织形式以使得保险资金得到最大程度的合理利用,从而实现最佳的投资收益,规避运用风险,实现保险资金的保值增值。

保险资金运用的过程中存在诸多潜在风险,使得保险公司资产负债存在不匹配的风险,从而危害偿付能力的充足性。保险资金运用的基本原则就是要保证保险资金的安全,确保万无一失。但是,保险资金在实际运用中面临的风险不但种类繁多而且瞬息万变。要真正落实保险资金运用安全性的原则,就必须针对具体风险采取有效的风险管控措施。行之有效的资金运用风险管控措施不仅能够保证保险资金的有效运用,而且可以促进保险公司整体风险管理体系的构建。一般研究认为,投资组合管理、风险限额管理和资产负债管理三个方面的理论能为保险资金运用风险管控提供行之有效的方法。

本书第3章分析保险资金运用及其管理。保险公司的投资过程和承保过程均涉及资金流转，这两类业务的实践中出现的各种环境因素会使保险公司资产与负债价值发生变化，进而可能导致偿付危机的各种不确定因素即为运用保险资金面临的风险。其中，与投资业务相关的风险为投资风险，即导致实际投资结果偏离短期投资目标的因素，主要表现为外部市场风险和公司治理风险；与投资和承保业务关系相连的风险则主要表现为资产负债不匹配风险。投资风险包括利率风险、市场价格风险、信用风险、汇率风险、再投资风险、流动性风险、通货膨胀风险和政策政治风险等。要实现资产和负债匹配，则要求在确定"安全性、收益性、流动性"三性均衡的投资目标条件下，实现资产和负债的性质、期限、规模和偿还期匹配。管理资产负债的方法主要有免疫策略、现金流匹配、现金流量分析以及动态财务分析。前两种方法主要用于管理利率风险，过程、技术较简单，适合对资产负债进行简单的匹配测试和管理；后两种方法则较为复杂，涉及各种宏观经济因素和与保单现金流有关的各种指标，如折算率、退保率等。

保险资金运用风险暴露的极端情况即为导致保险公司破产，数据显示超过一半的破产寿险公司是由资金运用问题导致，因此加强资金运用风险管控对保险公司的稳健经营至关重要。此外，破产数量与经济衰退呈现滞后正相关关系，经济衰退导致的资产浮亏往往在危机后1—2年反映在保险公司的资产负债表中。1991年美国保险公司破产潮和2008年AIG破产均是由信用风险暴露引起，其中前者是由于公司债券违约率增加，后者是由于房贷违约率增加，而这两个市场均是当时最受投资者青睐的投资工具。由此可看出，越发达的证券市场隐藏的风险越大，也是经济危机时期对保险公司威胁最大的风险。受我国证券市场发展特征、保险资金投资结构等影响，当前保险资金运用面临的最大风险是决策失误风险、市场价格风险以及利率风险。

本书在第4章分析了国际先进的保险资金运用风险管控经验和技术，这对提升中国保险业资金运用风险管控发展水平，增强中国保险业可持续健康发展能力显得十分迫切和重要。

纵观发达保险市场近年来的发展态势，从保险业发展的地域上来看，欧洲在保险业的发展历程中始终占据着核心位置。虽然美国和日本等国家和地区在全球保险市场上占据重要的位置，但是一直无法撼动欧洲的主流地位。总体来说，整个全球保险市场日渐显现出欧洲、北美和亚太地区三足鼎立的局面。由于保险资金的特殊性质，保险公司作为市场上重要的机构投资者，投资态度一向是稳健而谨慎的。从普遍的国际保险市场经验来看，保险资金都以较大比例投向债券，尤其是低风险的政府债券和信用评级优良的公司债券。寿险公司更多地选择包括配置贷款和固定收益工具在内的长周期投资项目；非寿险公司则更大比例地持有现金和股票等流动性较高的资产项目。

为了更进一步的分析和研究,本书着重考察和分析了美国、欧盟(以英国和法国为主)、日本和中国台湾等国家和地区的保险资金运用及其相应的风险管控情况,同时,针对各保险市场的具体特点,分析了其对中国保险业资金运用风险管控的若干经验启示。上述国家和地区代表了目前国际保险业发展的最高水平和最新趋势,其保险资金运用风险管控的经验和教训值得正处于高速发展过程中的中国保险业借鉴和思考。

本书在第5章分析了我国保险资金运用的历史和现状,自1984年保险公司被批准自主运用部分保险资金开始,在短短的二十几年间我国保险业经历了大起大落:20世纪90年代初的投资混乱,1995—1998年的严格限制,再到逐步放开。在这个过程中,保险公司虽然经历了"投资热巨额亏损"、"利差损"等问题,但发展成果仍是可观的:可运用资金规模不断扩大,可利用的投资工具逐渐增加,资产结构不断优化,监管机构日益专业化,投资法规不断健全,投资策略逐渐理性化,风险管理紧随发展。我国保险资金运用风险管控也逐渐趋于成熟:主要有风险价值法、情景分析、压力测试、敏感性分析、动态偿付能力评估等,保险公司制定了专门针对信用风险和股票投资风险的管控措施等。

虽然我国保险资金运用的效率水平及风险管理能力在不断提高,但当前保险资金运用的风险管控中仍存在一些问题,主要表现在四个方面。首先,投资收益率平均水平较低且波动性大。这不仅直接影响保险公司的投资收益,而且由于投资收益率与保费增长速度呈现滞后正相关关系,会通过影响保费收入影响公司的现金流入。其次,资产负债管理不成熟,包括资产负债管理技术和准备金折算率的设定。再次,保险公司风险管理有待加强。最后,资本市场使资金运用存在较多限制,缺乏管理风险的衍生金融工具、风险和收益适中的投资工具以及中长期投资工具。

由于我国目前正处在经济转型期,资本市场发展时间短,机构投资者少,中介机构不健全,市场法规制度有待完善,这些导致市场中投机行为较多,市场存在较大的系统风险。

本书第6章首先通过马克维茨的均值方差模型考察不同的资产在投资组合中的特点,发现适度地提高企业债的投资比重对于改善组合的投资效率是有益的。接下来,引入VaR模型和方差时变性的概念,通过建立基于GARCH模型的VaR模型,来计算单一资产的VaR值,从而度量单一资产投资的风险。以E-V模型为基础确立模型的资产配置权重,使用多元GARCH模型度量组合的风险。

通过分析得出发展企业债市场、提高保险公司在企业债方面的投资有助于改善投资效率、降低风险的结论。而对于房地产投资,则应该加大资产证券化,重视房地产投资的流动性,现阶段应该控制投资的比重。在整个投资组合方面,保险公司在进行风险测度时,要基于整个投资组合的角度,将市场的联动反应引入模型,并采用相对精确的波动率预测方法来估计未来可能发生的损失。

本书第 7 章分析保险业监管与偿付能力监管之间的联系。保险资金运用监管是保险业偿付能力监管的重要组成部分,而两者之间也存在着过程与结果的关系。在对保险资金运用风险进行监管时也需要考虑保险偿付能力监管的要求,从而在偿付能力监管的框架下对资金运用风险进行有效监管。因此,该章综合分析了保险资金运用风险监管的现行监管方法,并结合欧盟的 Solvency Ⅱ、美国的 RBC 方法以及动态财务分析方法对这些方法进行研究。

欧盟偿付能力Ⅱ监管方法以及美国风险资本法是当今国际上对偿付能力监管的比较成熟的方法,它们基于风险的角度对偿付能力进行衡量,代表了国际上偿付能力监管的方向,同时对于我国的偿付能力改革也有着很重要的借鉴意义。由于偿付能力监管与保险资金运用监管有着密切的联系,在进行偿付能力监管时需要对保险资金运用风险进行衡量,从而得到更科学的偿付能力监管指标。

动态财务分析方法作为对保险公司未来的经济状况进行度量的一种方法,相比于静态的监管方法而言有着多方面的优越性。利用情景分析法与随机模拟法可以对保险公司未来一段时间内的风险状况进行模拟,并基于模拟的结果对保险公司进行相关的预警工作,防止保险公司由于资金运用失败而使得公司整体运营出现危机甚至面临破产的危险。

新时期保险资金运用风险的广泛存在对我国保险业监管提出了新的要求和挑战。由于我国正在建设第二代偿付能力监管体系,保险资金运用监管也应该与第二代偿付能力体系的发展方向相符合,保证两者之间协调发展,共同促进我国保险业的监管。此外,保险资金运用监管应该对于保险公司的重大投资进行实时监控,除在其投资时进行严格审批外,对投资项目的风险情况也应该进行实行监管,从而进一步保证其资金运用的安全性。

本书第 8 章从长周期的角度,结合宏观经济的周期性变动,综合分析日本、美国两国历史上的保险资金运用状况。日本在经济增速放缓的阶段遭遇了非常严重的预定利率风险,并导致了一批保险公司的倒闭。美国的投资收益率稳定且长期高于经济增长率,投资效果最为理想。通过分析发现,日本在经济繁荣时期,保险公司对未来的经济增速放缓没有充分的认识,过分乐观地估计了未来的投资收益率,这是在经济放缓时日本保险业经营遇到严重困难的主要原因。而美国的资本市场非常完善,在严格保险监管之下,美国的保险公司可以投资于收益率高、安全性相对较好的公司债,同时可以用一系列衍生工具对冲部分风险,这是美国保险资金运用稳定且高效的原因所在。

此后,该章基于熊彼特的创新理论分析宏观经济的长周期走势,使用英国的历史 GDP 增长率和专利授予数量增长率,通过 VaR 模型发现 GDP 增长率和专利授权数量在长期中存在着相互影响的关系。结合中国目前的潜在增长率状况,发现中国的潜在增长率下滑的趋势尚未结束,估计潜在增长率在短期内仍然会下滑。但是考虑到技术进步的影响,这种下滑可能并不像市场预计的那么严重。因而,预计在未来一段时间,利率水平会有小幅下滑,房地产价格、以股票市场为代表的资本市场由于受到转型期的政策影响,其波动性会加大。

借鉴美国和日本的经验,在长周期中,中国的保险资金运用应该从两个方面应对风险:首先,即便目前的预定利率较低,但由于预定利率的监管在放松,保险公司一定要对经济增速下滑阶段的预定利率风险给予足够的关注,切勿为了取得暂时的竞争优势就大幅提高预定利率水平;其次,监管部门应该尽快完善资本市场,增加保险公司的投资渠道,长期企业债对于提高中国保险业投资收益率的效率和稳定性有着非常重要的意义,可以有效改善资产负债期限不匹配的状况,改善投资短期化的问题。这可能是未来的重要突破点。

最后,在第9章本书就保险资金运用的风险管控从保险公司、监管部门和政府三个角度,分别就保险资金运用理念和风险控制原则、保险资金运用的准入控制、保险资金运用的过程控制等几个层次提出政策建议。

在保险公司方面,建议其保持投资政策的连贯性,同时坚持独立制衡的原则,努力营造良好的风险管理氛围,谨慎选择投资领域,科学安排保险资金,并对保险公司资产管理形式、格局安排等分别进行分析。从组织架构、资金运用流程这两个方面进行风险控制,在构建科学组织结构的基础上,分别就资产负债匹配、交易和结算制度、信息管理体系和绩效评估体系三个角度分析了保险资金运用的流程风险及其控制。本部分强调资产负债管理,尤其是现金流测试的推广使用。

在监管部门方面,主要从监管原则、准入限制、监管机制建设三个层次展开论述。其中,强调加大企业债比重、放宽股权投资和海外投资比例,并对不动产投资的长期保值作用及现实情况做出了判断。此外,根据保监会发布的最新文件,本书结合国际经验,对构建中国第二代偿付能力监管制度体系提出了建议,同时在信息披露、建立信用评级机构等方面提出了建议。

在政府层面的监管建议主要是基于保险资金运用的长期发展及金融生态环境的角度考虑的。结合前文长周期下保险资金运用的分析和结论,并根据我国金融混业经营的需要和目前分业监管的现状,提出应该大力推进金融监管合作,营造统一的监管格局。此外,本书还特别提到政府应当加强对法律风险的重视,同时注重复合型人才培养,完善人力资源管理制度,为保险资金运用乃至整个保险业的长远发展提供源源不断的动力。

参与本书写作的人员有朱南军、翟建辉、刘洁纯、冯源、罗蕾、冯玉林。集体的努力是本书得以付梓的保证。最后要感谢北京大学出版社的支持与郝小楠编辑专业、认真、周到的工作,使本书得以顺利出版。

作　者
2013年12月1日

目 录

1 引 言 ... 1
2 保险资金运用与风险管控理念 ... 5
   2.1 保险资金概述 ... 6
   2.2 保险资金运用基本理论 ... 9
   2.3 保险资金运用风险管控 ... 18
   2.4 保险资金运用风险管控理念 ... 25
3 保险资金运用风险及其管理 ... 28
   3.1 保险资金运用风险定义 ... 28
   3.2 保险资金运用投资风险 ... 29
   3.3 保险资金运用资产负债不匹配风险及其管理 ... 37
   3.4 保险资金运用风险比较分析 ... 45
4 保险资金运用风险管控的国际经验与启示 ... 60
   4.1 保险资金运用国际趋势与特征 ... 60
   4.2 美国保险资金运用及风险管控 ... 65
   4.3 欧盟保险资金运用及风险管控 ... 72
   4.4 日本保险资金运用及风险管控 ... 87
   4.5 台湾地区保险资金运用及风险管控 ... 92
   4.6 保险资金运用及风险管控国际比较对中国的启示 ... 101
5 我国保险资金运用历史回顾及现状分析 ... 106
   5.1 我国保险资金运用历史回顾及评价 ... 106
   5.2 我国保险资金运用及风险管控现状 ... 121
   5.3 保险资金运用风险管控问题 ... 133
6 保险资金运用风险的实证分析 ... 137
   6.1 研究概况 ... 137
   6.2 基于均值—方差模型的投资组合构建 ... 139
   6.3 VaR 的表达与计算方法 ... 148

6.4　单一资产的 VaR 估计——以房地产投资为例 …………… 150
　　6.5　投资组合的 VaR 估计 ………………………………………… 165
　　6.6　结　论 ………………………………………………………… 171
　　　附录6.1　各资产收益率序列统计特征 ………………………… 178

7　保险资金运用风险管控——基于监管的角度 ……………………… 182
　　7.1　保险资金运用风险监管必要性分析 ………………………… 182
　　7.2　我国保险资金运用风险监管方法 …………………………… 184
　　7.3　保险资金运用风险监管与偿付能力监管关系 ……………… 191
　　7.4　基于 Solvency II 角度的保险资金运用风险监管 …………… 193
　　7.5　基于美国 RBC 角度的保险资金运用风险监管 ……………… 199
　　7.6　基于动态财务分析的保险资金运用风险监管 ……………… 202
　　7.7　我国保险资金运用风险监管前景展望 ……………………… 205

8　长周期视角下的保险资金运用研究 ………………………………… 208
　　8.1　文献回顾 ……………………………………………………… 209
　　8.2　我国保险资金运用的现状 …………………………………… 212
　　8.3　保险资金运用的国际经验——日本 ………………………… 218
　　8.4　保险资金运用的国际经验——美国 ………………………… 223
　　8.5　中国经济的长周期分析 ……………………………………… 232
　　8.6　长周期视角下美、日经验对中国的启示 …………………… 239
　　8.7　本章结论 ……………………………………………………… 244

9　政策建议与结论 ……………………………………………………… 245
　　9.1　保险公司 ……………………………………………………… 245
　　9.2　监管部门 ……………………………………………………… 249
　　9.3　政　府 ………………………………………………………… 254
　　9.4　结　论 ………………………………………………………… 257

参考文献 …………………………………………………………………… 259

1 引 言

保险公司的保费收入和投资收入是保险公司利润的两个主要来源。随着保险市场竞争日趋激烈,费率水平逐渐降低,保险公司的承保业务利润会逐渐缩小,甚至可能出现亏损。如何在控制风险的前提下拓宽保险资金运用渠道、提高投资收益就成为维持保险公司持续经营的关键问题。自1998年以来,我国保险资金运用渠道不断拓宽。1998年10月,批准保险公司加入全国银行间同业拆借市场;1999年7月,批准保险公司在国务院批复的额度内购买信用评级在AA+以上的中央企业债券;1999年8月,批准保险公司在全国银行间同业拆借市场办理债券回购业务;1999年10月,批准保险资金可通过购买证券投资基金间接进入证券市场,其后比例逐渐提高;2004年8月,批准外汇资金境外运用;2004年10月,允许保险公司直接入市;根据2009年10月1日开始实施的新《保险法》,保险公司的资金运用必须稳健,遵循安全性原则,可以投资于不动产;2010年8月,中国保监会制定的《保险资金运用管理暂行办法(草案)》第十一条规定,保险集团(控股)公司、保险公司、保险资产管理机构可以从事不动产投资。拓宽投资渠道可以增加保险公司的投资选择,从而能够更好地分散风险,提高投资效益,但同时也是一个保险资金运用风险敞口不断加大的过程。

自1998年以来,我国金融市场(广义金融市场包括货币市场、资本市场、投资性不动产市场,本书取此广义,下同)一直保持了较高的发展速度,同时在结构上也不断趋向合理与完善,为保险资金提供了品种更多、范围更大的投资渠道。但由于金融市场与宏观经济形势紧密相关,宏观经济的周期波动必然导致金融市场的波动,这又加剧了保险资金运用的风险。当前我国宏观经济已经步入非常重要的关头。保险资金投资于金融市场会有多大的风险,这些风险如何进行定量计算,如何运用适当的技术进行管控,是当前保险资金运用领域迫切需要解决的问题。

因此,本书旨在通过分析中国保险资金运用的现状以及中国金融市场的发展趋势,运用VaR等技术对保险资金运用的效率进行定量分析,同时从经济长周期的角度分析我国宏观经济对保险资金运用的影响。国内对保险资金运用风险的研究多见于质性判断,进行定量分析的研究还很缺乏。本书在回顾与梳理国内外的VaR分析、金融市场风险研究的相关文献的基础上,对我国近年来的保险资金运用、金融市场发展的现状做出总体分析,并针对各自的问题,分析保险资金运用的风险,利用VaR技术对保险资金运用的效率进行定量计算。因此本书的研究可以丰富该领域的研究,同时可以为相关部门的政策制定提供参考。

本书研究的范围与主要内容有:第一,梳理保险资金运用的理念、特点,结合国际保险资金运用的经验,分析先进的保险资金运用风险管控经验和技术。第二,根据保险资金运用的历史以及近几年保险资金的投资结构、投资收益率、资产负债匹配结构,发现保险资金运用的问题。第三,通过马克维茨的均值方差模型考察不同的资产在投资组合中的特点,研究改善组合并提高投资效率的方法。第四,收集并整理权益证券市场、债券市场、不动产市场的数据,选择有效指标,假设保险资金按不同比例分别投资于权益证券市场、债券市场、不动产市场,计算该投资的历史收益率,并对收益率进行数据分析、分布检验。利用VaR的历史模拟法、参数法、蒙特卡罗模拟法三种方法,并结合目前最为流行的GARCH模型,进行分析与预测。具体运用EWMA、GARCH、GARCH-M、IGARCH等模型,对不同投资渠道(金融工具)历史收益率进行回归分析,并对实证分析结果进行后验测试,评估各种方法的有效性。第五,分析保险业监管与偿付能力监管之间的联系。综合分析保险资金运用风险监管的现行监管方法,并结合欧盟的Solvency Ⅱ、美国的RBC方法以及动态财务分析方法对这些方法进行研究。第六,从长周期的角度,结合宏观经济的周期变动,综合分析日本、美国两国历史上的保险资金运用状况与宏观经济波动之间的联系,运用熊彼特的创新理论分析宏观经济的长周期走势,并通过VaR模型分析GDP增长率与专利授权数量的关系,再结合中国现实情况提出长周期中中国应当注意的要点。最后,基于以上分析结果,并借鉴国际上的保险资金运用风险管控的经验,提出针对保险公司、监管者和政府的风险管控措施。

本书研究的难点和创新之处主要有:第一,保险资金运用的问题。如何认识保险资金运用中的问题?如何在此基础上判断保险资金运用是否应该拓宽投资渠道?各种渠道的风险呈现何种统计上的特征?各种渠道的投资应该以什么方式、什么范围、什么规模进行?保险资金运用是否存在动态最优投资组合结构?其变化成何种规律?这些是本书在保险资金运用领域较为独到的探索。第二,金融市场运行中存在的问题。了解了金融市场存在的问题才可能分析保险资金进入金融市场的必要性、可行性与风险性。本书拟站在保险公司机构投资者的立场之上,对过去货币市场、资本市场、不动产市场的风险进行长周期定量分析,这是本书数据搜集与处理成本耗费最高的研究领域。第三,分析收益率的分布。在很多模型中,如EWMA模型、GARCH模型,一般是将收益率的分布默认为正态分布,并利用正态分布假设来分析数据。但是,越来越多的研究发现,金融数据存在强烈的尖峰厚尾的特征。收益率的这种分布特征,容易让VaR低估极端事件发生的风险。从目前的研究看,针对金融市场的VaR分析多是基于简单的正态分布假设,并没有讨论收益率的分布问题。收益率是否服从正态分布,如何处理非正态分布的收益率序列,是本书将重点关注的问题。第四,模型的预测效果。基于VaR的角度对金融市场进行风险分析的根本目的是预测未来的风险程度。这需要在众多方法、模型中选择最为合适的一种。VaR的主要计算方法有历史模拟法、蒙特卡罗模拟法、参数法。目前最流行、使用最广泛的是利用方差时变性的ARCH模型族方法。收益率的时间序列是否具有方差时变性、用哪种模型度量这种方差时变性是本书研究中最重要的问题。本书将会选择多种ARCH族模型,并结合蒙特卡罗模拟法,对未来一期的损失情况进行预测,并根据回归模型,将模型的预测结果与历史数据进行对比分析。利用Kupiec提出的后验测试方法进行检验,将各种方法的预测结果进行对比,从而选择表现最好的方法。第五,从长周期的角度分析保险资金运用的风险管控。承保周期的研究主要发生在工业化国家。这些国家的保险市场相对已经比较成熟,长期的增长趋势已趋于稳定,因此其周期性的波动主要源于保险业自身经营策略的改变等市场自身的因素。对于新兴市场国家而言,情况却并不一样。这些国家的保险市场正处于高速发展时期,保险市场尚不成熟,在这个快速增长的过程中,其保险市场可能面临相对更为剧烈的波动。进一步来看,与发达市场相比,新兴市场保险业的周期性波动产生的原因也可能截然不同,可能主要源于经济增长波动等宏观环境因素,而非取决于市场微观环境的变化。因而,对保险业经营周期的研究仅仅局限在承保周期上是不足够的。而新近提出的"保险周期"概念,仍然是基于中短期的概念,并没有建立一个长周期下的视角。国内甚至国际上目前的研究并未充分重视长周期视角下,保险资金运用过程中可能存在哪些风险,以及在中长期中应该采取哪些措施以应对这种风险。

针对以上研究难点,本书确定以下研究思路与实施步骤:首先,根据历史数据,对中国目前的保险资金运用现状进行分析,重点探讨保险资金运用的投资渠道、投资方式、投资结构与资产负债匹配状况,提出我国保险资金运用中存在的投资收益率低、波动性大、资产与负债匹配问题严重、投资渠道受限、投资结构不合理等问题,指出保险资金运用中需要提高收益、拓宽投资渠道,同时,要增加长期资产的持有比重,改善资产负债的匹配状况。随后,分析中国金融产业的发展现状,从总体上对中国金融市场运行中的的周期性问题、泡沫问题、资金来源问题做出分析,从而提出保险资金运用将会面临的风险问题。其次,根据前两部分的分析,指出保险资金运用有必要拓宽投资渠道,从而改善投资结构与资产负债匹配状况。但是,由于金融市场存在的问题,保险资金运用也将面临较大的风险,对这种风险的数量分析十分必要。再次,根据收集的金融市场数据,选取合适的收益率衡量指标,构建收益率时间序列,并对该序列进行初步的统计分析,判断其服从的分布。利用VaR计算中的参数法、蒙特卡罗模拟法、参数法以及ARCH模型,定量分析保险公司资金运用将会遇到的风险,并对计算结果进行后验测试。最后,基于前文的分析,为中国保险资金运用分别针对保险公司和监管部门提出对策建议。

本书运用的研究方法主要有以下几种:一是混合研究方法。将质性研究和量化研究相结合。根据历史数据,在数学方法的基础上,定性分析当前保险资金运用与金融市场发展的数量特征、数量关系和数量变化,发现其问题并预测未来趋势。同时,要对该问题进行历史的、详细的考察,解释该问题的本质与变化发展的规律。通过对金融市场投资收益率的统计,对保险资金资金运用将面临的风险做出实证分析,在此基础上提出针对保险公司与监管部门的风险管理措施,实现规范分析与实证分析相结合。二是比较分析方法。借鉴国际经验,将中国的保险资金运用、保险投资监管与国际经验相比较,分析其利弊得失,从而得出有益的改进建议。三是个案研究法。选定一个最具有代表性的个体的保险资金运用的投资操作作为深度研究的对象,对该个体的操作历史、投资结构、投资收益及风险性等作深入分析。

2 保险资金运用与风险管控理念

保险资金运用历来是保险业经营的核心问题。保险资金运用直接决定着保险公司的经营绩效,对于保险公司自身价值的形成和增长十分重要;同时,保险资金运用有助于提高社会储蓄向投资转化的规模和效率,在促进社会经济的平稳发展中扮演着至关重要的角色。规范保险资金运用行为,防范保险资金运用风险,有助于维护保险当事人的合法权益,促进保险业持续、健康发展。

保险资金具有负债性、稳定性、增值性、敏感性和社会性等特点。清晰界定保险资金的性质及其内涵,是实现保险资金运用风险管控的必要前提和基础。保险资金的性质决定了保险资金运用必须遵循安全性、流动性、收益性和多样性等原则。为了确保上述原则得以有效实施,保险公司必须采取科学、合理和规范的资金运用组织形式以使得保险资金得到最大程度的合理利用,实现最佳的投资收益,规避运用风险,实现保险资金的保值增值。

保险资金运用的过程中存在诸多潜在风险,使得保险公司资产负债存在不匹配的风险,从而危害偿付能力充足性。保险资金运用的基本原则就是要保证保险资金的安全,确保万无一失。但是,保险资金在实际运用中面临的风险种类繁多,瞬息万变。要真正落实保险资金运用安全性的原则,就必须针对具体风险采取有效的风险管控措施。行之有效的资金运用风险管控措施不仅能够保证保险资金的有效运用,而且可以促进保险公司整体风险管理体系的构建。一般研究认为,投资组合管理、风险限额管理和资产负债管理等三个方面的理论能为保险资金运用风险管控提供行之有效的方法。

保险资金运用风险管控已经逐渐成为保险公司经营管理的核心板块。为了使得保险资金运用风险管控能落到实处,下述理念应该在保险公司的经营管理中得到贯彻实施:优化制度设计,建立健全以公司治理、市场选择和政府监管为主导的保险资金运用风险管控综合体系;将偿付能力红线作为保险资金运用风险管控的底线;实施分散化投资策略,实现保险资金的多元化投资;构建科学合理的信息披露机制,加强外部监督力量;科学分析社会经济发展趋势,捕捉资金运用良机;等等。

2.1 保险资金概述

2.1.1 保险资金的概念

保险资金指保险集团(控股)公司、保险公司以本外币计价的资本金、公积金、未分配利润、各项准备金及其他资金。在上述的各项保险资金中,各国的保险法律与政策一般都规定保险公司只能运用其总量货币资金中的一部分。

2.1.2 保险资金的来源

根据保险资金的概念,保险资金的来源反映出保险资金的组成内容,来源多样的保险资金界定了保险资金的内涵。在保险资金运用风险管控中,明确保险资金的来源至关重要。不同性质的资金依据其来源要求保险公司在经营中采取不同的运用手段,从而确保保险资金运用遵循安全性原则,符合偿付能力监管要求,进而根据保险资金性质实行资产负债管理和全面风险管理,实现集约化、专业化、规范化和市场化。

基于不同的分类方法,对于保险资金的分类方法不尽相同。为了与实际资产负债管理更加吻合,本书采取内、外部来源的分类方法,即根据资金是否从保险公司内部筹集而来将资金分为所有者权益性质资金和负债性质资金。由于保险公司的实际资金运用会受到监管机构的严格监管,因此并不是所有的保险资金都能够自由运用。下面分析的保险资金种类基本为保险公司运用的常见种类。

一、所有者权益性质资金

所有者权益性质的保险资金主要包括资本金、公积金、总准备金和未分配利润等。

资本金是保险公司在开业时必须具备的注册资本。各类保险公司的注册资本由管理机构根据本国经济情况和保险业务情况的需要进行制定和调整。各个国家和地区的保险监管机构都要求保险公司持有一定规模以上的资本金,并且在整个经营期间内要将资本金规模维持在最低要求基础之上。最低资本的监管要求有利于保险公司实现经营稳定和偿付能力充足。例如,依据中国保险监督管理委员会《保险公司管理规定》:"中国保监会根据保险公司业务范围、经营规模,可以调整保险公司注册资本的最低限额,但不得低于人民币2亿元。"

由于注册资本的特殊性质,保险公司的资本金除了按规定上缴部分保证金和用于破产清算外,大部分按照监管机构的要求存入指定的金融机构,并不加入保险公司的经营使用。因为这部分资金所具有的长期性和稳定性特点,所以资本金实际上成为保险公司进行长期投资的重要资金来源。

公积金是保险公司出于增强自身财产能力、扩大经营范围以及预防意外亏损的目的,按照法律和公司章程的规定,从营业盈余中提取的积累资金。

根据我国《公司法》和有关财务会计制度的规定,公积金可以分为盈余公积金和资本公积金。前者来源于公司的税后利润,后者来源于盈余之外的财源。其中盈余公积金又分为法定盈余公积金和任意盈余公积金。法定盈余公积金是按照法律规定必须从当年税后利润中提取的公积金。根据《公司法》的规定,公司在税后利润中提取10%列入公司法定盈余公积金。当提取的法定盈余公积金达到公司注册资本的50%时可以不再提取。任意盈余公积金是公司自由提取的公积金。任意盈余公积金经股东同意,可以在税后利润中提取法定盈余公积金后提取。

对于保险公司来讲,提取公积金可以增强保险公司的经济偿还实力,提高保险公司的信誉,同时也有利于保障被保险人的利益。正常情况下,公积金是长期积累的,因此,公积金是保险公司长期投资的一项重要的资金来源。

在充足计提各项准备金的基础上,在向投资者分配利润之前,保险公司按一定比例从税后利润中提取总准备金,主要为应对发生周期较长、后果难以预料的巨灾风险而准备。由于总准备金属于长期积累的项目,在一定的监管要求之下,它可以成为保险公司资金运用的重要组成部分。

未分配利润是保险公司拟留待以后年度分配的利润,是保险公司所有者权益的组成部分。保险公司本年实现的净利润,可以按照规定在年终全部分配,但有时保险公司考虑积累问题,或为防范风险作为以后年度弥补亏损之用,也可以将应分配给投资者的利润留存一部分。

由于未分配利润是保险公司在经营过程中形成的,尚未被股东分配或转为资本金的利润,因此,未分配利润同样是一种可运用资金。

二、负债性质资金

负债性质的保险资金主要包括各类责任准备金。责任准备金是保险公司按法律规定为在保险合同有效期内履行经济赔偿或保险金给付义务而将保险费予以提存的准备金。保险责任准备金不是保险公司的营业收入,而是保险公司的负债,因此保险公司应有与保险责任准备金等值的资产作为后盾,随时准备履行其保险责任。

根据业务分类,保险责任准备金可分为财产保险责任准备金和人身保险责任准备金两大类。

1. 财产保险责任准备金

财产保险责任准备金根据其用途可分为未到期责任准备金和未决赔款准备金。

未到期责任准备金又称未满期保险费准备金,或未到期风险准备金,是指当年承保业务的保险单中,在下一会计年度有效保单的保险费。由于保险合同规定的保险责任期限与企业会计年度在时间上不可能完全吻合，因此，在会计年度结算时，必须有期限未届满或虽已收取但应属下一个年度收取的保险费，这一部分保险费即称为未到期责任准备金。

未决赔款准备金指保险公司在会计年度决算以前发生保险责任而未赔偿或未给付保险金，在当年收入的保险费中提取的资金。

2. 人身保险责任准备金

人身保险责任准备金指保险公司为履行今后保险给付的资金准备。人身保险责任准备金可分为理论责任准备金与实际责任准备金。

理论责任准备金指根据纯保险费计算积累的用于给付保险金的资金，其计算并不考虑保险业务经营的实际条件差异。

实际责任准备金指人寿保险业务中实际提存的责任准备金，其考虑了各年间附加费用的不同开支情况。

各类责任准备金属于保险公司承担的负债性质保险资金，但由于保险业务的连续性和长期性，准备金在提存和给付并不完全存在于同一个时点，因此各类责任准备金是一种不断积累、长期稳定的可用于实际运用的保险资金。

2.1.3 保险资金的性质

保险资金的特殊性质直接决定了保险资金运用过程中的诸多风险。所以清晰地界定并了解保险资金的性质及其内涵，有助于实现保险资金运用风险的合理管控。根据近年来对于保险资金的研究，保险资金主要具有以下一些性质。

一、负债性

一般而言，可运用的保险资金大部分属于负债性质的资金，这是由保险公司的独特经营方式所决定的。保险公司是采用公司组织形式的保险人，经营保险业务。保险关系中的保险人，享有收取保险费、建立保险费基金的权利；同时，当保险事故发生时，有义务赔偿被保险人的经济损失。保险公司的经营模式决定了其拥有的大部分资金实际上是在将来的某一时刻具有偿付义务的，所以保险资金不可能永远存在于保险公司内部。

保险资金的负债性要求保险资金的运用必须满足安全性的要求，因为这是保险公司已经承担的实际债务。同时，保险公司又必须在保险合同的存续期内最大限度地发挥资金的收益功能，只有满足一定程度的收益才能保障保险基金的正常运转，进而实现保险公司的经营利润。

二、稳定性

稳定性实际上也可称为长期性，这主要是人寿保险业务的特点所决定的。不同于一般意义的财产保险，在人寿保险合同存续期间，保险资金以一种较为稳定的现金流形式进入保险公司，这样的储蓄性和长期性使得寿险准备金不断积累，成为保险投资稳定的资金来源。寿险合同由于往往能够持续数十年，因此稳定的现金流将使得保险公司能够有效地实现稳定的长期投资,从而得到可观的长期收益。但是,必须注意到这样的稳定性实际上是建立在能够寻找合适的长期资产匹配基础之上的,否则将面临再投资风险。

三、增值性

归根到底,保险公司的经营活动必须以适当的利润为支撑。保险资金作为一种商业经营性的资金,本质上就具有保值和增值的要求。由于宏观经济中普遍存在的通货膨胀现象,要维系其正常运转,保险基金至少要能抵御同时期的宏观通货膨胀风险,这从客观上也决定了保险资金具有增值性的要求。

保险资金的增值性要求在寿险合同中体现得更为明显。寿险合同一般存续期在数十年以上,不只是具有保险功能,还兼具储蓄要求,所以保险资金不仅要满足基于精算要求的赔付,还要为被保险人创造长期理财收益。

四、敏感性

保险资金的敏感性主要指具有利率敏感性,保险公司各类责任准备金对市场利率具有较强的敏感性。利率变化使保险资金的实际收益与预期收益或实际成本与预期成本发生背离,使其实际收益低于预期收益,或实际成本高于预期成本,进而使保险公司遭受意料之外的损失。

由于保险资金主要配置于长期资产中,因此面临的利率风险更为明显。特别是对于寿险资金而言,寿险产品的期限大多长达二十年乃至三十年,相应的寿险资产的投资期限也较长。在长期中,利率的波动必然使得寿险公司利差亦随之波动。利率的波动幅度越大,寿险资产价值所受到的影响也就越大。

五、社会性

保险行业与其他金融行业的一个显著差别在于其承担着重要的社会责任,具有广泛的社会性。随着社会文明进步,现代社会对于保险的需要超过以往任何一个时代,而且这一趋势随着社会经济的迅速发展而日益增强。在这样的背景下,保险资金维系着整个社会千家万户的日常生活,保险资金也显著体现出社会性。

2.2 保险资金运用基本理论

2.2.1 保险资金运用的概念

保险资金运用,又称保险投资或保险资产运用,即保险公司在实际经营中将保险活动积累起来的资金根据相关法规和自身情况用于投资,从而使保险资金保值增值。积累的保险资金保值增值,可以扩大保险公司的承保和偿还能力,从而获取更大经济效益。

2.2.2 保险资金运用的原则

保险资金运用和其他一般性的金融资金活动一样,必须遵循流动性、安全性和收益性三项原则的"有机统一"。但是保险资金有其自身的特点,其来源和目标决定了其运用原则在实际操作中有别于其他金融资金活动。所以,保险资金运用必须遵循安全性、流动性、收益性和多样性四项原则,相互联系,相互制约。在实际运用中,收益性是保险资金运用的目标,安全性是保险资金运用的前提,流动性是保险资金运用的基础,多样性是保险资金运用的手段。

一、安全性

一直以来,基于保险资金的特有性质,安全性被认为是保险资金运用的最重要和最基本原则,贯穿于保险资金的整个运用过程。保险公司必须先保证保险资金的安全,否则会影响到保险经济补偿职能的实现,而且和保险业社会性的目标相背离。从长期来看,积聚的保险资金应该能够满足保险事故造成损失的赔偿或给付,一旦运用失败,导致保险资金的大量流失,后果不堪设想。因此保险资金的运用必须以安全性为前提。

二、流动性

流动性是指在任何时期和合理价格条件下,能够迅速变现以保证保单责任以及其他责任支付的能力。这是由保险资金运动的特点决定的。保险合同属于射幸合同,保险事故发生具有一定的随机性,因此保险投资要保持足够的流动性,以随时满足保险赔偿和给付的需要。

对于财产保险和人身保险业务而言,两者所积聚的保险资金面临的流动性要求不尽一致。就人身保险业务而言,特别是人寿保险保单,大多具有储蓄性的功能,资金在保险期内大量积聚,保险公司为了照顾被保险人储蓄性的要求,在保单条款中设置保单抵押贷款和退保现金支取等选项,这使得人寿保险资金也表现出不同于以往的流动性要求。就财产保险业务而言,由于保险事故的发生往往具有突出的特点,难以预料,因此财产保险保单积聚的资金必须满足随时支付的要求,以赔付保险事故造成的损失,这样对保险资金的流动性要求就非常高。但是必须指出的是,尽管由于人寿保单的创新使得人寿保险资金面临着新的流动性要求,但这样的流动性要求往往受制于条款的限制,所以其流动性要求依然低于财产保险业务积聚的资金。

三、收益性

保险资金的内在要求及经营环境的外在压力使得保险资金不仅要实现保值,更要达到有效增值。保险公司利润的主要来源为承保利润和投资利润。在保险市场竞争日益激烈的情况下,承保利润空间越来越小,部分财产保险公司为了抢占市场份额,赔付率甚至超过了100%。当遇到自然灾害频发的年份,承保业务不仅毫无利润可言,而且往往出现巨额亏损。所以如何扩大投资利润就成了保险公司实现利润增长的重要课题。更为重要的是,投资收益的有效增长有助于增强偿付能力、降低费率和扩大业务规模,改善保险经营和提升公司竞争地位,从而实现保险公司的健康发展。

四、多样性

保险资金运用的多样性原则实际上要求保险资金在实际运用中要注意拓宽投资渠道,避免将资金运用过度集中,有效规避投资风险。要实现多样性原则,最重要的管理方法是把资产配置好,坚持分散的多元化投资。在资产种类配置上强调分散风险,形成一个分散的组合。

2.2.3 保险资金运用的方式

一、保险资金运用组织形式

保险资金运用效率与其所采取的运用组织形式息息相关。科学、合理和规范的资金运用组织形式将有效地保证资金得到最大程度的合理利用,实现最佳的投资收益,规避运用风险,实现保险资金的保值增值。

按照保险资金运用主体类型划分,国际上通行的保险资金运用组织形式一般分为外部管理形式和内部管理形式。

1. 保险资金运用的内部管理形式

保险资金运用的内部管理形式即保险公司在内部设立专门的投资部门或通过出资建立资产管理公司来运作保险资金的实际运用。按内部组织机构设置的不同,内部管理形式一般可以分为内设投资部的管理形式和专业化的保险资产管理形式,而专业化的保险资产管理形式又可以细分为专业化控股管理形式和集中统一的管理形式。[①]

(1) 内设投资部的管理形式。内设投资部的管理形式即保险公司通过在内部设立投资部门来负责运作保险资金投资。内设投资部的管理形式使得保险公司能够较好地平衡承保和投资业务,方便从总体上把握公司的战略走向。但是,内设投资部的管理形式也会使得投资决策容易受到承保、理赔等部门的干预,从而发生投资目标偏移甚至投资失误。内设投资部的管理形式大多见于日本、美国和中国的大部分中小规模保险公司。

(2) 专业化控股的管理形式。专业化控股的管理形式即保险集团(控股)公司通过设立旗下的人寿保险子公司、财产保险子公司和资产管理公司等来实现整体保险资金运用。在专业化控股的管理形式下,集团(控股)公司制定整体的资金运用战略,在人寿保险子公司、财产保险子公司和资产管理公司之间协调资金流动,使得保险资金统一进入资产管理公司,由资产管理公司制定和实施具体的投资方案。资产管理公司作为具备独立法人地位的受托人接受委托,负责保险资金的具

---

① 杨攀勇.保险资金运用的风险管理与控制问题研究[D].天津:天津大学,2007:57.

体投资运作,资产管理公司与人寿保险子公司、财产保险子公司相互独立。

专业化控股管理形式的优点在于集团(控股)公司和资产管理公司同时拥有独立的风险管理体系,能够最大限度地抵御和化解风险;既能够保证保险资金在运用过程中遵循既定的投资战略,又能充分发挥资产管理公司、人寿保险子公司和财产保险子公司各自的专业优势,为了集团(控股)公司的资金运用创造最大化收益。但是,专业化控股管理形式也有自身的局限,即集团(控股)公司必须能够对相关的各个子公司实行有效的控制,否则整体战略目标难以实现。

(3) 集中统一的管理形式。集中统一的管理形式即保险集团(控股)公司将旗下的人寿保险子公司和财产保险子公司积聚起来的保险资金从集团层面拨往其资产管理公司,由该资产管理公司来负责保险资金的具体投资。该种形式的优点在于集团(控股)公司能够集中资金,准确实现既定的投资战略,高效便捷。但是,集中统一的管理形式对于集团(控股)公司的资产负债管理水平要求较高。

2. 保险资金运用的外部管理形式

保险资金运用的外部管理形式即保险公司将能够运用的保险资金委托给外部专业的投资管理机构进行运作,通过委托协议的方式达到资金运用的目的。在外部管理的形式下,保险公司自身并不实际参与保险资金的投资运作,而是将投资事宜完全或部分地委托给外部专业机构,外部投资管理机构则通过协议向保险公司收取一定的管理费用。在保险业发展早期,尤其是 20 世纪中期以前,保险公司的资本实力比较小,一般只能通过委托外部专业投资管理机构的方式来实现资金运用的目的。处在发展初期的规模较小的保险公司也大多采用这样的方法。

外部机构管理资金运作的优点在于,保险公司可以专注于保险业务,而不需要设置专门团队来管理保险资金,节省了大笔的投资成本;此外,由于投资业务风险较大,保险公司的财务状况会受到保险监管机构的严格控制,外部管理的方式能够有效避免不必要的合规风险。但是,外部机构管理资金运作的方式也会面临诸多问题。首先,保险公司必须承担委托代理风险,一旦外部投资管理机构出现诸如投资失误、违规操作和非法挪用资产等行为,保险公司将面临巨大的财务风险;另外,外部投资管理机构将向保险公司收取巨额的投资管理费,这样的费用成本有可能极大地侵蚀保险公司利润。

二、保险资金运用的投资范围

一般来说,保险资金运用范围是指保险公司选择将保险资金投放的具体项目,主要有货币市场的商业票据、同业拆借、存单等,以及资本市场的债券、股票、基金和不动产等。

1. 货币市场工具

货币市场的概念主要是相对于资本市场而言的,货币市场又称为短期金融市场,是进行短期资金融通的市场,资金的借贷期为一年以内。货币市场主要解决市场主体的短期性、临时性资金需求,所使用的金融工具主要有商业票据、同业拆借、银行存款等。货币市场中各金融工具的共同特点是期限短、流通性强、交易成本低和风险低。

（1）商业票据。商业票据指具备较高信用等级、财务状况稳健的大型企业或专业的金融机构为了满足短期资金的需求，以贴现的方式发行的无担保承诺凭证。商业票据的可靠程度依赖于发行企业的信用程度，可以背书转让，但一般不能向银行贴现。商业票据作为货币市场上历史最悠久的运用工具，面向的主要投资者是商业银行、保险公司和投资公司等。

商业票据往往具有安全性较高、面额较大、流通期限较短、收益较稳定的特点。商业票据的发行者一般是大型企业、金融机构和公共事业机构等，往往实力较为雄厚，具有较高的信用评级，财务状况较为稳健和可靠。目前的商业票据在发行前都要得到市场公认的评级机构对其进行的评级，评级机构主要从发行者的管理能力、经营状况、风险状况和财务条件等方面出发，将商业票据的发行者分为若干个等级。商业票据的评级有助于形成市场准入机制，推动商业票据市场的稳定发展，保护投资者利益不受损害。商业票据的面额一般较大，因为其主要面对的是机构投资者，而不是一般的普通投资者。商业票据的自身性质决定了其流通期限较短，一般仅为一个月或一个季度。商业票据以贴现的方式发行，其发行利率就是贴现率；商业票据的收益主要来自票据购买日与到期日之间的价格差额。

由于商业票据的投资风险较小而且可以获得高于银行存款的稳定收益，因此商业票据是各类保险公司尤其是财产保险公司的短期资金运用的主要投资工具。

（2）同业拆借。同业拆借指金融机构之间以货币借贷的方式进行短期资金融通的活动。通过利用同业拆借得到的资金，可以用于弥补短期资金的不足、票据清算的差额以及解决临时性的资金短缺需求。同业拆借市场交易量大，能敏感地反映资金供求关系和货币政策走向，进而影响货币市场的利率。时至今日，同业拆借市场已经成为各大金融机构弥补短期资金不足和进行短期资金运用的市场，有效解决了资金流通性和收益性的矛盾。

同业拆借市场具有融资期限较短、资金借贷程序较为便捷、交易量较大、利率灵活决定等特点。在目前的同业拆借市场上，同业拆借的期限多为隔夜的情况，较长的可以达到1周至2周，一般不超过一个月。同业拆借的双方既可以通过电话、邮件等方式直接联系，也可以委托市场中介完成沟通，一旦达成相关协议，贷款方可以直接通过命令将银行账户的资金转入借款方的相关账户，整个转账的过程最快在数秒间即可完成。由于同业拆借没有单位交易额限制，也不需要提供担保或抵押品作为借贷条件，因此这种信用资金借贷式交易的交易额十分巨大。同业拆借的市场利率一般由交易双方直接通过相关协议明确，所以其市场化程度往往较高，充分反映了市场资金供求的状况及变化。

虽然同业拆借市场的主要参与者仍然是商业银行，但是包括保险公司、保险资产管理公司在内的非银行金融机构也是同业拆借市场上的重要参与者。首先，保险公司与银行之间主要通过大额协议存款的方式进行短期现金管理,保险公司进入拆借市场,增加了保险资金运用渠道;其次,在出现大规模赔付或退保事件时,保险公司可以通过同业拆借来缓解由于资产变现而产生的流动性压力;最后,保险公司利用与其他金融机构在经营模式上的不同,实现资金有效互补,从而起到稳定金融市场的作用。

(3)存单。存单指银行和各类储蓄机构为其业务融资提供资金的金融工具。存单表明有特定数额的货币资金已经存入发单机构。在各类存单中,保险公司主要使用大额可转让存单作为投资工具,所以此处主要介绍大额可转让存单。

大额可转让存单一般由具备一定规模的商业银行发行,主要是由于这些机构信誉较高,可以以相对较低的成本筹集资金,且发行规模较大,易于在二级市场流通。尽管大额可转让存单面临一定的信用风险和市场风险,即存在发行存单的银行在存单期满时无法偿付本息和存单持有者在有需要时无法在二级市场上立即以合理价格出售存单,但是大额可转让存单的收益水平一般高于同期的政府债券收益,而且能满足机构投资者大额投资的需要,所以大额可转让存单依然是保险公司在资金运用时的重要投资渠道。

2. 资本市场工具

资本市场又称长期金融市场、长期资金市场,指其期限在一年以上的各种资金借贷和证券交易的场所。资本市场上的交易对象是一年以上的长期证券。因为在长期金融活动中,涉及资金期限长、风险大,具有长期较稳定收入,类似于资本投入,所以称之为资本市场。

(1)债券。债券指借款人为筹资而发行的,承诺按照预先制定的利率支付利息,按照约定的条件偿还本金,借以表明债券债务关系的一种有价证券。一般认为,债券的基本要素包括以下三个方面:到期期限、票面价值和息票利率。到期期限表明借款人按照借款条件有效偿还全部债务以停止债务存在关系的截止时间。票面价值指债券发行人按照约定在规定的债券到期日支付的金额。息票利率也称为票面利率,即债券票面载明的利率。

债券历史悠久,种类千变万化。基于不同的分类标准,债券可以被分为数十种类型。按照发行主体来分,债券可以分为政府债券、政府机构债券、市政债券和企业债券等。按照偿还期限来分,债券可以分为短期债券、中期债券和长期债券。按照债券形式来分,债券可以分为凭证式债券、实物债券和记账式债券。此处需要特别指出的是,中国的债券分类不同于一般国际通行的分类标准,而是按照债券的发行主体分为政府债券、金融债券和企业债券。

债券本质上属于资本市场上的一种有价证券,具备流通性、风险性等基本属性。同时,债券还具有偿还性、安全性、流动性和收益性的特征。债券的显著特征在于债券明确规定了偿还期和偿还方法,到期必须偿还。债券的安全性在于既定的债券利率一般不受银行利率波动的影响,而且债券本金的偿还和利息的支付得到法律保障。债券的流动性在于其往往能够在市场上较快变现，因为其固定的偿还期和偿还方法利于投资者计算收益水平。债券的收益性表现为其既可以通过长期持有获得固定利息收益，也可以通过在二级市场上的交易来获取资本收益。

随着保险业的不断发展，资产负债管理已经成为保险公司经营管理的主要内容，保险公司因其负债的长期性和风险性，要求资产在期限、流动性等方面必须和负债相匹配。债券作为资本市场上的重要投资工具，能够极大地满足保险公司配置资产的要求。债券具有较为固定的偿还期限和优先受益权。在债券的有效期内，保险公司可以获得稳定的利息收入，到期可以获得本金的偿还，这有利于保险公司的资产和负债在现金流、期限等方面做到相互匹配；当发行债券的机构出现破产等情形时，保险公司作为债券的持有人可以优先得到债务的清偿，投资安全性较高。此外，债券具有较高的流动性，这对保险公司的投资而言意义重大。保险公司可以优先选择投资收益较高的长期债券，当需要紧急的现金流时，又可以通过将其转换成短期债券来获取大量现金，从而满足短期内的资金需求。但是，保险公司在投资债券时也会面临着一定的风险，如果不能正确意识到债券的固有风险，也会对保险投资构成巨大的威胁。在债券各类风险中，最突出的是利率风险和信用风险。一般情况下，随着市场利率的变化，债券市场价格会呈现反向变化，使得保险公司在出售时可能遭受价格波动的影响。信用风险则是指一旦债券的发行者无法支付利息和偿还本金，那么保险公司将无法获得预定的投资收益率和购买债券的成本。

（2）股票。股票指股份公司发给股东以证明其向公司投资并拥有所有者权益的凭证。从股票的本质上看，股票代表着股份所有权的权益性证券。股票的持有人不仅可以得到股份公司发放的股息收入，而且能将股票在二级市场上进行交易。所以，股票的持有人不仅能够分享公司的经营利润，而且作为所有者权益的拥有者需要承担公司的日常经营风险和应尽责任。

股票的种类因分类标准不同而不同。按照股东享受的权益类型来分，股票可以分为普通股和优先股；按照上市的地域来分，股票可以分为境内上市股票和境外上市股票；按照股票的收益特点来分，股票可以分为蓝筹股、成长股、周期性股票和防御性股票。

股票的特点集中在期限永久、风险敏感、流动性和收益性等方面。由于股票代表着股东具有的股份资本所有权的凭证，没有指定的到期时间，股票的有效期间和股份公司的存续期间是一致的，理论上说是一种永久存在的所有权凭证。股票的市场价格会随着股份公司当前和可预期未来的盈利水平、市场利率、宏观经济状况等各种因素变化而变化。一般认为，相对于债券、基金等资本市场投资工具，股票面临的风险性更大。股票的流动性体现在股票的持有者可以将股票在二级市场上进行交易。通过交易和转让，股票的持有者可以随时收回投资，股票的流动性得以体现，这样也在一定程度上解决了股票期限永久而引致的流动性问题。股票的收益水平在长期中较为可观，这已经为欧美等成熟资本市场的投资经验所证实。股票的收益渠道体现为两个方面:一方面来源于持有股票所得到的股息收入,另一方面来源于在二级市场交易过程中取得的买卖差价。

随着保险公司投资渠道的不断拓宽,投资规模的不断扩大,股票逐渐成为保险公司进行投资的主要工具之一。目前各国的保险监管机构都针对保险机构投资者投资于股票市场进行了详细、严格的规定,保险公司在投资股票中的风险受到了有效的管理,同时股票市场也因为得到大量保险资金的投资而日益充满活力和竞争力。

(3)基金。基金,一般称为投资基金,指按照共同投资、共享收益、共担风险的基本原则和股份有限公司的某些原则,运用现代信托关系的机制,以基金方式将各个投资者彼此分散的资金集中起来以实现预期投资目的的投资组织制度。基金一般都有明确而独特的投资目标,该目标表明投资者的投资偏好,反映该基金投资所具有的风险和收益状况。根据投资目标的不同,基金一般可以分为三类:第一类是追求在长期中资本增值的最大化,一般称为成长性基金;第二类是追求当期收入的最大化,一般称为收入型基金;第三类是追求长期资本增值和当期收入的综合最大化,一般称为平衡性基金。

一般的研究认为,划分基金存在两种基本方法:第一种是依据基金组织形态进行划分;第二种是依据基金交易方式进行划分。按照基金的组织形态来分,基金可以分为公司型基金、契约性基金;按照基金的交易方式来分,基金可以分为封闭性基金、开放型基金、交易所交易基金、上市开放式基金;按照基金投资对象来分,基金可以分为产业投资基金、证券投资基金。事实上,基金的分类标准不限于上述列举标准,但是上面的分类标准是目前市场上主要采用的分类标准。

基金的特点体现于其独特的组织结构。基金的组织结构一般涉及基金发起人、基金管理人、基金托管人、基金投资人和基金代理人。基金的发起人指采取必要的措施和步骤来达到设立和组建基金目的的法人,发起人根据政府主管部门批准的基金章程或基金证券发行办法筹集资金而创立基金,并将基金委托给管理人管理和运营。基金的投资人即为基金受益人,通过购买基金发行的受益凭证或股份参与基金的投资,从而享有投资收益。基金的管理人指适应投资基金的操作而产生的基金经营机构,基金管理人接受基金的委托进行基金设计,负责基金资产投资运作,对基金的信托资产有直接的委托责任。基金代理人指基金管理人的代理人,代表着基金管理人与基金投资人进行基金单位的买卖活动。基金的托管人是基金资产的名义持有人与保管人,代表着投资者的利益,旨在防止基金资产被非法挪用等不正当使用。

基金的独特组织结构和投资方式较好地控制了投资风险,从而使得投资者可以获得可观的投资收益。作为基金市场重要的机构投资者,保险公司通过投资基金扩展了保险资金保值增值的有效途径。与银行存款、债券、股票等投资渠道相比,基金是保险资金实现有效高收益的重要途径。此外,基金作为一种保险资金的投资渠道,为保险公司开发投资型保险产品提供了便利的条件。保险公司可以根据被保险人的偏好设计不同的风险和收益组合的保险产品,例如日益兴起的分红、投资连结和万能保险。

(4) 不动产。不动产投资指保险公司使用保险资金通过购买土地、建筑物或修建住宅、商业建筑等手段获取长期稳定收益。不同国家和地区的保险监管机构对于保险公司投资不动产均有较为严格的限制。但是,不动产投资因其在风险分散方面具有重要作用,一直备受保险公司的青睐。

不动产投资具有投资收益高、成本高、周期长和流动性差等显著特点。由于不动产的投资资产具有有形和永久的特点,资源往往不可再生,较为稀缺,因此在长期中表现出稳健的收益成长趋势。不动产投资需要购入土地、建筑物等,成本十分巨大,而且在建造期间还要维持高昂的建造成本,所以不动产投资是一项成本高昂的投资。不动产投资项目的建造期间往往持续数年甚至数十年,周期长;项目的盈利一般要在数年后才能体现。不动产投资需要占用大量的资金,投资周期长,项目整体的变现能力较弱,流动性差。

由于不动产投资周期长,需要占用大量的资源,投资周期长,整个投资项目容易受到利率风险、通货膨胀风险、流动性风险等因素的影响,投资收益存在较大的不确定性,所以保险公司的不动产投资一向都受到监管机构的严格对待。但是,不动产投资项目的现金流比较稳定,规模大、期限长,比较符合保险资金追求长期、价值、稳健投资的特点,适合做中长期投资,有利于实现资产与负债的有效匹配。所以不动产投资一直是保险公司在资本市场上投资的重要途径。

2.2.4 保险资金运用的意义

保险资金运用不仅在维持保险业务正常运转中起到关键作用,而且在维护社会经济的平稳发展中扮演着至关重要的角色。

保险资金的运用直接决定着保险公司的经营绩效,对于保险公司自身价值的形成和增长尤为重要。保险资金运用和承保、理赔等方面构成了现代保险公司的核心业务。如果没有成功的保险资金运用,那么保险业务经营就不可能得到持续性的发展。随着保险行业竞争程度的加剧,保险公司的承保利润空间越来越薄,在这样的情况下,没有保险资金的成功运用,保险公司的发展将举步维艰。同时,也必须注意到,保险资金运用本身的实际状况也将左右保险公司的命运。在过去的数十年中,越来越多的保险公司由于在保险资金运用中出现重大的决策和管理失误,从而失去应有的偿付能力并且最终破产,这在近年来的全球金融危机中已经得到验证。

保险资金运用对社会经济平稳发展的促进作用体现在两个方面。一方面,保险资金的合理运用可以扩大保险公司的利润空间,有助于维持保险业务的正常运转,有利于社会实现有效的风险管理;另一方面,保险资金运用有助于提高储蓄向投资转化的规模和效率,从而促进社会经济的健康平稳发展。

2.3 保险资金运用风险管控

2.3.1 风险的概念

一、风险的一般定义

学术界对风险的内涵一直没有统一的定义,由于对风险的理解、认识程度和研究角度的不同,不同的学者对风险概念有着不同的解释,但可以归纳为以下几种代表性观点。[①]

第一,风险是事件未来可能结果发生的不确定性。

Mowbray(1995)称风险为不确定性;Williams(1985)将风险定义为在给定的条件和某一特定的时期,未来结果的变动;March and Shapira(1992)认为风险是事物可能结果的不确定性,可由收益分布的方差测度;Bromiley(1991)认为风险是公司收入流的不确定性;Markowitz(1952)和 Sharp(1964)等将证券投资的风险定义为该证券资产的各种可能收益率的变动程度,并用收益率的方差来度量证券投资的风险,通过量化风险的概念改变了投资大众对风险的认识。由于方差计算的方便性,风险的这种定义在实际中得到了广泛的应用。

第二,利用对波动的标准统计测量方法定义风险。

1993 年发表的 30 国集团的《衍生证券的实践与原则》报告中,对已知的头寸或组合的市场风险定义为:经过某一时间间隔,具有一定置信区间的最大可能损失,并将这种方法命名为 Value at Risk,简称 VaR 法,并竭力推荐各国银行使用这种方法;1996 年国际清算银行在《巴塞尔协议修正案》中也已允许各国银行使用自己内部的风险估值模型设立对付市场风险的资金;1997 年 Jorion 在研究金融风险时,利用"在正常的市场环境下,给定一定的时间区间和置信度水平,预期最大损失(或最坏情况下的损失)"的测度方法来定义和度量金融风险,也将这种方法简称为 VaR 法(Jorion,1997)。

第三,利用不确定性的随机性特征来定义风险。

风险的不确定性包括模糊性与随机性两类。模糊性的不确定性主要取决于风险本身所固有的模糊属性,要采用模糊数学的方法来刻画与研究;而随机性的不确定性主要是由于风险外部的多因性(即各种随机因素的影响)造成的必然反映,要采用概率论与数理统计的方法来刻画与研究。

二、保险资金运用风险

保险资金运用风险指在保单的有效期间内,会使保险公司资产价值发生变化,

---

① 郭晓亭,蒲勇健,林略.风险概念及其数量刻画[J].数量经济技术经济研究,2004(2):111—115.

进而可能导致偿付危机的各种不确定因素。要准确识别保险资金运用风险,需要针对保险资金运用的内部经营状况和外部市场环境进行有效的监测和合理的分析。在监测和分析的过程中,不仅需要识别保险资金在运用过程中面临的风险,而且要对风险的影响做出初步的评估。风险识别的目的在于全面理解资金运用过程中所面临的风险暴露状况,以利于采取相应的风险管理措施。保险资金运用风险主要来自资金运用主体外部和内部两个方面。外部风险主要包括利率风险、市场价格风险、信用风险、汇率风险、政治风险等;内部风险则主要包括保险企业在投资决策、投资操作过程中存在的决策失误、操作失误等风险。

2.3.2 风险管控的内容

保险资金运用的基本原则就是要保证保险资金的安全,确保万无一失。但是,保险资金在实际运用中面临的风险种类繁多,瞬息万变。要真正落实保险资金运用安全性的原则,就必须针对具体风险采取有效的风险管控措施。行之有效的资金运用风险管控措施不仅能够保证保险资金的有效运用,而且可以促进保险公司构建整体风险管理体系。一般研究认为,投资组合管理、风险限额管理和资产负债管理等三个方面的理论能为保险资金运用风险管控提供行之有效的方法。

一、投资组合管理

保险资金运用的目的在于满足安全性原则的前提下,通过有效的投资手段实现保险资产的保值增值。保险公司能否实现一定风险水平下的收益最大化取决于投资项目的具体配置,但是各种投资项目的风险水平、收益能力和流动性特点不尽相同。投资组合理论就是研究如何进行投资资产的最优化配置,建立有效的投资组合使风险最小化或收益最大化。

Markowitz 提出的投资组合理论以期望收益及其方差 (E, σ^2) 来确定投资的有效组合。该理论以收益的期望值 E 来衡量证券收益,以收益的方差 σ^2 来表示收益的波动性,即投资的风险。并假定投资者是风险厌恶者,投资者的理性投资行为是以追求在相同风险下的收益最大化或在相同收益下的风险最小化为基础的。Markowitz 优化模型可以简单地用以下方程来表述:

目标:
$$\min \sigma_p^2 = \sum_{i=1}^{m} \sum_{j=1}^{m} \omega_i \omega_j \rho_{ij} \sigma_i \sigma_j \tag{2-1}$$

约束条件:
$$E(r_p) = \sum_{i=1}^{m} \omega_i r_i \tag{2-2}$$

$$\sum_{i=1}^{m} \omega_i = 1, \quad w_i \geq 0 \tag{2-3}$$

其中 r_p 表示证券组合收益,r_i 为第 i 种证券的收益,σ_i、σ_j 表示证券 i 和证券 j 的标准差,σ_p 表示整个证券组合的标准差,ω_i、ω_j 分别表示证券 i 和证券 j 在组合中的权数,ρ_{ij} 表示第 i 种证券和第 j 种证券的相关度即协方差,$-1 \leq \rho_{ij} \leq 1$,m 表示证券的种类数量。

由于保险资金在运用的过程中时刻要满足安全性的原则,因此保险公司的投资一直以来都会受到保险监管机构的严格监管,具体的投资行为必须遵循相关法律法规的规定。保险公司的投资行为对于风险规避的要求较高,属于典型的风险厌恶者。

在投资组合理论中,$\sum_{i=1}^{m} \omega_i = 1$ 表示投资预算在所有组合项目中进行分配,投资者可以以一个任意的投资额对组合中的某一个项目进行投资,而 $\omega_i \geq 0$ 则表示投资者不允许卖空。

对保险公司来说,初期的资本状况就已确定了该计划期内保险公司保费收入自留额的限度,投资组合问题就是将这个限额如何在组合中各投资间进行分配,这与资本市场中如何将预算在组合中进行分配是一致的。

二、风险限额管理

保险公司在进行保险资金的实际运用时,面临来自外部和内部的各种风险,其中一系列风险难以规避,只能内部保留和处理。基于内部消化风险的需要,保险公司要根据风险实际采取相应措施,筹集专门资金以抵御相关风险,力争使风险得到妥善处理。用来应对风险的这部分资金属于保险公司资产的有机组成部分,主要用于抵御保险资金运用过程中可能遭受的各类损失,一般称为风险资本。在保险资金的运用风险管控过程中,由决策层在综合考虑预期收益、风险偏好、资本实力等相关因素的基础上,做出整体风险承担决策后,按照一定的原则、程序将风险总量在保险公司整个体系中进行配置与分布,并对各层次的限额执行情况进行监督,使风险暴露处于管理层的授权和风险承受能力之内。

保险资金运用的风险限额管理主要包括三个方面的内容。[①] 首先,根据保险公司的资本实力、股东的投资目标与风险偏好、监管规定等确定保险资金运用的总体风险水平以及相应的抵御风险损失的风险资本限额;其次,根据对具体投资业务部门和人员的风险调整的绩效测量结果以及其他因素在各层次间进行风险资本限额的分配;最后,根据分配的风险资本限额对各投资业务部门乃至每一笔交易的风险进行监控,并根据风险调整后的绩效评估结果以及其他因素对风险资本限额进行动态的分配调整。

当保险公司实行资金运用的风险限额管理时,需要确定总体风险限额,这是风险限额管理的基础。总体风险限额的确定需要分析公司整体资本实力、风险资本额度、公司整体风险特征、股东的投资目标和风险偏好、投资环境、监管规定等因素,保险公司的资金运用决策部门根据自身资本实力、经营状况、股东的投资目标和风险偏好来确定公司的风险资本。风险资本的确定过程中,保险公司要分析过

---

① 刘喜华.保险资金运用的风险限额管理[J].保险研究,2003(8):38.

去市场风险暴露状况,具体采用 VaR 方法和压力测试等方法。具有成熟投资经验的保险公司一般还会综合考虑宏观经济走势、监管要求和资金的具体风险状况等因素,从而确定保险资金运用的风险资本。在总体风险资本确定之后,根据风险资本额度和过去的风险额度集合,即可得到保险资金运用的总体风险额度。

总体风险资本限额确定之后,保险公司的资金运用决策部门需要将总体风险限额具体配置到投资业务部门,然后再将风险额度细分到具体投资业务人员。风险额度分配与调整的依据是风险调整绩效度量(Risk Adjusted Performance Measurement, RAPM)方法。风险调整绩效度量方法是一个风险收益均衡模型,由美国信孚银行(Bankers Trust)于20世纪70年代末首次提出。风险调整绩效度量方法同时考虑风险及收益两方面的绩效评估,其观念在经过量化之后即可成为资本分配的工具,有效避免了仅仅考虑投资收益而忽视对风险的分析。风险调整绩效度量方法主要有两种方法,即风险调整后资本报酬率(Risk Adjusted Return on Capita, RAROC)方法和夏普指数(Sharpe Ratio)方法,相对应产生了风险限额的分配与调整的两种定量方法。

当风险限额完成具体的配置之后,保险公司可以将风险限额作为保险资金运用监控的标准。风险限额将被用于与投资组合 VaR 值等指标进行比较,投资管理部门将根据比较的结果及时对投资组合进行调整,以满足投资组合的总体风险限额要求。风险额度作为保险公司控制资金运用风险的重要手段,必须得到有效的实施。但是,有效实施也需要保持一定的灵活度,因为风险限额需要根据投资状况不断加以调整,以适应持续变化的保险资金风险特点。

三、资产负债管理

在保险资金运用风险管控研究中,资产负债管理理论具有举足轻重的作用。在保险业发展的早期,一些保险公司由于没有成功地管理和抵御利率风险而破产或出现严重的偿付能力不足情况,保险公司为了管理利率风险开始研究资产负债管理相关方法,进而研发出全面应对利率风险的系统性措施。在保险资金运用风险管控中,资产负债管理的概念一般有广义和狭义之分。广义的资产负债管理指保险公司从整体目标和战略目标来分析和处理资产和负债所面临的风险,例如利率风险和经营风险。狭义的资产负债管理指在保障偿付能力充足和经营盈利的情况下管理资产和负债。1998年,北美精算师协会(the Society of Actuaries)对资产负债管理做了如下定义[1]:资产负债管理是管理企业的一种实践,用来协调对资产和负债做出的决策。它是在给定风险承受能力和约束下,为实现财务目标而针对资产和负债有关决策进行的制定、实施、监督和修正的过程。上述定义说明,资产负债管理是为了实现盈利目标,在承担一定风险情况下进行的一系列资产负债协

---

[1] Swiss Reinsurance Company Ltd. Asset-liability Management for Insurers[R]. Zurich: Swiss Re *Sigma*, 2000(6).

调管理过程,其核心是利率风险管理,它包括管理策略的制定和实施、管理方法的技术运用等。①

在数十年的发展过程中,资产负债管理的方法和技术得到了巨大的发展,其中现金流匹配技术、久期匹配技术和缺口模型技术在理论和实践上都得到了广泛的认可。

1. 现金流匹配技术

现金流匹配技术是资产负债管理中的重要工具。根据现金流匹配技术理论,保险公司可以将其资产和负债的现金流量在时点和金额上达成一致从而消除利率风险的影响,这样的过程被称为现金流匹配。例如,保险公司可以通过政府债券组合,从而使其资产安排与其负债到期时点和金额都保持一致。

在现金流匹配技术的发展过程中,古典现金流匹配模型最具有代表性。古典现金流匹配目标是建立一个资产组合,确保在每次按规定支付债务前,该组合都能产生足够的波动以满足支付的需要。这一思想可以用优化模型来表示:

$$\text{Min} \sum_i N(i)P(i) \tag{2-4}$$

$$\text{s.t.} \quad A(t) \geq L(t), \forall t; N(i) \geq 0, \forall i \tag{2-5}$$

在上述式(2-4)、(2-5)中,$N(i)$表示购买第i种债券的数量,$P(i)$表示购买第i种债券的价格,$A(t)$表示t时刻的资产现金流,即$A(t) = \sum_i N(i)C(t,i)$,$L(t)$表示t时刻的负债现金流,$C(t,i)$表示第i种债券在t时刻的现金流。现金流匹配组合一旦建立,保险公司只需持有资产直到资产到期就能满足未来的支付需要,这本质上是一个购买并持有策略。

在古典现金流匹配模型中,各时间点的剩余现金流没有用于再投资或以后各期负债现金流的偿还,如此情况下组合的构建成本较高。此外该模型要求任何时间的资产和负债现金流匹配,约束条件过于严格。所以,可以拓展古典现金流匹配模型的再投资限制,从而只要每期的累计净现金流为正值即可满足偿债要求。拓展后的现金流匹配模型用优化模型来表示,即:

$$\text{Min} \sum_i N(i)P(i) \tag{2-6}$$

$$\text{s.t.} B(t) \geq 0, \forall t; N(i) \geq 0, \forall i \tag{2-7}$$

在上述式(2-6)、(2-7)中,$B(t) = S(t) + B(t-1)(1+i_t)$,$B(t)$表示第$t$期以前的每期净现金流累计值,$B(0) = S(0) = A(0) - L(0)$,$t = 0,1,\cdots$,$i_t$表示第$t$期的利率;$S(t) = A(t) - L(t)$,$t = 0,1,\cdots$,表示第$t$期的净现金流,且假设资产和负债现金流均发生在每期期初。

---

① 房海滨.保险公司资产负债管理问题研究[D].天津:天津大学,2007:27.

2. 久期匹配技术

作为常用的资产负债管理中利率风险管理工具，久期是衡量固定收益资产以及承担利率支出的负债的利率风险的重要指标。在理论上，久期指有价证券的价格对利率的一阶导数与价格的比值，所以久期可以衡量有价证券的价格对利率微小变化的敏感程度。在久期理论的发展过程中，出现了多种多样的久期形式，例如麦考利久期、修正久期、关键久期和有效久期。

在保险公司资金运用风险管控过程中，久期匹配技术是一项重要工具。用 A_t ($t \geq 0$) 表示保险公司 t 时刻的预期资产现金流，用 L_t ($t \geq 0$) 表示保险公司 t 时刻预期负债现金流。用 $A(i)$ 表示资产流现值，$L(i)$ 表示负债流现值，i 表示利率，则：

$$A(i) = \sum_{t \geq 0} \frac{A_t}{(1+i)^t} \tag{2-8}$$

$$L(i) = \sum_{t \geq 0} \frac{L_t}{(1+i)^t} \tag{2-9}$$

以 $S(i)$ 表示净现值，则：

$$S(i) = A(i) - L(i) = \sum_{t \geq 0} \frac{A_t}{(1+i)^t} - \sum_{t \geq 0} \frac{L_t}{(1+i)^t} \tag{2-10}$$

保险公司进行资产管理的重要目的就在于维持保险公司净资产价值处于稳定的水平，而不是随着市场利率的波动而波动。要规避利率风险的影响，则意味着净现值 $S(i)$ 必须随时保持稳定，从而有：

$$\frac{\partial S(i)}{\partial i} = 0 \tag{2-11}$$

结合式（2-10），则可以得出：

$$\sum_{t \geq 0} t \frac{A_t A(i)}{(1+i)^t A(i)} = \sum_{t \geq 0} t \frac{L_t L(i)}{(1+i)^t L(i)} \tag{2-12}$$

以 D_A、D_L 分别表示保险公司资产和负债的久期，则可以将式（2-12）写为简洁的形式：

$$D_A A(i) = D_L L(i) \tag{2-13}$$

式（2-13）被认为是保险公司在实行资金运用风险管控中的久期匹配公式，即当资产和负债的相关特征不能满足上述式子时，资产和负债的价值在利率改变时就会发生不一致的波动，从而遭受利率风险带来的损失。当保险公司投资管理部门发现资产和负债相关特性不能满足上述要求时，会相应调整资产或负债结构。一般而言，资产和负债并不是完全独立的，因为成熟的保险公司往往会根据保险经营业务情况来进行相关资产配置，同时也根据资产配置特征来引导保险经营业务。

在上述的讨论中，如果在考察初始时刻有 $A(i) = L(i)$ 成立，则久期匹配策略的一阶条件为 $D_A = D_L$。进一步，根据净现值的泰勒展开式，在满足一阶条件的前提下,规避利率风险的条件为资产和负债还要满足凸度要求,即资产的凸度必须大于或等于负债的凸度。这一条件表示为图2-1。

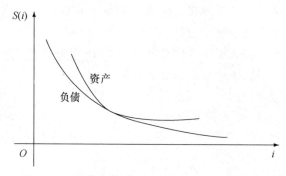

图 2-1　久期匹配策略下资产与负债凸度比较

3. 缺口模型技术

在针对利率风险的资产负债管理理论中,缺口模型技术较为常用。一般而言,缺口模型包括到期缺口模型和久期缺口模型。

（1）到期缺口模型。到期缺口模型衡量一定期间内保险公司利率敏感性资产同利率敏感性负债之间绝对值的差异,所以到期缺口指利率敏感性资产同利率敏感性负债之间的差值。以 GAP 表示到期缺口,RSA 表示利率敏感性资产,RSL 表示利率敏感性负债,则到期缺口可以表示为 GAP = RSA − RSL。

到期缺口可以作为重要指标来监测资产和负债的匹配情况,当市场利率发生变化 Δr 时,净利息收入的变化即表示为 $\Delta I = (RSA - RSL)\Delta r = GAP\Delta r$。当保险公司能够获知到期缺口 GAP 时,就能准确地知道因为利率变动而引起的净利息变化值。考虑到不同期限利率变化大小以及资产和负债现金流时间的差异,需要根据资产和负债现金流的发生时间,将考察期间分为若干个较短的时间段,再分别衡量各时间段的到期缺口,相应的到期缺口则表现为累计到期缺口,可以写为:

$$GAP = \sum_{j=1}^{N}(RSA_j - RSL_j) = \sum_{j=1}^{N} GAP_j \tag{2-14}$$

如果第 j 个时间段利率的变化为 Δr_j,市场利率变化所引起的保险公司净利息收入的变化可表示为:

$$\Delta I = \sum_{j=1}^{N}(RSA_j - RSL_j)\Delta r_j = \sum_{j=1}^{N} GAP_j \Delta r_j \tag{2-15}$$

到期缺口存在正缺口、负缺口和零缺口三种状态。如果保险公司存在正缺口状态,市场利率与净利息收入就会出现同方向的变动;如果保险公司存在负缺口状态,市场利率与净利息收入则会出现反方向的变动;如果保险公司存在零缺口状态,说明市场利率的变动不会引发净利息收入的任何变动。

（2）久期缺口模型。久期缺口衡量资产和负债对于利率波动的敏感性差异，反映净资产的变化情况。在久期缺口模型中，久期缺口定义为：

$$D_{GAP} = D^A - \mu D^L \tag{2-16}$$

其中 D^A 和 D^L 分别表示为资产和负债的持续期，μ 为资产负债的比率。净资产价值的变化是资产价值变化同负债价值变化之间的差值：$\Delta E = \Delta A - \Delta L$，其中 ΔE 表示净资产价值的变化，ΔA 表示资产价值的变化，ΔL 表示负债价值的变化。根据久期的定义和上述久期定义，ΔE 可以表示为：

$$\Delta E = -D^A \Delta i A + D^L \Delta i L = -D_{GAP} i A \tag{2-17}$$

在久期缺口 D_{GAP} 为正的情况下，如果市场利率上升，资产价值下跌的幅度比负债下跌的幅度要大，净资产价值将会降低；反之，净资产价值将会上升。在久期缺口 D_{GAP} 为负的情况下，如果市场利率上升，负债价值下跌的幅度比资产下跌的幅度要大，净资产价值将会升高；反之，净资产价值将会下降。

2.4 保险资金运用风险管控理念

第一，优化制度设计，建立健全以公司治理、市场选择和政府监管为主导的保险资金运用风险管理综合体系。

制度设计的重要含义在于为现代市场经济中的公司在瞬息万变的市场中提供尽可能完备的行动方案，以确保公司能够随时捕捉市场时机并赢得发展。在进行保险资金运用风险管控的过程中，科学合理的制度设计需要整个社会共同完成，这是由保险资金独特的公共利益性质所决定的。

在保险资金运用风险管控的制度设计中，应该建立健全以"三支柱"为主导的风险管理体系。所谓"三支柱"，即公司治理、市场选择和政府监管。公司治理指保险公司内部应该建立投资决策、保险业务与风险管理相互衔接的保险资金运用风险综合管理体系。特别要强调的是投资决策和保险业务要密切配合。投资决策要根据保险产品的期限和利率结构所决定的负债特征来进行；同时，保险产品的设计必须以投资收益为基础。如果投资决策和保险产品设计脱钩，风险事故一触即发。市场选择指要充分发挥保险资金运用过程中关系密切的市场主体所具备的选择、激励和监督作用，其中，信用评级机构、资产管理机构和会计审计机构等是重要的相关市场主体。独立客观的信用评级机构能够帮助保险公司更好地选择投资项目。资产管理机构以其专业资产管理技能可以帮助保险公司更好地实现资产负债的匹配功能。会计审计机构可以更好地监测保险资金运用中的潜在风险，避免重大投资失误的出现。政府监管指保险监管机构应该在保险资金运用风险管控中承担起社会责任，从依法监管的标准出发，选择行之有效的方法来防范保险资金运用风险。保险监管机构作为公众利益的直接代表，应该确保保险资金得到安全有效的使用,防止任何有可能威胁公众利益的资金使用行为。随着金融混业经营浪潮的兴起,保险监管机构还需要与银行、证券等相关行业监管机构密切合作,不留保险资金运用监管真空地带。同时,由于金融全球化的不断发展,保险监管机构还需要积极展开国际合作,不断创新深化监管方式。

第二,将偿付能力红线作为保险资金运用风险管控的底线。

偿付能力充足是保险资金运用风险管控乃至整个保险公司风险管理综合体系的核心所在,包括保险资金运用在内的一切经营活动都必须保证保险公司的偿付能力充足。之所以要进行保险资金的运用,根本就在于保证保险公司时刻保持充足的偿付能力,避免引发破产等危机事件的出现。

保险资金运用所形成的保险资产直接决定着保险公司的偿付能力。保险公司的偿付能力,作为保险公司向被保险人履行保险责任的物质前提,关乎保险行业的保险保障职能,是保险市场稳定的关键因素,必须得到足够的重视。保险公司的资产如果能够满足履行对保单持有人义务的需要,即可以被确认为保险公司的认可资产,从而提高保险公司的偿付能力。如果因为资金运用决策失误而导致资产无法成为有效的认可资产或资金收益严重偏离预期目标,那么偿付能力充足性将面临重大的考验。所以,行之有效的保险资金运用风险管控体系必须要时刻保证保险公司偿付能力的充足性。

第三,实施分散化投资策略,实现保险资金的多元化投资。

分散化投资策略是所有投资主体增加收益、规避风险的重要手段。保险资金运用要实现安全性、收益性和流动性原则的有机统一,就必须采取充分反映市场状况的分散化投资策略,实现保险资金的多元化投资。

保险公司的根本职能应该是为社会提供风险管理的有效工具,资金运用是为实现这一根本职能服务的。从保险的本质意义上说,保险公司的"风险池"中集合起来的资金不能运用于任何具有投机性质的资产项目。这说明保险公司作为资本市场的特别"参赛选手",应该是天生严谨而保守的,极度厌恶风险。所以保险资金的运用必须采取分散化的投资组合,最大限度地化解非系统性风险。

经典的投资分散化策略具有三种基本形式。一是单项资产类别上的分散化。例如,对于投资股票而言,投资组合中必须包含足够多的不同类型股票才能充分分散风险。二是总资产类别上的分散化。即保险资金应该在债券、存款、股票、基金、不动产等多种资产上进行分散投资。三是地域上的分散。除了本国或本地区的投资之外,还应积极涉足国际市场,利用国际市场的广阔空间来缓冲投资风险。

行之有效的分散化投资策略还至少包含以下两个方面的内容。一是将风险因素纳入投资收益率分析中。在保险资金运用过程中不容易出现罔顾风险而盲目投资的情况,进而导致分散化投资策略的选择出现偏差,无法实现预期目标。所以必须将风险因素纳入投资收益率分析中,以经过风险因素调整的收益率作为资金运用的目标。二是投资策略必须要具体情况具体分析。保险公司必须在不同的投资策略之间进行风险分散,不能一成不变,墨守成规。要利用各种先进技术工具实现情景分析和压力测试等新型风险手段。针对不同的市场状况进行不同的投资组合配置,并注意适时调整。只有善于从瞬息万变的市场中捕捉机会,保险公司才能真正实现分散化投资策略,促进保险资金的有效保值增值。

第四,构建科学合理的信息披露机制,加强外部监督力量。

信息披露机制利用市场自身的力量来实现保险资金运用风险管控,可以有效地避免保险监管真空地带的出现。信息披露机制的执行既是保险监管机构监管力量的体现,也是市场自由选择的题中应有之义。

保险资金的运用是当前社会的热点问题,也是事关民生的重大问题。尤其是在目前保险资金规模快速增长、渠道日益拓宽的形势下,保险资金的运用面临诸多新问题,巨额的保险资金如果使用不当所引发的社会后果是不堪设想的。要有效地实现保险资金运用风险管控,必须依靠整个市场力量的共同支持,而信息披露机制就是体现共同力量的最佳平台。

第五,科学分析社会经济发展趋势,捕捉投资机遇。

保险资金运用风险管控必须考虑整个社会经济发展阶段特征,这一点对于新兴市场中的保险公司而言尤为重要。

在新兴市场经济体中,工业化、城市化和市场化的趋势不可逆转。工业化和城市化进程的快速推进,必然创造巨大的投资需求,推进社会经济的快速发展;同时伴随着市场化的不断深化,资本化的程度也会不断提高,资本种类和规模都会快速增加,保险资金在新兴市场中将得到更为广阔的投资环境。但是,在快速发展的新兴市场中,如何规避风险必须得到保险公司的足够重视。

此外,新兴市场主体中的保险公司应该对实体经济中的投资机会给予足够的重视,尤其对基础设施的投资和对优质企业的股权投资。保险资金运用具有长期战略性特征,对实体经济的投资能够有效支持保险资金在长期中的稳定收益。

3 保险资金运用风险及其管理

3.1 保险资金运用风险定义

风险客观存在于保险资金运用的整个过程,包括投资风险以及投资和负债的整合风险。投资风险是指由投资过程中涉及的各种因素,既包括公司外部资本市场、政策政治、经济形势等的影响,也包括诸如投资运作机构的设置、工作人员约束机制等各种公司内部的作用,导致公司实际经营成果低于预期值的可能性。投资和负债的整合风险则是以保单的整个存续期间为分析基点。

风险通常与收益并存,既可能导致损失,也可能产生收益。本书所讲的保险资金运用风险是指,在保单有效期间内,会使保险公司资产价值发生变化,进而可能导致偿付危机的各种不确定因素。动态化这种不确定因素从长期来看,同时表现在现金流入和现金流出方面,即资产负债不匹配可能导致保险公司无法承担全部给付责任的风险;投资风险则表现为达成投资目标——根据较短时期假定的现金流制定的预期值,面临的不确定性。

投资风险又可根据其来源,分为市场风险和公司治理风险。市场风险是指由市场各指数变动、交易对手违约等外部因素引起的,可能导致资产价值减少的不确定因素,主要包括利率风险、市场价格风险、流动性风险、通货膨胀风险和汇率风险等;公司治理风险是指在公司投资决策或人员操作等内部治理过程中由个体行为造成的,能通过各种制约激励制度、风险管理措施来减少或规避的风险,如决策失误风险、操作风险、委托代理风险等。

任何一家公司都会面临以上风险,但由于公司规模及经营阶段、国内及国际经济金融环境、政策制度等方面的差异,会导致其所面临的各种风险强弱程度、相对重要性有所不同。

3.2 保险资金运用投资风险

投资风险是指保险资金投入使用后,导致投资结果偏离投资目标——在预定期限收回预定现金流的各种不确定因素,是导致资产负债不匹配的具体因素,包括市场风险和公司治理风险。

3.2.1 市场风险

市场风险因素会导致保险资产的直接损失,但却不足以使保险公司出现偿付危机,只要保险公司在资产负债匹配管理时将这些风险因素以不同的权重考虑进来,将风险可能造成的损失作为保险公司预测结果之一,并制订出相应的处理方案,将损失控制在公司风险承受能力范围之内,类似破产等威胁保险公司持续经营的事件便能在损害利益相关方权利之前得到遏制。外部市场风险主要有利率风险、市场价格风险、信用风险、汇率风险、再投资风险、流动性风险、通货膨胀风险和政策政治风险,各种风险因素不是完全独立开来,它们之间存在一定关联性,如经济衰退会促使企业破产,债务人没有能力清偿到期债务,保险公司面临的信用风险会增加,股市的需求减少、供给增加,会导致平均股票价格下降,保险公司面临的市场价格风险也会加大。但不同国家、不同市场的关联程度不一样,保险公司应当根据历史和当前表现有针对性地分析各种因素的相关性及同时影响多个因素的宏观事件。

一、利率风险

保险资金运用过程中的利率风险是指由市场利率波动造成资产或负债价值发生变化,导致现金流入不足以支付现金流出的可能性。利率变动既能通过到期收益率影响资产价值,也可通过保单所有人的行为影响负债价值。在保险资金的可投资工具中,存在利率风险的资产主要是固定收益证券,即银行存款和债券(包括政府债券、企业债券和金融债券)。总体来讲,利率对资产和负债有以下几方面影响:

首先,利率变动会改变现有固定收益证券的账面价值。利率上升,资产价值下降,若将资金投资于新发行的证券,则能获得更高收益率,保险公司需为其过去的购买行为承担机会成本。其次,会影响资产再投资收益率。当资产期限小于负债期限时,利率下降会减少资产的再投资收益率,当整体收益率小于保单预定利率时,便会出现偿付危机。再次,利率变动会影响公司现金流的稳定性。目前市场上的债券大多有可赎回条款,利率下降时,债券发行人能以更低成本融资,有提前赎回的激励,使保险公司产生预料之外的现金流入,既面临再投资风险,又要重新调整投资策略,影响保险公司的财务管理。最后,从负债角度来看,利率上升,资本市场上的投资工具如固定收益证券、短期理财产品等吸引力增大,保单需求减少,导致保险公司新增保费收入减少、退保率增加,现金流出量增多,对保险公司的稳健经营造成一定冲击;同时保险公司的业务开展受阻,负债规模变小,不利于保险公司的规模经营。利率下降,保单的相对吸引力增加,在不利投资环境下资产规模增大,给保险公司的投资业务造成较大压力。

总之,不管是利率上升还是下降对保险公司的稳健经营都会造成影响,但后三种影响中,无论是再投资收益率减少、债券被提前赎回,还是导致负债不利变动,都应该包含在保单设计及长期投资策略的制定过程中,属于资产负债匹配范畴。因此该处所描述的资金运用过程中的短期利率风险,是指利率对资产的第一种影响,即对固定收益证券账面价值的不利影响,从而导致对预定目标的偏离。

市场上存在各种各样的利率,虽然它们大体同向变动,但不同债券由于期限、风险、政策优惠等性质上存在差异,因此对利率的敏感性也不全相同。一般来讲,长期债券的利率敏感度高于短期债券,息票利率高的债券利率敏感度强于息票率低的债券。保险公司投资的固定收益证券的种类不一,包含利率风险的大小也各不相同,要对风险进行管控,必须对其大小进行合理评估。金融机构一般通过久期和凸性来测量单项资产的利率风险。久期用来描述债券价格对利率变动的敏感性,基本计算公式(麦考利久期)为:

$$D = \sum_{t=1}^{T} t \times \frac{CF_t}{(1+i)^t} \frac{1}{p_0} \qquad (3-1)$$

式中 D——债券久期;

T——债券期限;

T——债券产生现金流的各个时期;

CF_t——t 期现金流量;

I——债券到期收益率;

p_0——债券当前价格,它是各个时期现金流现值之和,即

$$p_0 = \sum_{t=1}^{T} \frac{CF_t}{(1+i)^t} \qquad (3-2)$$

由久期的计算公式可知,久期实际上是以各个时期现金流的现值占现金流现值之和的比重为权数,对现金流流入时期的加权平均,反映收回债券本息的平均期限。另一方面,结合以上两式可得:

$$D = -\frac{dp_0/p_0}{di/(1+i)} \qquad (3-3)$$

即久期表示债券价格对到期收益率的弹性。在已知久期的情况下,可以计算出利率较小幅度变动 Δi 对债券价格的影响:

$$dp_0/p_0 = -D \times \frac{\Delta i}{(1+i)} \qquad (3-4)$$

上式仅在利率极小变动的条件下才成立,因此只适用于计算利率较小变动对

证券价值的影响;若要计算利率变动较大情况下账面价值的变化,则需要利用债券的凸性。凸性是债券价格对利率的二阶导数,反映久期对利率变动的敏感性。用 C 表示凸性,对债券价格的相对变化做二阶泰勒展开,忽略三阶及更高阶的变动,则可得出:

$$\frac{\mathrm{d}p_0}{p_0} \approx -D\frac{\mathrm{d}i}{1+i} + \frac{1}{2}C(\mathrm{d}i)^2 \tag{3-5}$$

该公式相对于久期公式能更精确地描述债券价格的变动,因为它考虑了利率变动对久期的影响。由久期和凸性的定义可知这两个均为正值。从上式中可看出,不论利率如何变动,第二项总为正,且凸性越大,第二项的值也越大,对 $\mathrm{d}p_0$ 的正向影响也越大,因此,在其他条件相同的情况下,凸性越大,债券对投资者的吸引力也越大。

管理此处所描述的短期利率风险的方法有两种:一种是消极地完全规避风险,即借助衍生金融工具,如利率远期、利率期货、利率期权和利率互换等,将不确定的损益转化为确定性结果,锁定最大损失或最小收益,但这种方法也同时使保险公司失去了套利机会;另一种则是通过积极的再平衡策略,不断更新市场预期以调节资产组合,进而从市场变动中获利。

二、市场价格风险

市场价格风险是指股票、基金等金融资产或不动产因市场波动造成资产价格发生变化,从而导致收益率变动的可能性。政况变动、经济形式、市场舆论、消费偏好等因素都有可能引起证券价格的变动。存在市场价格风险的投资活动主要有股票投资、基金投资、二级市场上的固定收益证券现货交易和国债回购业务等。

市场价格风险主要体现在股票价格变动上,股票的收益来自股息和资本利得。其中,股息收入与公司的经营状况和红利分配政策有关,资本利得受公司经营状况和系统因素(如市场舆论、经济形势等)影响。影响股票收益的三因素——公司的经营状况、红利分配政策和市场系统因素中,前两项与投资者的信息获取能力和分析能力有关,能通过相应的风险管理措施减小不利影响,属于非系统风险;而后者为投资者不可控因素。证券投资基金(简称基金)也面临市场价格风险。基金是集合小投资者的资金分散风险的一种投资方式,可以极大化地消除非系统风险,但不能分散市场系统风险。

市场价格风险的大小可用波动性方法、VaR 方法、灵敏度方法等进行度量。波动性方法主要反映证券收益率变动的剧烈程度,用资产收益率(或资产组合收益率)的方差或标准差来描述单一资产(或资产组合)的波动率[①],波动率越大,风险越高。VaR 方法则表示在市场正常波动时,在预设的置信水平下,单一资产或资产组合在未来某一段特定时间内可能产生的最大损失。在相同置信度下,VaR 值越

---

① John C. Hull. 风险管理与金融机构(M). 王勇译. 北京:机械工业出版社,2010:129.

大,表示最坏情况出现时,导致的损失越大。VaR方法综合性比较强,且简便直观,但是以历史可以重复和市场正常波动为假设条件,有一定局限性,第6章将对该种方法进行详细描述。由于股票是基础资产,针对它的灵敏度方法主要是求一阶导,如Beta估值法、测量时间敏感度等。其中股票的 β 是基于资本资产定价模型(CAPM),计算资产所包含的系统风险大小,但在风险非完全分散化的条件下,该 β 不足以反映资产所包含真实风险的大小。

三、信用风险

保险资金运用过程中的信用风险是指交易对手不愿意或没有能力按照约定履行支付利息和本金的责任,导致保险公司发生损失的可能性。信用风险主要分为两大类[1]:第一类是债务人的偿还意愿发生变化,由其资信状况决定。可能导致的结果有两种:一是收账成本增加,利润减少;二是如若涉及欺诈,本息均无法收回。第二类是债务人的偿还能力出现问题,与企业的财务状况、经营能力相关,一般能收回部分本息,但仍会造成不同程度的损失。保险资金运用过程中的信用风险主要体现在债券和贷款两种投资工具上。

可供投资的债券有政府债券、金融债券和企业债券(包括有担保债券和无担保债券)。其中,政府债券以国家信用为保证,违约率极小,信用风险几乎可以忽略。金融机构由于受到监管机构的严格管控,且其安全性受到更多的国家政策保证,其违约风险一般比企业债券要小。企业债券的信用风险则相对较高,受发债企业的资信状况、财务实力、经营能力和发展潜力影响,可以通过良好的事前调查机制和事后跟踪评估随时掌控信用风险的大小,以便及时做出应对措施,将损失减到最小。事前调查需结合专业评级机构的评级结果和公司内部评级系统的相关信息,评估交易对手的风险特征,并根据保险公司的风险承受能力选择能达到最大化效用的债券。

信用风险的评估需结合违约概率和回收率进行分析,违约概率反映交易对手在一定时期内违约的可能性;违约发生并不代表债权人丧失所有应得利益,用回收率来表示违约发生后,债权人可收回的余额占该资产当前市场价值的比重。各金融机构根据自己的经验会确定不同的违约损失估计公式,但普遍要考虑持有期每年的违约概率、确实发生违约的触发点以及可回收价值。一般而言,违约概率越高,违约事件发生的可能性越大,信用风险越大;回收率越低,债权人收回的价值越低,损失越大。

违约概率的估计主要有两类方法,历史模拟法和信用违约互换(CDS)法。[2] 历史模拟法是利用评级机构的评级以及不同评级在历史上的违约概率来预测违约率,由该方法计算出的概率为真实世界的违约概率;CDS法是通过信用违约互换溢

---

[1] 刘铭.我国保险资金运用风险管理研究[D].北京:北京工商大学会计学,2006:10.
[2] John C. Hull. 风险管理与金融机构(M).王勇译.北京:机械工业出版社,2010:211—218.

价得出，信用违约互换溢价是指 CDS 市场上为买入该债券的信用保护所需支付的价格。在没有套利的情况下，债券的收益率溢差，即债券的收益率与无风险利率之差，应与 CDS 溢价相等。此种方法是基于如下假设，即债券高于无风险利率的收益率溢差是对投资者承担发债企业违约风险的补偿回报。由于该种方法是以无风险利率为基准进行比较，即假设所有投资人均为风险中性者，因此这种方法计算出的概率称为风险中性概率。实际上，收益率溢差是各种风险的综合表现，不仅是对信用风险的补偿，还受其他因素影响，如债券期限、物价水平、政策变动等，因此该种方法存在一定的局限性。

信用风险的测算和评估可使用情景分析和信用风险价值度（VaR）方法，参数选取可以利用上文所述的真实世界的违约概率。信用 VaR 表示在一定展望期（通常为 1 年）内，在一定置信水平下，由信用风险导致的最大损失。在实际运作过程中，可采用各种信用风险模型来估算信用 VaR，如最初的单因子高斯 Copula 违约时间模型、Credit Risk Plus 模型、摩根的 Credit Metrics 模型[①]等。

管理信用风险关键在于事前监测，因为信用风险属于纯粹风险，只能有两种结果，损失或不损失，而不会带来额外收益。但信用风险却会体现在证券的收益率上，因此保险公司也不能通过不购买企业债券或发放贷款来完全规避，但可通过金融衍生工具如信用违约互换来减少暴露程度，将其风险控制在保险公司可承受能力范围之内。

四、流动性风险

流动性风险是指特定时间区间内，现金流入量不足以支付现金流出额，而使公司的继续经营受阻的可能性。流动性不足是导致保险公司破产的直接原因。造成流动性不足的原因既可能来自资产方，也可能来自负债方，预料之外的退保事件、难以预测的保单赔付、突发事件引起保费收入减少等都会使现金流出大幅增加，导致流动性不足。流动性风险对财产保险公司至关重要，因为赔付事件发生的不确定性较大且频率较高。投资失败导致保险公司的现金流入减少，进而可能引起流动性不足，这种风险是附属于投资品市场的风险，如股票市场波动导致股票投资亏损，当亏损额巨大时，会使保险公司入不敷出、流动性不足，在这个例子中，股票价格波动是根本原因，因此这种风险应归属为市场价格风险，而非流动性风险。这里所指的资金运用过程中的流动性风险，既不是由负债方的变动导致，也非来源于投资失败，而是直接与投资品种特性相关的反映资产变现难易程度的指标。

资产的流动性风险可以分为两类：交易流动性风险和融资流动性风险。[②] 交易流动性风险是针对资产而言，指资产在一定时期内以合理价格变现的难易程度。与资产的特性、持有的数量、经济环境、市场发育程度、变现时间长短限制等有关。

---

① 杨攀勇．保险资金运用的风险管理与控制问题研究［D］．天津：天津大学博士学位论文：42.
② John C. Hull. 风险管理与金融机构（M）．王勇译．北京：机械工业出版社，2010：280.

由于我国股票市场的参与人数相对较多,种类比较齐全,股票的流动性要高于固定收益证券如债券和银行存款;且我国股票市场比债券市场发育要成熟,能够以较低的手续费变现,流动性风险要小;另外,在债券市场上,期限越长的债券,变现难度越大。资产的买卖差价会随着交易数量的增加而增大,当保险公司持有同一资产的头寸巨大时,必须承担更高的买卖价差方能变现。经济环境越好,参与人数越多,变现便越容易,损失也就更小。变现所允许的时间区间越大,越有可能找到出价高的买者。

融资流动性风险是指为应对预测之外的现金支出,需支付额外成本的可能性。融资流动性风险主要存在于复杂金融产品,如衍生产品中对手的破产、信用评级下调导致保证金增加等,融资流动性风险一般是由投资失败导致,同时也会加剧公司的不利状况。

资产的流动性可通过资产平仓费用、受压市场条件下的平仓费用、资产价格的宽度等指标来表示。资产价格的宽度是指交易的实际价格与市场叫价平均值的差,资产价格的宽度越小,流动性也就越好,现金和有价证券是较好的流动性资产。管理资金运用过程中的流动性风险综合性很高,只有不断获取资本市场的动态信息,监测各资产的流动性大小,并据此构造合适的资产组合,才能满足正常的现金支出或预料之内的不利事件发生时额外的现金支出。

五、通货膨胀风险

通货膨胀风险是指在一定时期内,物价水平的持续上涨给保险公司资产和负债价值造成的冲击。通货膨胀一方面通过影响资本市场的供需关系和稳定对保险资金的投资收益产生影响,另一方面通过影响保单的实际价值减少寿险保单的需求量,导致负债价值变动,进而影响资产负债的匹配程度,对偿付能力造成威胁。保险资金运用的通货膨胀风险主要是指前一种风险,通货膨胀使居民持有实物资产的意愿增强,对投资工具的需求减少,导致资本市场低迷,收益减少且波动增加,对保险公司的整个投资业务造成系统性影响。

在各种投资工具中,固定收益证券的通货膨胀风险最大,因为其收益率并不能完全及时地根据通货膨胀率进行调整。相对于寿险公司,财产保险公司面临的通货膨胀风险较大,因为保险标的的赔付一般根据重置价值制定,当物价水平上涨时,赔付增加,现金流入匹配现金流出的难度增大。

六、汇率风险

保险资金运用过程中的汇率风险是指保险公司资产负债表中的外汇资产如外汇存款、外国债券、股票和证券投资基金等由于汇率的变化而使资产价值减少,造成损失的可能性。汇率风险有三种类型:交易风险、换算风险和经济风险。保险资金运用所面临的主要为交易风险和换算风险,交易风险是指外币形式的投资收益兑换成人民币时导致资产发生实际损失的可能性;换算风险是指在制作资产负债表时,将外汇资产改成以人民币计价的过程中,造成账面损失的可能性。随着中国保监会对投资渠道和比例的放开,保险公司持有的外汇资产增加,所面临的外汇风险增大,管理外汇风险变得越来越重要。汇率风险通常利用外汇期权、外汇期货、互换或远期等金融衍生品,固定未来可获得的本币数额,以此进行管理。

七、政治、政策风险

保险资金运用过程中的政治、政策风险是指国家相关法律法规、宏观政策等发生变动,导致公司的资产配置需进行调整,进而造成财务不稳定的可能性。如投资收益相关税法的改变,将迫使投资部门调整资产组合,使新组合的收益与预定收益相匹配,造成大量不同资产的买入与卖出,在此过程中产生的额外支出是不可避免的,同时也扩大了公司面临的流动性风险、决策失误风险、操作风险等,对公司的财务稳健性造成一定的威胁;货币政策则主要表现为中央对利率的调控,使保险公司面临利率风险,影响大量固定收益证券的价值。至于保险资金运用监管法规的变化,只要不触及监管底线,就不会受限制政策的影响;宏观经济调控政策则能通过国民收入和资本市场来影响保险资金运用收益。因此保险公司在关注资本市场波动的同时,还应时刻关注政策、法规的变动,以便及时做出调整措施。

3.2.2 公司治理风险

公司治理风险是指非外界因素导致的,由保险公司部门设置、工作人员操作失误或欺诈等公司内部因素造成的,能通过一定的制度约束或奖惩措施避免或减少的风险。它是纯粹风险,只会带来损失而不可能使公司产生额外收益,因此它无法通过与其他风险的相互作用来分散,只能通过完善公司的内控机制进行管理。公司治理风险主要包括决策失误风险、操作风险和委托代理风险等。

一、决策失误风险

管理者的决策渗透公司经营管理的各个环节,如承保业务、投资业务、职工日常管理等。资金运用过程的决策失误风险包括宏观和微观两个层面。宏观层面主要表现在以下两个方面:首先,公司业务开展的定位是偏向于规模扩张还是稳健经营。虽然保险公司通常明确表示坚持投资业务和承保业务齐头并进,但每年仍有不少公司由于业务规模快速扩张而破产,以较成熟的美国保险市场为例,在1976—2010年,有14.3%的破产公司是由快速增长导致,快速增长是保险公司破产的第二大因素。业务定位的偏向主要与激励制度和公司文化有关,因此在该种风险上的管理应注重公司的软文化建设,在保单创新、设计、营销等承保环节,都应考虑资金运用的风险和可获得的收益;公司规模扩张的速度要与公司的管理、投资能力以及所拥有的人力资源协同发展。其次,宏观决策失误风险还表现为资金运用战略的制定,包括投资策略和风险管理策略。经济形势的突然好转会使保险公司的投资战略不同程度地向激进偏移,对风险管理的限制会逐渐放松,这个时期潜藏的各种投资风险最大,冒险的投资战略容易导致公司的破产。例如,美国在2002年左右,经济开始快速增长,住房抵押债券、债权抵押债券等抵押、担保债券迅速发展,衍生工具(CDS)的巨大收益使得各保险公司放松对其的风险评估和管理,当市场泡沫破裂时一些资本实力雄厚的保险公司深受其害,日本大和生命保险公司破产,美国国际集团被接管,荷兰人寿全球保险集团、荷兰国际集团等也出现了不同程度的亏损。[①] 由此可见,投资策略要与风险评估、管理策略协同发展,投资策略随经济形势的调整要结合公司的资本实力、加大金额的投资工具流动性要求、公司持有的流动性资产等因素综合考虑。

微观层面的决策失误风险主要为两种,分别来自投资人员和风险管理人员。与投资有关的微观决策失误风险是指,由于投资人员对市场各指数变化趋势、项目价值等判定偏差,导致买入卖出决策失误而使公司遭受损失的可能性。风险大小与决策人员的素质水平、团队的合作能力、信息系统的发达程度等有关。管理团队的整体水平越高,所获得的信息越全面,对经济形势的判断就越准确,投资策略失误的风险也越小。要减少微观风险造成的损失,可以通过分散化策略来减少每笔项目的投资价值;对投资项目(如股权投资、基础设施投资等)、单类投资工具的大额投资等要制定成熟的收益风险评估机制和后续跟踪测评机制,同时要有相应的损失补偿、融资计划与之配套;此外,为减少管理人员的失误,可定期记录他们的投资成果,一方面可以据此实行奖惩措施,将他们的收益与保险公司的利益相连,减少促使决策人员采取激进策略的激励;同时备案记录也有助于管理人员进行经验分析,增强其专业分析能力。与风险管理有关的决策失误风险则主要是指由于职员模型识别失误、模型参数设定不合理等导致基于风险评估报告的投资决策偏离公司预定目标的可能性。这要求保险公司提高风险管理团队的专业水平,并设置合理的复评机制进行监督管理。

二、操作风险

资金运用过程中的操作风险是指由于公司管理制度的漏洞、操作人员的失误和内部欺诈等造成的直接或间接损失,主要表现为信息系统的坍塌,职员违规操作,内部人员利用职位便利私自挪用资金、实现自身利益,奖惩措施形成冒进激励,投资文件被钻空子等。操作风险发生的概率相对较小,但造成的损失一般足以令资金雄厚的金融机构破产。操作风险管理的难点在于其难以量化,但可以通过各种制约制度的完善、对业务操作流程的审慎管理和预留相应资本金等方法来减少损失发生的频率和幅度。保险投资活动必须以"安全性"为前提,因此对投资经理人的激励机制要能防止其为自己业绩的提高,进行高风险投资,保险公司作为一个经营风险的集团,必须保证其资金运用在其风险承受能力水平之内。

三、委托代理风险

保险资金运用过程中的委托代理风险是指,当保险人作为委托人授权代理人为其行使与投资相关的决策(如委托投资)或行为(如资产托管)时,代理人未经保

---

① 唐小童,黄皓骥.次贷危机中AIG亏损原因分析[J].时代经贸,2009,3:98.

险公司同意私自处理资产,损害保险公司利益的可能性。委托代理风险表现在以下三个方面:首先,资产管理公司虽然是保险公司下分离出的专业投资子公司,能提高资金运用效率,但两者的利益并不一致。资产管理公司受管理费驱使,有操纵资产价格以提高投资回报、违规运用资金、利用关联方交易提高收益率等的激励,会加剧保险公司面临的法律风险,增加手续费,甚至导致保险公司预料之外、难以控制的损失。其次,托管给证券公司的资产(主要是国债)容易产生被私自变卖挪用的风险,资信差的券商为了获得较高的投资收益,有变卖托管资产获取资金以进行风险投资的激励,会给保险公司带来较大的财务危机,因此要注意加强对券商的资信评级。最后,就投资渠道而言,基金是委托代理风险最大的投资方式。基金经理人为了最大化手续费用,存在操纵基金净资产值的激励,不仅使保险公司支付更多手续费,也导致保险公司基于不真实的投资结果进行经营决策,加大管理者的决策失误风险。

3.3 保险资金运用资产负债不匹配风险及其管理

从长期来看,保险资金运用过程中的各种风险均可归结为资产负债不匹配风险,因为无论是市场风险还是公司治理风险,均是通过影响各项投资资产的价值,进而造成某时期的现金流入不足以支付现金流出(包括利润提取),从而影响保险公司的稳定性。

资产负债不匹配风险和投资风险相互影响。诸如利率风险、市场价格风险等投资风险是导致资产价值变动的直接原因,从而影响资产负债的匹配程度;而由于资产负债的不匹配以及由此采取的调整控制措施又会在不同程度上加剧公司所面临的各种投资风险,如出现期限不匹配时,若资产的到期日早于负债到期日,则到期收益会面临再投资风险,且由此增加的买入卖出行为,增加了操作风险发生的可能性。由此可见,保险公司在管理这两类风险时,应互相融入各自风险特性全面管理。可先根据各种市场信息以及公司的投资能力,制定险种的预定利率(或保证利率)和各种选择权,然后根据公司实际情况确定其所能接受的资产负债不匹配程度及风险承受能力,并据此构造资产组合,再基于这种大战略,在各时间段内管理各种投资风险以保证资产负债的匹配。

3.3.1 资产负债不匹配的含义及特征

所谓的资产负债不匹配风险是指,由各种因素引起资产或负债价值发生不同程度的变动,导致在特定时期内现金流入不能满足负债现金支出的可能性。金融机构一般通过资产负债管理(ALM)来应对这种风险,ALM 有广义和狭义之分。北美精算师协会定义资产负债管理为:在给定的风险承受能力和约束下为实现财务目标而针对与资产负债有关的决策进行的制定、实施、监督和修正的过程。① 所谓的风险承受能力是根据保险公司的资本金、规模、财务实力等确定,财务目标则一般指实现"安全性、收益性和流动性"的均衡。由此来看,资产和负债不匹配是将公司视为一个整体进行考察,不仅表现为安全性、流动性无法实现,即偿付能力不足,还表现为股东的收益不能达到正常水平或波动较大。就保险资金运用而言,要实现资产和负债的匹配,需根据保险公司面临的内外部条件,制定好流动性、安全性和收益性三性均衡的投资目标,并在此基础上满足以下几个条件:

一、性质匹配

性质匹配首先要求保险公司将单一险种和该险种所对应的投资资产统一起来作为分析单位。保险公司在不同险种中所承担责任的大小不一,因此不同保险产品对投资品的收益率、流动性、安全性等要求不同,只有独立分析各险种的负债特性以及各资产品种的风险收益特征,并以此来配置资产组合,才能避免管理过程中的混乱,使资产组合的整体收益率和安全性与负债匹配。首先,就收益性质而言,保单预定利率是连接资产和负债的主要指标,保单的价格由预定利率确定,而资产配置也应以预定利率为投资目标,预定利率与资产、负债的协调是性质匹配的主要表现形式。其次,安全性要匹配。负债的性质如保单期限、缴费方式、保单种类等会影响负债现金流的风险:期缴保单的未来保费收入不确定,负债是在变动的,再投资风险比趸交保单要大,在确定资产组合时要考虑收到续期保费的可能性;投资连结险的预定利率低,公司只需保证保单的保底收益得以实现,其他投资风险由保户承担,因此需设置不同风险账户,由客户自主选择。最后,资产和负债的流动性匹配程度可以通过各种流动性指标反映,如流动性覆盖率表示优质流动性资产储备与未来30日的资金净流出量,为与保险业务相联系,时间跨度的选择可以根据公司实际情况选择。

此外,为应付汇率风险,应该持有部分外汇资产来冲抵外币保费的影响。

由前可知,保险公司的负债主要是责任准备金,其不确定性与保单选择权(退保、保单贷款、增缴保费等)的实行相关,受经济状况、利率水平、物价水平、公司营销策略和信誉等影响;而资产方与投资工具的类别和比例、市场价格风险、利率风险等上文所述各种投资风险密切相关。要满足性质匹配,应该在公司承受能力范围内,根据负债的不确定性来构造资产组合。

二、期限匹配

期限匹配是要实现资产期限结构和负债期限结构的动态平衡,短期险种对应的负债应用于短期投资,长期险种对应的负债应主要用于长期投资,期限不匹配造成的直接后果是资产和负债对诸如利率等市场指标的敏感性不同,给保险公司的业务带来极大的不确定性。期限不匹配带来的直接影响是再投资风险,即当资产

---

① 孙荣,彭雪梅.中国保险业风险管理战略研究[M].北京:中国金融出版社,2006:273.

期限小于负债期限时,到期收回的资产进行再投资时收益率低于预定利率,从而使现金流入难以支付现金流出的风险。要管理再投资风险,只能从发现之日起,结合保险公司的投资能力和保单的有效期,制定长期投资战略,既包括投资目标、风险态度等基本策略,也包括对不利事件发生时的处理方法。此外,期限不匹配可加剧利率风险:长期资产对利率的敏感性要大于短期资产,若负债的平均期限长于资产,利率下降时,负债价格上升的幅度要大于资产价值增加的幅度,从而使资产和负债价值的相对比例发生变化,财务稳定性受到威胁。

三、规模匹配

规模匹配要求保险公司资产和负债的相对比例保持动态平衡,即在对经济形势和公司能力良好预测的基础上,确定能确保安全性和收益性的最佳资产负债组合,在保险公司的风险承受能力范围内(主要表现为资本金的持有量),实现收益最大化。可用资本资产比例、资产负债比例来考察规模匹配的基本情况。

四、偿还期匹配

要求资产投资收益流入的时间和负债导致现金流出的时间达到一定程度的匹配关系,这种匹配不是完全的对等,它允许不超越公司筹资能力的不匹配缺口存在。若资产的平均偿还期长于负债,则在债务到期日,公司需变现其所持有的长期资产,面临流动性不足风险,若当时经济环境恶化,保险公司不得不以低价出售资产,当无法在规定的期限内筹集到所需资金,可能导致类似银行挤兑事件的发生,这时,即使公司有足够的实力支付负债,也有可能因流动性不足而面临破产。

资产负债匹配并非要求资产和负债完全满足以上四个特性,绝对匹配不仅不能给保险公司带来正常利润,还会使公司的运作缺乏灵活性,限制了不利事件发生时所能采取的补救措施。如前所述,满足资产负债匹配的前提是要满足"安全性、收益性和流动性"三性均衡,因此所有的匹配都是在公司风险承受能力范围之内的动态匹配。

资产负债不匹配产生的后果包括两个基本层次。第一层次是公司平均或预期利润未能实现,即现金流入在剔除负债支出后的盈余较上期有所下降,表现为公司利润仅有较小比例的增长甚至减少;第二层次则表现为公司偿付能力出现问题,无论是实际偿付能力(总资产小于总负债)还是技术偿付能力(流动资产小于流动负债以及由此导致的流动性不足),都会对公司的持续经营造成威胁。资产与负债不匹配风险是一个动态和长期的概念,必须时刻监测资产和负债各性质的变化,以便及时做出调整,防止不匹配程度上升到第二层次。

3.3.2 保险公司资产负债管理方法

资产负债管理方法既可以用来管理整体层面的不匹配风险,也可以用来管理局部风险,如单个险种不匹配风险的管理或在已生效保单的存续期间重新进行匹配性测试等,总之,资产负债匹配管理是一个动态过程,参数、对象的选取都可根据实际情况进行调整。保险公司可运用的资产负债管理因公司的规模、发展阶段、资本市场的发育程度、业务状况、政策制度等不同,可以采取不同的方法。对于资本市场投资工具较少、保险资金主要投资于固定收益证券的保险公司而言,可以采用缺口分析和免疫法进行较为简单的对冲;对于资金运用规模较小、险种类别简单的保险公司,可通过投资工具及其比例限制等制度约束来控制;财产保险公司的保险期限都比较短,且负债受经济状况的影响小,主要面临精算定价风险,现金流预测相对容易,因此可采用较为复杂的匹配技术——动态财务分析(DFA)来研究公司整体风险,但寿险公司的产品相对多元化,且保户选择权多,负债现金流相对难确定,因此寿险分析一般针对各险种独立进行。以下简单对几种常用的资产负债管理方法进行介绍。

一、免疫策略

缺口分析通常和免疫法结合,用来规避利率变动对资产和负债造成的不同程度影响,或在对利率变动较准确预测的基础上构造最有利的缺口以最大化保险公司的利益。① 这里所运用的缺口指标主要有持续期、有效持续期和凸性。免疫法的本质在于构造投资组合以使利率变化后,资产和负债的相对价值达到预定状态。运用免疫策略首先得制定保险公司的分析目标。如果目标是要使所分析的资产和负债完全规避利率风险,则应设置零缺口;若保险公司期望从利率变动中获利,则应该根据利率预测确定资产负债的缺口状态。其次,保险公司应计算目标资产、负债的持续期和凸性,并分析利率变动造成的影响。最后,再根据事前确定的目标调整资产组合,以使缺口达到最有利状态。最基本的免疫策略有久期匹配策略,以及由此引申的久期凸性匹配策略。如果利率仅发生较小变动,或对分析的精确度要求不高,则可简单地使用久期匹配策略;若利率发生较大幅度变化或精确度要求较高,则必须同时分析久期和凸性,甚至资产和负债的更高阶导数。以下具体介绍这两种方法及其原理。

由前一节利率风险中的介绍可知,当利率发生较小波动,由 r 变为 r' 时,由泰勒公式二阶展开可知:

$$V([A],r') \approx V([A],r) + \frac{dV([A],r)}{dr} \times (r'-r) + \frac{d^2V([A],r)}{dr^2} \times \frac{(r'-r)^2}{2} \quad (3\text{-}6)$$

$$V([L],r') \approx V([L],r) + \frac{dV([L],r)}{dr} \times (r'-r) + \frac{d^2V([L],r)}{dr^2} \times \frac{(r'-r)^2}{2} \quad (3\text{-}7)$$

式中 A——目标资产价值;

L——目标负债价值,保险公司可根据管理目标确定 A 和 L 的范围;

$V([\ ],r)$——利率为 r 时,"[ ]"所代表标的的价值。

用 D_A 表示资产的久期,D_L 表示负债的久期,C_A 表示资产的凸性,C_L 表示负债

---

① 魏巧琴.保险投资风险管理的国际比较与中国实践(M).上海:同济大学出版社,2004:61—86.

的凸性,其中单个资产的久期和凸性在前一节利率风险中有定义,此处总资产和负债的久期则是以各资产价值占总资产价值的比例为权重进行的加权平均。则由以上两式相减可得:

$$V([A],r') - V([L],r') \approx S + \frac{r'-r}{1+r} \times (D_L L - D_A A) + \frac{1}{2}(r'-r)^2(C_A - C_L) \quad (3\text{-}8)$$

式中 S——资产和负债的价值之差,即为 $V([A],r) - V([L],r)$。

用 K 表示资产负债比例,即 $K = \frac{L}{A}$,则上式可表示为:

$$V([A],r') - V([L],r') \approx S - \frac{r'-r}{1+r} A \times (D_A - D_L K) + \frac{1}{2}(r'-r)^2(C_A - C_L) \quad (3\text{-}9)$$

在所要分析的资产和负债已确定的条件下,S 和 K 都可以确定,由上式可知,要实现权益最大化,保险公司只能根据对利率变动的预测——$(r'-r)$ 的符号,调整资产和负债的结构,使两者的久期之差和凸性之差处于能最大化权益价值的状态。在应用免疫策略时应注意以下几点:

(1) 基本免疫策略只能用于固定收益证券利率风险的管理,一般是分析债券类资产及与之对应的负债,权益类资产没有久期。如股票等的收益率由股息和买卖差价共同决定,两者都与利率没有直接关系且存在较大不确定性,因此不存在有效的持续期。一般债券的凸性为正,因此资产凸性越大,对保险公司越有利;但隐含期权的债券如可转换债券、可提前赎回的债券等,凸性为负,在配置资产过程中要特别注意。

(2) 资产和负债现金价值的计算可能涉及不同期限和不同信用等级的债券,它们对利率的敏感性不同,这时可通过债券的期限结构理论或其他相应理论进行调整。如利用收益率曲线估计不同期限债券的现金价值,即

$$V([c], r_0[t]) = \sum_{y=1}^{T} \frac{c_t}{\prod_{\theta=1}^{y}(1 + r_0[\theta])} \quad (3\text{-}10)$$

式中 $r_0(\theta)$——初始状态时期限为 θ 的债券的收益率。

在这种情况下,对资产负债的价值分别进行泰勒展开可发现,要获得零利率风险,资产和负债要满足每一期限收益率的久期和凸性均相等。

(3) 久期匹配策略经过参数选择、模型改造等也可以用于分析信用风险或非债券资产。如一些学者提出的随机久期模型[①],认为某些资产和负债现金流对利率的敏感度变化很大,一个确定数值不足以反映久期的变动,因此将资产(或负债)对利率的敏感度设置为一个随机变量,并利用随机过程如 Wiener 过程等模拟资产的到期收益率,目的是实现资产和负债的随机匹配。但这种技术尚不成熟,且

---

① 杨攀勇. 保险资金运用的风险管理与控制问题研究[D]. 天津:天津大学博士学位论文,2007.

评估其他风险也只是通过利率风险间接完成,无法准确评估对保险公司的影响,因此在实际操作过程中运用较少。

免疫法的计算过程相对简单,在寿险公司中被普遍运用,但该法最开始是用来管理利率风险,因此不可避免存在一定的局限性。首先,久期匹配忽略了现金流的不确定性,没有考虑到因信用风险等造成资金流失的情况;其次,随着资本市场的发展,金融工具复杂性的增加,保单各种选择权的嵌入,资产和负债久期的确定难度越来越大;最后,利率在不断变化,持续期也相应地发生改变,为实现资产负债的匹配,公司必须要不断调整资产组合,频繁的运作既增加了成本费用,也加大了操作风险发生的频数,使公司处于不利地位。此外,免疫法只关注资产和负债价值的变动,并没有考虑到现金流的变化,为弥补该缺陷,免疫法一般与现金流匹配等其他技术结合使用。

二、现金流匹配

现金流匹配是保险公司使用最广泛的一种方法,其本质是根据现金流支出的时间和数量,构造资产组合并根据市场变动进行相应调整,以使资产组合产生的现金流入在某种程度上恰好能够满足支付要求。最典型的一种方法是债券期限梯次化策略,即组合不同期限的债券,使在特定的间隔期均有一笔有保证的资金流入。例如,保险公司预期每三个月均有一笔1万元的赔付支出,为保证这份支付能毫无风险地实现,保险公司可购买票面价值为1万元的3月期、6月期、9月期、12月期债券各一份。则在每3个月末,保险公司均有一份债券到期,投资者可获确定性收入1万元。但这种方法只有在未来所需现金流可预测的情况才能较好地发挥作用,因此可运用于市场平稳发展和赔付相对均匀时的匹配管理。

现金流匹配是一种基本方法,因为它的支撑点是在一定的利率假设下,由该收益率带来的现金流入能够支付预定利率下保单的偿付支出,只能管理利率风险。此外,债券中各种选择权的嵌入,如提前赎回、延迟支付等,保单选择权的执行,如退保、保单贷款、增缴保费等,都会使得现金流确定的难度越来越大。即使现金流能够较准确预测,这种完全匹配限制了资金运用的灵活性,在消除风险的同时也消除了获利的可能性,因此现金流匹配只能用来分析现金流的基本变动情况。

三、现金流量测试

现金流测试是指通过对未来外界因素变动的预测,分析保险公司现金流入量和现金流出量的各种可能情况,并制订每一种可能情景下应对措施的一整套方案。现金流量测试和其他所有资产负债管理技术一样,第一步,需确定进行匹配分析的资产和负债。既可以根据负债特性确定与之匹配的资产组合,应用于产品定价过程,也可根据资产和负债的匹配要求同时调整各自的特性,应用于保单生效后的监测。第二步,根据历史经验和市场数据确定资产和负债对各种外界变量的敏感度,主要方法是建立模型。这一步类似于久期的分析,但不限于久期,同时影响现金流入和现金流出的市场变量还有汇率、国民经济等。第三步,保险公司应确定同时影响资产和负债的市场变量的变动方向，及其对现金流造成的影响。由于时间和精力有限，保险公司不可能对市场可能出现的所有情况都制定一个应对策略，因此这一步需要操作人员利用其经验和知识对各市场变量进行预测。第四步，保险公司要用可能影响资产和负债的其他因素调整模型，如用违约概率和回收率调整公司债产生的现金流入等。第三步和第四步实际上是分析各种投资风险的影响。最后再制定各种可能出现的情景下的应对措施。

要实现以上几个步骤，首先得明确保险公司现金流入和现金流出的来源及其影响因素，下面分资产和负债具体对其进行分析。

负债产生的现金流入主要为保费收入，导致的现金流出有赔付支出、退保支出、保单贷款、手续费等。营销团队的能力、其他金融工具的收益率、国民收入、利率等都会影响保单的吸引力，从而导致保费收入的变动。赔付支出则与死亡率、发病率有关，在短期内可以认为是不变的，因此预测赔付支出时应主要考察历史数据，但长期来看，它们受收入水平、物质条件等因素影响。财产保险公司的赔付支出还与通货膨胀率紧密相连；退保和保单贷款等与选择权有关的支出，既要反映历史情况，也要分析国民收入、利率、替代品的收益率等因素，如当股票市场收益增大时，保单所有人有提取贷款投资股票的激励，从而使保险公司现金流出增加；费用支出则随着公司发展的成熟以及机构效率的提高逐渐减少，因此预测费用支出的模型中要考虑公司规模、发展年限等硬性指标。

由资产产生的现金流入主要有投资收益、本金和利息偿还、抵押品的现金价值等；现金流出主要表现为投资费用、税收支出等。资产方受资本市场和实体经济的共同影响，因此模型中至少应包含以下几个指标：① 利率。利率会影响固定收益证券的账面价值及再投资收益率；且能通过权益类产品的需求间接影响股票和基金价格；甚至能通过投资影响实体经济的发展，进而通过国民收入的变动对资本市场的需求产生影响。总之，无论以哪种方式，利率都是导致现金流变动的重要因素。对利率变动的假设可以通过利率决定模型设定，如利率的平行移动模型、对数正态模型等。② 通货膨胀率。一方面使流通资金在资本市场和实体市场之间重新配置，从而影响投资收益；另一方面也会导致公司产生额外费用，如工资提高、手续费增加等。③ 经济形势。国民经济是联系货币市场和实体经济的重要元素之一，经济形势利好，除了会增加投资工具的需求、增大资本市场的投资收益率外，也会促进实体经济发展，从而增加投资于房地产和基础设施等实体经济的保险资金的收益。④ 汇率。汇率会对拥有外汇资产的保险公司产生影响。⑤ 其他投资风险。诸如前一节所描述的信用风险、操作风险、决策失误风险、政策政治风险、委托代理风险等，会影响现金流产生的概率，可以利用历史模拟法来估计不确定性及损失率，并以此来调整模型中的参数。实际上，如果用线性回归方法分析现金流量，这里所提的各种风险均已反映在随机误差项中，无须进行额外调整。

在对风险把握较为全面、对未来预测大致准确的前提下，现金流测试是一种灵活、有效的动态资产负债匹配方法,它能够为公司的管理提供较为精确的数据和应对不利事件较完善的处理方案。但这种方法要求公司有良好的信息获取与发布系统,对公司软实力的要求比较高,而且计算较为复杂,对专业人才要求高,目前在我国还没有被推广。但这种方法灵活性强,能够综合管理各种可能对资产负债产生影响的风险。随着资本市场和保险行业的发展,我国寿险公司应逐渐推广使用现金流测试进行资产负债管理。

四、动态财务分析法

动态财务分析法(Dynamic Financial Analysis,DFA)主要用来评估投资战略,投资战略是指投资者在不同情景下如何配置资产的计划。为阐述DFA的基本思想,需先介绍一下效率前沿曲线,该曲线是一种类似于马克维兹风险—收益图的曲线,它表示投资者的策略目标与策略风险(用标准差表示)的最优化组合,即在相同风险水平下策略目标最大化、相同策略目标值下风险最小化的点连接成的曲线图。下面以一个简单的例子来介绍动态财务分析法的基本思路,在这个例子中,策略目标是使一特定险种的资产配置能在至少保证当前风险水平的条件下,最大化净现金流量。

首先,保险公司要模拟各种可能情景,情景中要包括未来经济变量如利率等的估值,并确定各种情景下保险公司的效率前沿曲线图,即净现金流与风险的最优化组合形成的曲线。其次,根据保险公司当前的投资策略,确定不同情景下的投资结果,即净现金流量及相应风险,如图3-1中的点A。最后,比较A点与效率前沿曲线图的位置关系,并据此评价和调整当前的投资战略。以图3-1为例,A点位于净现金流量前沿曲线的下方,B点与A的风险大小相同,但收益却比A高,因此可以重新配置当前资产组合,以将其移动至效率曲线上。至于该过程中现金流量的计算,则需要分别对公司的投资业务和承保业务进行分析,这一程序与现金流测试大致相同。

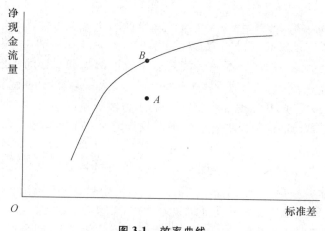

图3-1 效率曲线

动态财务分析方法在发达保险市场的非寿险公司中运用广泛,因为相比于寿险公司,非寿险保单的期限更短,赔付支出受通货膨胀的影响也更大,现金流发生的时间和数量面临较大的不确定性,因此非寿险公司的现金流需要用更多的情景进行模拟,如有必要甚至可以选用随机参数设定情景。

3.4 保险资金运用风险比较分析

风险管理的目的是减少风险事件发生的频率或风险事故导致的损失大小,以保证保险公司的偿付能力,维持稳定经营。但风险的本质是客观存在性,风险评估和管理机制并不能消除风险,况且人为设定的模型不可避免地存在局限性,因此保险公司破产的事件时有发生。通过分析公司破产、投资失败等相关案例,可以不断完善风险识别、评估、管理和破产退出机制,减少破产等极端事件对利益相关方造成的不利影响。前文分析的各种投资风险和资产负债不匹配风险存在于保险资金运用的整个过程,但不同风险对保险公司稳定经营的相对重要性不同。下面通过对因资金运用问题导致破产的案例进行分析,粗略地评价各风险的影响作用大小。

3.4.1 保险公司破产分析

保险公司经营过程中各种风险爆发的极端情况即为公司破产,导致破产的触发因素对财产保险公司和人寿保险公司的重要性各不相同。以美国为例,如图3-2所示,财产/意外保险公司最大破产[①]因素是非充分定价,为38.00%,其次为快速增长,占13.90%,投资问题排第7,仅为7.26%,即对非寿险公司而言,资金运用问题不是导致保险公司破产的主要因素。但当经济处于动荡时期,资本市场的表现对公司的稳健经营有着至关重要的影响。例如2009年,受2008年美国金融危机影响,有7家财产/意外保险公司破产,其中3家破产的直接原因是投资亏损,2家因为非充分定价,1家源于子公司问题,也仅有1家来自巨灾损失,即一般来看,在经济衰退时,投资问题取代非充分定价成为导致非寿险公司破产的首要原因。

就人寿/健康保险公司而言,导致破产的首要因素仍为非充分定价,为28.50%,但与财产保险公司的不同在于,非寿险公司由于业务短期性的特征,非充分定价主要表现为赔付率和费用率的假设偏离实际情况,而寿险公司的非充分定价则主要反映在预定收益率的制定不合理,属于资金运用风险中的资产负债性质不匹配风险。同时,投资问题是导致寿险公司破产的第三大因素,占比15.20%,仅次于子公司问题的18.40%。对人寿保险公司而言,子公司问题主要表现在资产管理公司、从事新兴金融工具投资的公司等在投资业务方面的亏损。例如2008年,

---

① 此处的破产指 A. M. Best 报告中的"Financial Impairment",破产公司为 FIC(Financial Impairment Company)。

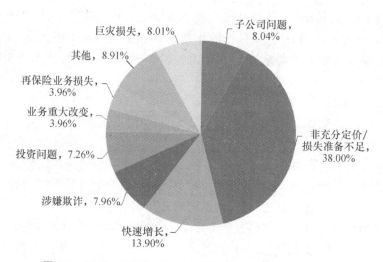

图 3-2 1976—2010 年财产/意外保险公司破产公司原因分析

资料来源：A. M. Best Company 2011c. U. S. Property/Casualty：1976—2010 Impairment Review. Oldwick, N. J.

AIG 从事信用违约互换的 AIGFP(AIG Financial Products Corporation)重大损失导致 AIG 被接管等。且快速增长部分也是由于大量积累的资金使用不当造成的。因此，实际上由资金运用问题导致的破产公司占寿险破产总数的一半以上，是威胁寿险公司稳健经营的最主要因素。

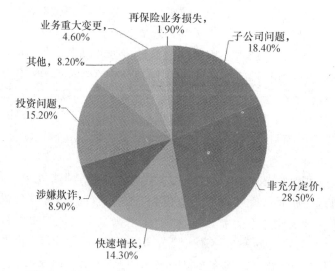

图 3-3 1969—2010 年人寿/健康保险公司破产原因分析

资料来源：A. M. Best Company 2011c. U. S. Life/Health：1976—2010 Impairment Review. Oldwick, N. J.

从美国保险公司历年破产公司数量和实际 GDP 增长率之间的关系来看,如图 3-4 所示,呈现滞后负相关关系。从 1978 年到 2011 年,美国经济共出现 4 次萧条,保险公司的破产数量也出现过 4 次突增。1980 年和 1982 年,美国经济增长率分别为 −0.3% 和 −1.9%,即出现倒退,保险公司的破产数量从 1982 年的 7 个增加到 1983 年的 16 个,经济衰退对破产的影响延续至 1985 年,使数量攀升至 32 个;1989 年开始的经济低谷到 1991 年结束,保险公司的破产数量在 1991 年达到自 1978 年以来的巅峰,达 55 个;2001—2002 年的经济衰退、2007—2009 年的经济衰退也分别导致破产数量达到小区间段的最高值。经济形势利好阶段,如 2004—2006 年,平均真实 GDP 增长速度为 3.17%,使得 2007 年的破产数量达到 2000 年后的最低点——仅有 4 家公司破产。因此,分析保险公司各风险因素的相对重要性及暴露条件,具有代表性的与资金运用有关的案例主要集中在经济衰退阶段。以下就 1989—1990 年和 2007—2008 年经济低谷时期的破产公司进行风险分析。

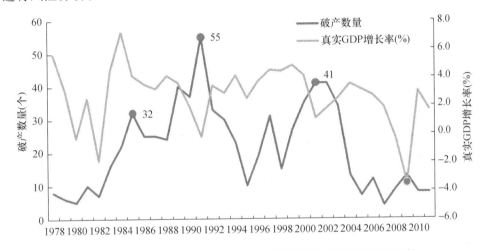

图 3-4 1978—2011 年美国保险公司破产数量和实际 GDP 增长率

资料来源:A. M. Best Company:Best's Impairment Rate and Rating Transition Study—1977 to 2011.

一、破产案例分析

1991 年全年,美国共有 55 家保险公司破产,这 55 家公司拥有的资产占整个保险行业总资产的 3.2%,而其他年份破产保险公司资产仅占 0.1% 左右。[①] 下面对这个时期 7 个最典型的破产保险公司表现出来的资金运用风险进行分析。表 3-1 显示了所分析的 7 家保险公司投资垃圾债券的基本情况,由表可看出,它们的总资

---

① Brewer,Elijah III,Mondschean,Thomas H. Life Insurance Company Risk Exposure:Market Evidence and Policy Implications[J]. Contemporary Economic Policy,1993,11(4):59.

产在1980—1985年间迅速增长,以Executive Life为例,总资产增加了8.23亿美元,但在1985—1990年间增速放缓,仅增加了0.81亿,快速增长一方面给公司增加了巨大的资金运用负担,另一方面对后续管理者的业务开展也造成较大压力,迫使保险公司推出能吸引客户的新型保单,两方面的压力导致保险公司在运营过程中各种潜在风险加大。

表3-1　7家保险公司投资基本情况　　　　　　　　　　（单位:百万美元）

	总资产增长		1990年			
			一般账户资产	资本资产比例（%）	垃圾债券占比（%）	
	1980—1985年	1985—1990年			净资本	净强制债券风险准备金
Executive Life（加利福尼亚州）	823.45	81.63	10 167	4.66	7.44	8.29
Executive Life（纽约州）	922.29	34.49	3 172	5.82	9.10	10.41
Fidelity Bankers Life（弗吉尼亚州）	34.39	1 683.45	4 069	3.00	8.12	11.72
First Capital Life（加利福尼亚州）	675.17	135.13	4 035	2.66	6.69	11.26
Guarantee Security Life（佛罗里达州）	5 519.37	85.23	686	4.48	7.38	11.00
Monarch Life（马萨诸塞州）	35.17	12.98	851	11.70	107.01	115.82
Mutual Benefit Life（新泽西州）	58.73	41.28	13 006	3.38	108.81	138.89
行业	66.38	69.20	1 248 386	7.32	107.21	124.50

资料来源:Brewer, Elijah III, Mondschean, Thomas H. Life Insurance Company Risk Exposure: Market Evidence and Policy Implications[J]. Contemporary Economic Policy, 1993, 11(4):56—69.

1. 资产负债不匹配风险

20世纪80年代,美国各大保险公司竞争的最终目的是获取市场份额、扩大公司规模,因此不断推出创新型保单,如投资连结险、万能寿险、保证收益保单等,以适应因高通货膨胀和高利率而增大的投资者预期收益率,从而提高吸引力。保证收益保单的推出是导致这7家保险公司偿付能力不足的重要原因。保险公司为争夺客户,纷纷推出高保底利率,这种高保底利率实际上是受保险行业的竞争驱使形成,只考虑了资本市场和经济环境的当前形势,没有分析保单整个存续期间的综合表现。高预定利率又迫使保险公司采取激进的投资策略,资产的总体风险大幅攀升:从整个行业来看,抵押贷款占总资产的比例从1980年的1/3以上减少到少于1/5,股票和公司债券(主要是垃圾债券)的比例从1980年的37.5%上升到1990年的 41.4%。实际上,相比行业平均,这 7 家保险公司的投资策略更为激进。在短时间内,死亡率和发病率几乎不变,因此负债(保证收益保单)的偿还期、期限、安全性几乎保持不变,收益性要求提高;而资产的偿还期、期限变短,风险增大,收益率随着经济环境的恶化变小,若以 1980 年作为对比基础,可看出这几家保险公司的资产负债存在极大的不匹配风险。

就规模匹配,即风险承受能力而言,这 7 家破产公司中有 6 家持有资本金不足,低于行业平均 8% 的水平。First Capital Life 甚至低至 2.66%,另外一家——Monarch Life 的资本资产比例虽然高达 11.70%,但大部分资本金却投资于高风险、低流动性领域,无法满足资本金安全性的要求。总体来看,公司存在的资产负债不匹配风险较大。

2. 信用风险

在美国,发行债券的优势明显,而且垃圾债券按期支付的审查不严,因此债券市场的参与人数远比股票市场多,发育程度也比股票市场高。保险公司作为投资者的一员,也在债券市场投入相当大比例的资金。从 1980 年至 1990 年,保险行业持有的公司债券比例仅从 37.5% 增长到 41.4%,增幅不大,但各问题保险公司、各规模迅速扩大的保险公司,为支付高保证利率,垃圾债券比例疯长,远远超过行业平均水平,一旦债券市场出现系统性风险,整体违约率增加,在风险资本金不足的情况下便会出现资产的大幅贬值,面临偿付危机。

此外,保险公司对信用风险的评价机制也不够完善,强制预留保证金(mandatory security valuation reserve)的计算仅依赖于持有债券的信用等级,没有反映持有头寸的大小,同一公司债券、同一种类资产的风险会随着持有量的增加而增大。对信用风险的低估,一方面推动保险公司采取较为激进的策略,另一方面也减弱了公司的风险承受能力。

3. 市场价格风险

各大保险公司投资于股票的比例不大,而且足够分散化,因此股票价格风险不是引起公司清算的主要因素。但商业房地产贷款(commercial real estate loan)市场的风险暴露程度较大。

在信用风险水平较低的两家破产保险公司 Monarch Life(垃圾债券占比仅为 10.9%)和 Mutual Benefit Life(3.1%)中,投资于商业房地产贷款的资金远高于行业平均水平 3.0%。以 Mutual Benefit Life 为例,在 1990 年年末,商业房地产贷款占比为 9.4%,且主要投资在美国东北部,只要该项投资市场价值发生 10% 的亏损,就足以消耗完该公司的资本金;而另一家保险公司 Monarch Life 也主要投资于新西兰地区的房地产。这两家保险公司投资房地产的资金较多,同一地区的投资头寸过大,市场价格风险集中。

4. 流动性不足

该风险产生是投资失利的直接后果。一方面,投资收益率的下降使保单退保率上升、新增保费减少,从而导致因保费收入产生的现金流入减少;另一方面,收益率下降,造成投资收益现金流入减少。但偿付支出不改变,这就导致保险公司面临流动性不足的风险,是导致保险公司破产的直接原因。

由以上分析可看出,导致这几家典型美国保险公司破产的触发因素是经济衰退导致的违约率上升和房地产价格降低,但风险根源却在于公司决策失误,以规模扩张为经营目标,造成投资业务和承保业务分离较大,主要表现为两个方面:一是未结合投资市场表现和保单长期规划来确定预定利率,保单设计脱离投资业务;二是致使公司忽略保险保障的性质,以高投资收益率吸引客户,以保费扩张带动公司的发展,投资业务的目标只能是被动满足难以实现的预定利率。而高收益通常与高风险相连,高收益率的投资目标必然导致管理者放松风险评估、管理机制,使得公司的激进投资策略在缺乏安全性资产作为保证的条件下运行,造成资产安全性降低并缺乏相应的风险管理方案。在以承保业务带动投资业务的战略指导下,资产负债不匹配突出,各种市场风险的暴露程度大,尤以信用风险和市场价格风险表现最为明显。

日本在1997—2002年间共有7家寿险公司、2家产险公司破产,且破产公司资产总额占保险市场的份额较大。许多文章分析过日本保险公司破产的原因,主要是过多投资于高风险资产,资本市场恶化从而导致公司陷入资不抵债的状态。毫无疑问,日本整体经济的滑落,日元升值导致的汇率风险,超低利率政策导致的利率风险,股市和楼市的泡沫导致的市场价格风险,等等。但是促使这些风险导致保险公司破产的根源在于资产负债的不匹配。日本保险公司以固定利率产品如养老金保单为主,这些产品的投资风险完全由公司承担;同时,寿险公司制定8%的预定利率完全是基于当前市场表现情况而定,没有灵活的调整机制,无法在资本市场变动时应付相同的给付责任,保险公司的稳定过于依赖资本市场的表现。

二、AIG被接管案例分析

2008年金融风暴导致一些资金雄厚的保险公司深受其害,A.M. Best显示的7家破产寿险公司中,有两家(Standard Life Insurance Company of Indiana 和 AIG)与次贷危机直接相关,其余保险公司则被A.M. Best归结为投资问题和定价不足类。以下就对AIG被接管的风险因素进行详细分析。

1. 基本投资策略

表3-2显示了AIG公司股票和证券化资产的基本情况,证券化资产包括住宅房贷担保证券(RMBS)、商业房地产抵押贷款支持证券(CMBS)和担保债务凭证(CDO)/资产抵押证券(ABS)。由表可看出,资产资本比值维持在10%左右,但在2008年下降至8%,自有资本的减少反映出风险承受能力的下降。2007年金融危机爆发时,AIG公司持有的股票资产占资本的比值从2006年的30%增加到48%,表明资本金对股票资产的保护越来越弱。而证券化资产占比也从2006年的3%跃升至2007年的140%,即单项资产已超过公司持有的资本金,证券化资产价值下降

28.8%就可消耗完公司所有资本金,这在经济形势转弱的情况下对公司是致命的打击。风险较大的股票和证券化资产比例逐年增大,削弱了公司的风险承受能力,而在2007年金融风暴已初现端倪之际,AIG并没有对其资产组合及时进行调整,反映出风险管理措施相对投资活动的滞后。

表3-2 2005—2008年股票投资分析　　　　　　　　　（单位:亿美元）

年份	股票	证券化资产	总资产	总资本	资产/资本	股票/资本	证券化资产/资本
2005	235.88	35.22	8530.51	863.17	10.12%	27.33%	4.08%
2006	302.22	28.95	9794.14	1016.77	10.38%	29.72%	2.85%
2007	455.69	1345.00	8294.68	958.01	11.55%	47.57%	140.40%
2008	211.43	437.26	6369.12	527.1	8.28%	40.11%	82.96%

资料来源:AIG历年财务报表。

2. 借出证券押金投资

在AIG负债中,通过借出债券获得的资金占总负债的比例居第三位,仅次于对保单所有者的负债(包括保险责任准备金和保户储蓄)和其他长期负债,2007年该比例为8.6%,2008年降至3.56%。[1] 借出证券押金是保险公司可运用资金的主要来源之一,大致与保险公司持有的资本金相平,如2007年该项资金额为819.65亿美元,而同一时期的资本金为958.01亿美元,由此可见,AIG应独立于保险业务单独管理该项资金,制定与其性质、收益风险要求相适应的投资策略。借出证券押金要求的流动性较高,债权人可随时要求兑换现金,流动性要求高。但AIG将大部分的借出证券所获资金投资于证券化资产,2007年这一比例为65.4%,2008年6月底为60.8%[2],这必然从三个方面导致风险暴露:首先,头寸过大使得资产组合对该证券违约率的变动很敏感,一旦发生损失,其他投资产品的收益难以补偿;其次,证券化资产买卖的参与双方仅为银行、保险公司、基金等机构投资者,有限的参与者制约着该投资工具的流动性;最后,无论是住房抵押贷款还是资产抵押证券,其违约率和价值最终均取决于房地产价格变动,风险集中,容易产生系统性风险,虽然这些债券有实体资产担保,但难以迅速高价变现,尤其是当该实体资产价格下降即为触发因素时流动性问题更为显著。由此可看出,借出证券资金的运用未符合分散化原则,且存在资产负债流动性不匹配风险。

3. 衍生品投资

AIG下分离出子公司AIG金融产品公司(AIGFP),主要从事金融衍生品交易,以信用违约互换(CDS)为主。暂且不论CDS作为衍生金融品的杠杆效应隐藏的

---

[1] 根据AIG 2007年和2008年财务报表整理得出。
[2] 徐高林.AIG危机的深层原因及借鉴[J].保险研究,2009(8):104—107.

巨大风险,仅考察 AIG 对信用违约互换采取的风险管理措施,可看出存在以下几方面缺陷:

首先,CDS 定位不清晰。为躲避保险监管的严格控制,International Swaps and Derivatives 将 CDS 表示为:"信用互换协议是通过允许以不同价格买卖来规避风险,但并不要求买卖双方与参照实体直接关联。"即积极开展 CDS 业务的金融机构以购买者不一定拥有可保利益作为规避保险严格监管的借口。但信用违约互换收入的获得先于债务承担,类似于信用保险,CDS 的卖方相当于保险人,卖方相当于被保险人,卖方的收益来自根据预定违约率制定的价格与实际违约率导致的赔付之间的差额,这种性质决定着 CDS 的卖方为应付不确定的赔付应备有类似于巨灾准备金的储备资金。作为经营风险、以稳健经营为原则的保险公司,AIG 并未提取应对未来责任的准备金。此外,信用违约互换的定价基础是违约率的假定,AIG 违约率的制定主要依赖于信用机构的评级,但实际上违约率不仅取决于资信状况,还与各种宏观经济要素密切相关,利率提高会加重偿还负担,经济条件恶化会削弱偿还能力,通货膨胀会间接影响资信状况(通货膨胀会使房地产贬值,抵押资产价值减少,借款的资信下调),失业率增加会减少可偿还债务的个体数量,这些变化均会导致违约率上升。由此可见,AIG 的 CDS 定价环节薄弱。由以上分析可看出,CDS 业务开展环节混乱,致使 CDS 潜藏风险高,而且难以度量,投机倾向明显。

其次,权责利分离,这是由 CDS 定位不清晰直接导致的结果。AIGFP 负责开展信用互换业务,其运作独立于 AIG,不受 AIG 集团内测评衍生品交易的 Derivative Review Committee 监测,但 AIG 却为 AIGFP 提供履约担保[1],这要求 AIG 在证券的市场价值下降时提供抵押品,并对其债务承担最后支付责任。AIGFP 负责确认信用违约互换的收益,而风险实际上是由 AIG 承担,这种权责利的分离导致 AIG 集团存在以下三方面的经营漏洞:第一,这是导致 CDS 产品缺乏制定、完善风险管理策略动力的根本原因。第二,AIG 为防止信用衍生品对其资产负债表的拖累,在其经营管理和对外信息披露中都隐藏了在参照资产价格下降时提供抵押品的义务。AIG 2002—2006 年的财务报表风险分析中均未向公众解释信用衍生品对保险公司的真正含义及其影响,也未披露信用衍生工具潜在的各种风险。第三,AIGFP 的信用衍生品交易的对象中有一些是未经过评级机构评级的债券,其携带的信用风险水平较高;并且在 Multi-sector CDO 部分,有很大比例投资于高风险的次级贷款领域,2007 年年末投资于 Multi-sector CDO 的资产总额为 780 亿美元,而其中有 614 亿美元涉及次级贷款领域,占比达 78.7%,头寸过大,风险集中。从另一方面来看,投资次级贷款领域在之前年度的报告中均未提及,反映出公司意识到该项投资的风险会影响 AIG 的信用评级和监管机构对其施行的监管政策,属于有意隐瞒,是

---

[1] P. M. Vasudev. Default Swaps and Director Oversight:Lessons from AIG[J]. Journal of Corporation Law,2010,35(4):757—797.

操作风险暴露的直接表现。

最后,风险管理水平落后,缺乏风险评估机制和亏损应对措施。就风险评估机制而言,AIG 没有合理量化信用衍生品最大可能损失的程序,不仅内部缺乏评估机制,也未曾尝试向信用风险协会和 Derivative Review Committee 寻求任何技术支持。直到 AIG 被要求提供抵押金的 2007 年,该公司才首次向外披露信用衍生工具价值评估存在较大困难。在损失应对措施上,AIG 管理行动明显落后于风险暴露,当 2006 年 Capital Market 业务亏损 8.73 亿美元时,AIG 并不是及时调整其投资策略和管理制度,而是宣称它已开展出一个独特的业务,使其区别于其他信用工具提供者,由此可看出 AIG 对市场变化的木讷和对自身经营的自大;甚至在 2007 年,信用违约互换损失 115 亿美元时,仍向外表明这种亏损是暂时的,对未来持积极态度(AIG Annual Report,2007)。就 Capital Market 业务而言,AIG 保险公司的投资策略并未根据其收益表现进行相应调整。如表 3-3 所示,Capital Market 业务在 2002—2007 年六年间,有三年发生亏损,其中 2007 年亏损额达 105.6 亿美元,但 AIG 在 Capital Market 业务投入的资金却呈稳定上升趋势,由 2002 年的 1 250 亿美元增长到 2007 年的 5 620 亿美元,平均每年增加 36%,这部分资金占总资产的比值也从 2002 年的 22.3% 上升到 2007 年的 67.8%,特别是在该项资产发生亏损的 2003 年、2006 年,公司都未有减少头寸的倾向。实际上,在 2002—2007 年间,Capital Market 业务收益占总净收益的比例与 Capital Market 业务投资额占总投资额比值的相关系数为 -0.8,投资结构与收益结构呈现负相关性,隐藏风险较大。此外,Capital Market 业务给 AIG 带来的收益和风险并不满足效益原则。从 Capital Market 收益占总净收益的比值来看,波动很大,最高比率出现在 2005 年,占总收益的 1/4(25.4%,当年 Capital Market 资产占总资产之比达 45.1%,接近一半),最低比率出现在 2007 年,为 -170.3%,这 6 年的标准差达 73.6%,波动剧烈,但平均收益占比却为负值,-21.9%。由此可看出,Capital Market 业务对 AIG 的效益并非像其所宣称的那样是其首要利润来源。

表 3-3 AIG 长期资金市场表现

年份	长期资金市场收益(百万美元)	总净收益(百万美元)	长期资金市场收益/总净收益	长期资金市场投资价值(10亿美元)	总资产(10亿美元)	长期资金市场投资价值/总资产
2002	890	5 729	15.5%	125	561.6	22.3%
2003	-188	8 108	-2.3%	204	675.6	30.2%
2004	662	9 893	6.7%	288	801.1	36.0%
2005	2 661	10 477	25.4%	385	853.1	45.1%
2006	-873	14 048	-6.2%	486	979.4	49.6%
2007	-10 557	6 200	-170.3%	562	829.5	67.8%

资料来源:2002—2007 年 AIG's Annual Statutory Reports of Form 10-K。

从以上分析可以看出,导致 AIG 公司被接管的根本原因在于决策失误风险和资产负债不匹配风险的爆发,破产触发因素是信用风险。

(1) 决策失误风险。AIG 为提高公司竞争力,将经营重点放在投资业务的开展上,试图通过高收益的衍生品交易提高公司整体收益率,扩充资产规模。公司决策失误风险主要反映在资金运用战略的选取上:以提高收益率为经营目标,导致公司在投资过程中低估甚至忽视风险因素,在开展新业务(主要是信用违约互换)时没有制定与之配套、合理的风险评估和管理体制,使衍生业务的开展缺乏科学依据,CDS 交易倾向于投机。

(2) 资产负债不匹配风险。AIG 的两大主要负债是保险准备金和借出证券押金,这两类资金由于性质不同应分别管理。借出证券押金的流动性要求高,并存在类似银行挤兑的风险,不利事件发生时会导致风险成倍扩张,因此借出证券所获资金的投资应保持足够的流动性资产,并需通过分散化策略减少投资组合对单项市场指数、经济指标的敏感性,避免非系统风险集中,但 AIG 将高比例的借出证券押金投资在证券化资产领域,导致投资组合对房贷市场的信用风险非常敏感。虽然证券化资产有实体资产作为担保,但明显流动性不足以满足借出证券押金的要求,资产和负债在流动性方面不匹配。此外,AIG 将信用违约互换作为投资产品运用,由于衍生品强大的杠杆效应导致其存在极大风险,并将 614 亿美元(2007 年年底数据,占 Multi-sector CDO 总额的 78.7%)的巨额资金投资在信用风险较大的次级贷款领域,占当年总资产(8 295 亿美元)的 7.4%。将如此高比例的资金投资在信用风险大、制度不完善、发展不成熟的涉及次级贷款的 CDS 领域,无论是对保险责任准备金还是借出证券押金而言,都无法满足其安全性要求,存在资产负债安全性、规模不匹配风险。

(3) 信用风险。导致 AIG 破产的直接原因在于投资于次级贷款领域资金面临的信用风险爆发,致使 Multi-CDS 出现巨额亏损,为其提供担保的 AIG 不得不为贷款人的违约买单,提供抵押金,再加上 AIG 公司信用评级调降,衍生品交易商要求增加保证金,担保资产(房产)变现难度大、可获价格低,导致 AIG 面临流动性不足。

(4) 市场价格风险。股市波动通常随经济衰退而出现,AIG 投资于股票市场的资产不免受到股市振荡的不利影响,由表 3-4 可以看出,2008 年 AIG 在股市亏损 1.19 亿美元,股市收益率为 -1.35%,实际上在 2007 年股市收益率已开始下降,为 5.36%。但 AIG 拥有的 527.1 亿美元资本足以应对股市 1.19 亿美元的亏损,市场价格风险并不是制约 AIG 继续经营的风险因素。

表 3-4 AIG 2007—2008 年股票投资情况　　　　（单位：百万美元）

年份	股票投资收益	股票投资额	收益率
2007	1 087	20 272	5.36%
2008	−119	8 808	−1.35%

资料来源：AIG Annual Statutory Reports.

三、破产因果链

由以上案例分析看出，不论是 1991 年由垃圾债券违约率增加导致破产数量激增、20 世纪 90 年代末日本利差损导致资本实力雄厚的保险公司破产，还是 2008 年因次级贷款违约率增加导致亏损保险公司数量增加，其风险根源均在于公司宏观决策失误风险。其中，前两者是因为公司将保费规模扩张作为主要经营目标，导致可运用资金盲目追求高收益投资产品，后者则是因为公司过分看中投资活动所创收益，从而致使投资决策过于激进，风险管理决策偏向于适应高收益而忽略谨慎原则。承保业务和投资业务的失衡直接导致公司资产和负债各种性质——安全性、流动性、收益性、规模不匹配，而不匹配缺口的存在则是导致投资亏损成为威胁保险公司持续经营的根本原因。经济环境恶化是导致保险公司破产数量系统性增加的主要原因，资本市场衰弱必然影响保险公司资产表现，投资收入数量减少，再加上宏观经济低估会减少保费收入，这对资产负债匹配程度差、风险管理机制薄弱的保险公司是很大的挑战。

至于导致保险公司财务危机的直接风险因素，即投资风险，则与各个国家资本市场的构成、发达程度、相对重要性密切相关。在美国，由于债券的减税效应和较为宽松的发行条件，债券市场远比其他市场（如股票市场）活跃，参与人数最多，产品创新也最活跃，21 世纪初最受欢迎的金融产品——证券化资产如 MBS 等，也是根据信用等级将贷款、债券等资产归类打包以债券形式进行销售。发达的债券市场能为保险公司提供安全性、收益性较平衡的投资工具，但也正是这最活跃的工具导致了保险公司 1991 年和 2008 年的破产高峰。20 世纪 90 年代，日本海外投资市场发达，外国股票和债券给保险公司带来了较大收益，但汇率风险的暴露也成为导致保险公司破产的主要直接触发风险要素。由此看出，被越多投资者认可的市场往往也是风险隐藏最大的领域，它通常是致使保险公司出现财务危机的原因。这是因为最活跃的市场往往参与人数也最多，风险池基数较大，而成熟市场法定监管通常较为宽松，创新工具的开展也未经过严格的风险测试，并且缺乏完善的风险管理机制作为后盾，因此潜藏的风险容易被投资者忽视，但风险仍然客观存在，只是未被投资者融入其资产管理中，这就使得活跃市场的投资品对利率变化等触发事件非常敏感。而保险公司作为稳健经营的机构投资者在其投资组合中必然体现出对活跃市场投资工具的依赖，持有头寸大，因此含有的系统性风险也较大。此外，由于各资本市场表现存在正相关性,正如不同利率会同方向变化,因此最活跃市场出现动荡会引致保险公司其他投资工具的表现,使资产整体收益率受到不利影响。正如2008年次级贷款违约率增加,使整体经济下滑,股票市场受到严重影响,保险公司的股票收益急剧下降,如AIG 2008年股票投资收益率为 -1.35%[①]。

各种风险因素爆发的直接后果是保险公司为弥补预料之外的投资亏损需变卖资产。但在经济衰退阶段,资本市场和实体资产都难以合理价格迅速变现,资产的流动性变差,公司面临流动性不足风险,这是导致保险公司被接管或破产的直接原因。

3.4.2 保险资金运用风险相对重要性分析

各种风险对保险公司正常经营的相对重要性因时因地不同。在保险行业刚起步的国家,各公司和监管部门都较为关注保险业务的扩张,容易产生重承保轻投资的宏观决策失误风险,这对保险公司的经营有两方面的影响:一是以承保业务约束投资活动,是导致资产负债不匹配的首要原因,对寿险保单中后期偿还义务的实现形成较大威胁;二是轻投资会使保险公司的风险管理发展滞后,投资活动缺乏后盾支持,各种风险容易暴露并对公司正常现金流造成较大影响。如我国20世纪80年代刚刚恢复保险业务时,对投资活动的完全限制使资产和负债的收益性难以匹配,而紧接着的完全放开,又使资产负债安全性、流动性难以匹配;且开展初期各公司均未设置与风险管理有关的部门,从而产生了90年代初的投资混乱。

不同国家和地区的资本市场结构在一定程度上决定了保险公司的投资结构,如美国的可运用保险资金大部分投资于债券市场,英国大部分投资于股票市场,台湾保险公司则有很大比例投资在房地产市场,这均与当地的资本市场结构直接相关。资产头寸的偏向决定了各国保险公司面临的主要风险,其中美国保险公司为信用风险,英国则主要面临市场价格风险。

当经济处于衰退阶段时,资本市场各种投资工具表现会系统性变差,偿还能力减弱导致违约率增加,信用风险增大;股票市场参与人数减少、交易额缩小,波动性增大,市场价格风险凸显;实体资产和资本市场活跃度均降低,各投资工具的流动性减弱,再加上保险公司现金流入减少,现金流出不变甚至增加,导致公司面临流动性不足风险;经济衰退通常引致通货紧缩,物价水平降低,本国商品吸引力增大,从而导致国际资本上对本币需求增加,本币升值,这会导致保险公司的海外投资面临汇率风险,转化为功能货币时价值减少;这个时期政府财政、货币政策均倾向于恢复经济,利率等市场指数调整频率较大,保险公司的财务波动较大,而资产政策、资产组合等的调整频率增大可能会加剧保险公司的操作风险。

当经济处于平稳阶段时,债券、贷款、股票、基金市场均平稳运行,市场波动较

---

① AIG官方网站:AIG Annual Statutory Reports(2008)。

小,资产组合价值也相应保持稳定,因此与资本市场相关的风险相对较小。但在平稳发展阶段,保险公司往往有寻求扩大公司竞争力的动力,投资品和投资策略创新较多,而较稳定的宏观经济会使保险公司放松对风险的测评、监控与管理,投资策略对收益性的偏向很容易调整过度,宏观决策失误风险表现较严重。与此同时,经济发展会迅速使保险公司加大对大额项目的投资,如股权、不动产投资等,当评估项目所获信息不全面、投资人员专业度较低时,容易导致微观决策失误风险,并且由于项目投资涉及工作人员较多,程序较复杂,容易产生操作风险。此外,代理机构采取激进投资策略的可能性增大,与挪用资金、私自更改投资组合的委托代理风险也较突出。

除了以上几个因素外,保险资金运用的风险还与不同国家的保险发展历史、当前资本市场发育程度、风险管理技术等密切相关。以中国为例,由于历史遗留的利差损、资本市场的限制以及资产负债管理技术不成熟,目前我国资产负债不匹配现象较严重:许多学者表示我国资产和负债期限不匹配程度相差10—15年;而资本市场的表现差强人意,致使收益性也难以满足负债所要求的预定利率。下面分经济衰退和平稳增长阶段对我国保险公司面临的风险因素进行比较分析,由于经济环境对资产负债匹配风险的影响仅体现在收益性上,并且这种影响是通过可运用资金的市场表现传导,与各种短期外部风险的暴露存在因果关系,因此下面仅比较各种市场风险和公司治理风险的相对重要性,以5颗星表示相对最大风险。

利率是我国宏观经济调控的重要工具,与经济发展的相关程度高,为刺激需求、增加投资,当前我国利率水平整体较低,存在因通货膨胀上调利率的可能,但上调幅度不会很大,整体而言固定收益证券的贬值风险、再投资风险较大;同时,我国保险资金投资于银行存款和政府债券的比例很高,占据大部分可运用资金,2009年银行存款和债券占总资产的比例为78.6%;再加上债券市场政策不够完善,发育程度不高,产品种类少,风险集中度高,在我国保险公司资产负债期限不匹配程度达15年左右的情况下,利率风险相对较严重,值4颗星。

近年来,我国保险资产中股票和股票型基金占比逐渐增大,以中国人寿为例,中国人寿2011年半年度的股权型资产占比已达13.38%,保监会对股票投资的限制比例(投资额占上季末公司总资产的比例)也扩大到20%,由此可以看出保险公司持有的股票型资产头寸将会越来越大;同时,股票市场参与人数众多,小投资者受股市舆论影响比较明显,理性投资者缺乏,收益率波动剧烈。过去19年中,我国股市就有4次波动率超过100%,风险很大,足以影响保险资金的整体收益率。其中2007年12.17%的行业平均高收益率和2008年1.19%的低收益率都主要受股市表现影响,2007年、2008年保险公司投资股票的收益率分别为31.7%和-9.9%[①]。以2005—2009年保险资金总投资收益率和投资股票收益率进行分析,可以算出两

---

① 熊立军.我国商业保险资金的股市投资策略及风险管控研究[D].福建:集美大学,2010:26.

者的相关系数高达 0.86。由此看出,我国配置于股市的保险资金收益可观、风险也很大,值 5 颗星。

国债以国家信用为担保,地方政府债券也有财政支持,而对金融债券发行的严格监管也使得其违约风险很小;至于企业债券,占保险投资资产的比例在 20% 左右,且监管机构对可投资债券的信用评级设有较严格限制,以有担保债券为主,因此债券投资的总体信用风险水平较低。保险公司向外贷款以保单质押贷款为主,且比例不高,因此可忽略其影响。总体而言,信用风险仅值 0.5 颗星。

我国保险资金投资于外汇资产的比例也在不断增大,2005 年保险公司已拥有超过 100 亿美元的外汇资产,逐渐扩大的海外融资和外汇保险业务将会使这一头寸更大,同时,保监会也将外汇投资的比例限制放宽到 15%。目前,人民币面临较严重的升值风险,因此汇率风险对我国保险资金运用的威胁越来越大。如 2010 年中国人寿年度报告显示,汇兑损失同比增长 39.5%,主要是源于人民币升值导致公司持有的外币资产转化为记账本币时产生的账面损失。因此,总体来看保险公司面临的外汇风险值 0.5 颗星。

通货膨胀对保险公司的影响主要集中在赔付支出上,财产保险公司比人寿保险公司更严重,但这种风险主要表现在负债方,短期内对资金运用的威胁较小,因此可忽略。

流动性风险对资产和负债均有影响。从负债方来讲,我国保费收入尚未达到饱和状态。2010 年,我国保险深度为 3.7%,不到世界平均水平的 1/2,保险密度为 165 美元,仅为世界平均水平的 1/5。这两个数据表明,随着经济发展,在可预见的一段时间内保费增长将会持续。就资金运用而言,流动性风险主要体现在投资工具的特性及持有的头寸上。保险公司债券持有头寸较大,如 2010 年全行业保险资金债券资产占可运用资金比例高达 49.5%;而债券市场上参与流通的债券实际上并不多,大部分由银行持有以改善资产结构,面临的流动性风险也不容小觑。由于这部分的分析将资产负债不匹配风险排除在外,因此这里有必要将有资产负债不匹配导致的流动性不足风险包含进来。20 世纪 90 年代的"利差损"问题尚未能得到圆满解决,若当时出售保单的平均利率无法匹配预定利率,保险公司则有出现流动性不足的可能。因此总体来看,流动性风险仍较严重,值 2.5 颗星。

在目前中国保险业投资人才缺乏、风险管理技术不完善、制度不成熟的情况下,决策失误风险、操作风险、委托代理风险等公司治理风险是导致保险公司投资失败的重要原因。近几年中国典型的几项投资失败案例都是由以上风险暴露导致的。例如 2007 年平安投资富通事件,部分是由公司决策失误和操作过程不规范导致的。决策失误表现为,投资者没有考虑到处于经济危机时期的国外公司存在的系统性风险增大;操作风险表现为,计划投资 500 亿元的富通项目涉及一半股东权益,却未按照操作规则经股东大会审议。再如 2005 年新华人寿领导层私自挪用保险资金,并进行关联交易的案例,该公司董事长关国亮在其任职的 8 年时间内,未经董事会批准经常为关联股东提供担保或拆借资金,共挪用130亿元,尚有27亿未能归还,给新华人寿的偿付能力造成极大冲击。这两起案例都是由于公司内控不足、约束制度缺陷造成的,使保险公司产生预料之外的损失。从目前我国保险公司的发展状况来看,操作风险和决策失误等公司治理风险仍是导致保险公司投资失败的重要原因,人员欺诈等操作风险属于频率大、损失小的风险,而决策失误风险通常表现为频率小、损失大。前者主要影响中小保险公司,后者主要影响大保险公司的大额项目。平衡而言,基于它们对保险公司影响程度,公司治理风险值4颗星。对于中小保险公司而言,其投资实力要弱于专业投资公司,因此大都委托其他机构代为投资或债券托管,存在委托代理风险。从2004年南方证券被行政接管、汉唐等四券商关门,使得10余亿元托管的保险资金面临无法收回的风险中看出,我国目前的委托代理约束机制存在不完善支出,风险价值1颗星。

总体来讲,在非经济危机时代,保险公司资金运用的风险主要集中在内部治理操作上;而一旦经济形势恶化,由于资产和负债对现金流的双重影响,使得资产负债不匹配风险暴露,各种市场风险导致投资损失,进而导致公司出现偿付能力危机。至于各市场风险相对重要性则与经济衰退的触发因素有关,信用风险、利率风险、汇率风险都有可能成为导火索,导致资本市场衰退的触发因素将是保险公司面临的最大风险。但无论何种因素导致投资表现失利,市场价格风险必然随资本市场的波动出现,也属于主要风险。就目前形势来看,我国各类风险的相对重要性大致可表现为表3-5(具体投资工具风险的度量将在第6和第7章进行详细介绍)。

表3-5 保险资金运用风险对比分析

风险	经济衰退	风险	当前情况	
市场风险	★★★★★	利率风险	★★★★	
		市场价格风险	★★★★★	
		信用风险	☆	
		流动性风险	★★☆	
公司治理风险		委托代理风险	★	
		操作风险	频率大、损失小	★★★★
		决策失误风险	频率小、损失大	

4 保险资金运用风险管控的国际经验与启示

4.1 保险资金运用国际趋势与特征

4.1.1 资金运用收益对保险业的影响

随着近年来金融创新的不断深化和保险市场竞争程度的加剧,保险公司的经营理念和模式已经发生了巨大的变化。从承保业务的单一发展形态演变为如今的承保业务与资金运用共同发展模式,资金运用已经成为保险公司经营成败的关键因素。

现代社会中保险公司的利润主要来自承保业务和保险资金运用两大板块。随着西方世界经济逐步从 20 世纪 70 年代"滞涨"的阴影中走出,经济和金融的全球化速度不断加快,金融管制持续放松,利率自由化和混业经营的浪潮一浪高过一浪,保险公司面对的保险市场格局已经出现了深刻的变化,市场竞争程度与日俱增。在激烈的市场竞争中,保险公司为谋求市场份额,将保险业务的费率不断下调,承保业务的利润空间几近于无,承保亏损渐成常态。在承保利润前景不容乐观的情况下,保险公司将利润增长的空间寄托在资金运用收益上,资金运用的收益水平已经直接左右着保险公司的市场竞争力。

4.1.2 资金运用风险管理的重要作用

传统意义上而言,保险公司能否实现稳健经营取决于承保业务的盈亏状况。随着国际保险业发展态势的深刻变化,保险公司能否实现成功经营将很大程度上由保险资金的运用来决定。目前得到普遍共识的是,保险资金运用得当的话,将会显著提升保险公司的盈利性,从而使得保险业的发展呈现出更强的活力。由美国次贷危机引发的全球金融危机将使得保险公司反思保险资金运用的作用和意义,保险资金运用风险管控成为当前国际保险业发展的重要议题。

就整个世界的货币和资本市场而言,保险公司是至关重要的机构投资者。截至 2009 年年底,保险业整体资产已经达到了 22.6 万亿美元,约占全球金融资产的 12%,该行业的总资产与养老金和共同基金的规模相当,是主权财富基金的 6 倍以上。[①] 保险公司拥有完善而系统的资金运用体系,在整个体系的建设和维护中都体现了保险公司的保险业务特点、投资原则、资产负债特征和资金运用目标。金融危机对世界范围内的保险公司资金运用体系产生了深远的影响,资金运用体系将会迎来巨大的挑战和变革。例如,保险公司的资金运用渠道和方式的制定将要考虑经济和金融危机的周期性影响;保险公司需要借用投资不动产和通货膨胀保值债券来抵御不断加剧的通货膨胀风险;保险公司需要使用更为专业的资产管理机构来帮助优化自身的资金运用等。

此外,保险公司的资金运用体系还将受到监管力量的深刻影响。金融危机对于经济社会的巨大破坏迫使监管机构反思近年来逐步放松监管的教训。监管机构将通过一系列改革措施来促使保险公司改善自身投资的透明度,降低投资风险水平,这些措施包含会计准则的修改、偿付能力评价标准的改变和评级依据的更改等。

随着保险资金总量的持续增长,保险公司必须要面对一系列巨大的挑战,只有战胜挑战,保险业才能实现可持续发展。当前的保险资金运用态势决定了其已经成为保险业发展的关键因素。

4.1.3 保险资金运用在全球范围内的整体特征

一、保险资产的地域分布

从保险业发展的地域上来看,欧洲在保险业的发展历程中始终占据着核心位置。虽然美国和日本等国家和地区在全球保险市场上占据重要的位置,但是一直无法撼动欧洲的主流地位。总体来说,整个全球保险市场日渐显现出欧洲、北美和亚太地区三足鼎立的态势。根据瑞士再保险公司 2010 年的专题报告《极具挑战全球环境下的保险投资》,截至 2009 年年底,欧洲拥有 10.4 万亿美元的保险资产,约为全球保险业总资产的 46%;北美和亚太地区分别持有 6.4 万亿和 5.2 万亿美元的保险资产;大洋洲、拉丁美洲和非洲的保险资产总和仅占全球保险资产的 3%(见表 4-1)。

---

① Swiss Reinsurance Company Ltd. Insurance Investment in a Challenging Global Environment[R]. Zurich: Swiss Re *Sigma*, 2010(5): 3.

表 4-1　2009 年全球各地区保险投资情况

地区	寿险公司		非寿险公司		合计	
	投资总额（亿美元）	比重（%）	投资总额（亿美元）	比重（%）	投资总额（亿美元）	比重（%）
欧洲	84 450	45.19	19 170	49.22	103 620	45.89
北美	50 950	27.26	13 140	33.74	64 090	28.38
亚洲	46 810	25.05	5 000	12.84	51 810	22.94
南半球	4 660	2.49	1 640	4.21	6 300	2.79
全球	186 870	100.00	38 950	100.00	225 820	100.00

资料来源：Swiss Reinsurance Company Ltd. Insurance Investment in a Challenging Global Environment[R]. Zurich: Swiss Re *Sigma*, 2010(5): 3.

保险业的四大市场（美国、日本、英国和法国）合计拥有的保险资产超过全球保险业总资产的 60%，约为 14.3 万亿美元（见表 3-2）。中国拥有 3 940 亿美元的保险资产，是世界十大保险市场中唯一的新兴市场。此外，一些具有代表性的新兴工业化经济体的保险市场也呈现出高速发展的态势，例如中国台湾、韩国和南非等。

表 4-2　2009 年各保险市场的保险资产分布情况

国家和地区	保险资产（亿美元）	比重（%）
中国	3 940	1.83
荷兰	4 660	2.16
加拿大	5 080	2.35
意大利	6 820	3.16
德国	2 700	1.25
法国	23 020	10.67
英国	25 100	11.63
日本	36 310	16.83
瑞士	3 920	1.82
美国	59 000	27.34
世界其他国家和地区	45 240	20.96
合计	215 790	100.00

资料来源：Swiss Reinsurance Company Ltd. Insurance Investment in a Challenging Global Environment[R]. Zurich: Swiss Re *Sigma*, 2010(5): 3.

二、保险资产配置结构

由于保险资金的特殊性质，保险公司作为市场上重要的机构投资者，投资态度一向是稳健而谨慎的。无论是寿险公司还是非寿险公司的保险资金都以较大比例投向债券，尤其是低风险的政府债券和信用评级优良的公司债券。由于承保业务的不同性质，寿险公司的资金周期往往长达数十年之久，因此寿险公司更多地选择包括配置贷款和固定收益工具在内的长周期投资项目；非寿险公司需要满足短内的偿付要求,所以会更大比例地持有现金和股票等流动性较高的资产项目(见图 4-1)。

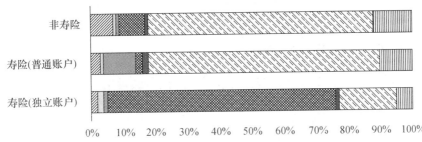

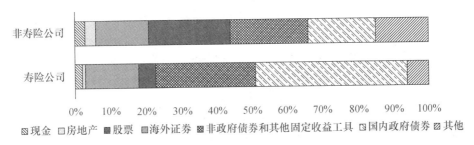

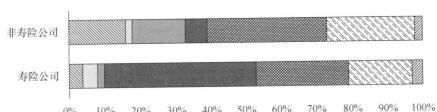

图 4-1 全球保险三大市场中的寿险和非寿险公司资产配置情况

资料来源:A. M. Best;英国保险公司协会(Association of British Insurers);日本寿险业协会(Life Insurance Association of Japan);日本非寿险协会(The General Insurance Association of Japan);瑞士再保险公司经济研究与咨询部。

就国际保险业的整体特点而言,寿险公司往往将较大比例的保险资金投资于政府债券。例如,日本寿险公司的投资组合中有 46% 配置于国家和地方政府发行的债券。此外,在这些公司 14% 的海外证券中,很大一部分为主权债券,如美国国债。

需要特别指出的是,英国寿险(一般称为"长期业务")公司对股票和股权信托的配置比例远大于英国非寿险(一般称为"一般业务")公司;美国寿险公司在股票和优先股方面的投资比例大于非寿险公司。然而,日本的寿险公司却没有将较大比例的保险资金投向股票等收益波动较大的投资项目,这反映出日本寿险公司较为保守谨慎的特点以及日本股票市场低迷的现实特征。

4.1.4 保险资金运用的宏观经济背景

保险资金运用与宏观经济形势息息相关。保险资金运用的收益状况很大程度上受到宏观经济的现状及前景的影响;同时,作为社会储蓄向投资进行转化的重要途径,保险资金运用对宏观经济的增长会产生巨大作用。

目前国际经济形势总体前景并不乐观,风险因素仍然不容忽视。在各大保险市场中,美国和英国在经历全球金融危机打击之后恢复了一定经济增长速度,但是增长速度比较缓慢。与此同时,欧洲的衰退却已经显出萌芽之态。尽管很多欧洲国家就对付衰退达成了共识,但是由于经济刺激措施效果的不确定性以及主权债务危机的威胁,欧洲的经济前景并不十分明朗。

疲软的经济增长以及不断变化的货币政策都使得欧洲和美国始终维持在低利率水平。相比过往数十年,现在的利率水平非常低,低利率直接导致保险资金运用的实际收益处于较低的水平。尽管低利率水平一定程度上是有利于经济增长的,但是这对保险资金尤其是寿险资金十分不利,因为寿险保单多半属于预定利率型保单,较低的利率难以保证保险资金在长期中的保值增值。

历来信贷市场都是保险资金运用的重要场所,信贷市场的现状将在很大程度上左右未来一段时间内保险资金运用的收益水平。信贷市场前景在可预见的一段时间内仍然不够明朗。欧元区主权债务危机在不断蔓延,公司债券等固定收益证券受到很大的负面影响。在美国,信贷市场的前景也不明朗,随着经济形势的变化,信贷市场在接下来的一段时间内可能呈现增长势头,但是也可能出现衰退。

作为目前国际保险市场的核心地区,未来的一段时间内,美国、英国和欧元区国家的经济增长形势很难判断。一方面,美国房地产市场状况已经有所改善,普通消费者对汽车等交通工具的购置兴趣也日渐浓厚,美国经济有望保持一定的增长速度;英国在财政政策调整之后有望实现一定的经济增长;各方也加快了制定欧元区主权债务危机解决方案的步伐。但是,目前保险资金运用收益水平还处于比较低的水平。另一方面,欧元区危机也有持续恶化的可能。目前全球经济表现出疲软的态势,不断增长的赤字诱发的财政紧缩政策使得经济增长速度和利率都处于较低的水平。

由于新兴市场逐渐在国际保险市场中占据越来越重要的位置,因此新兴市场的经济发展形势也成为国际保险市场发展的重要影响因素。亚洲尤其是东亚的新兴经济体经济增长速度显现出一定的减缓趋势,各个经济体正不断放松货币和财政政策以刺激经济增长。全球经济的不景气环境已经降低了外部资本向亚洲各个新兴经济体的流动速度,这无疑给这些新兴经济体货币带来了巨大的贬值压力。

4.2 美国保险资金运用及风险管控

美国是目前世界最重要的保险市场。2009年,美国保险市场的保费收入达到了1.14万亿美元,相当于全球保险市场保险收入的28.03%。尽管美国的保险市场已经日趋饱和,未来保费收入增长有限,但是因其自身良好的竞争环境,保险业的整体发展仍然呈现出一定的活力。尽管近年来的自然灾害对财产与责任保险业务造成了较大的压力,但是就整体而言,美国的保险业经营效益良好。美国保险市场呈现高度竞争、市场集中度相对稳定的特点。保险市场由保险公司、经纪人和代理人主导,没有出现垄断力量。

4.2.1 保险资金运用的渠道与比例

一、寿险公司保险资金运用情况

美国寿险公司所拥有的资产支撑其广阔的业务市场。由各项保费和投资收益构成的寿险公司巨额资产已经成为美国经济中不可或缺的资本来源。近年来,美国寿险公司的资产一直保持着较高的增长率,资产总量迅速增长。尽管遭受百年一遇全球金融危机的打击,但是从1990年到2010年20年间,美国寿险公司的总资产年平均增长率仍然达到了7.24%。截至2010年年底,美国寿险公司的总资产规模已经达到了5.3万亿美元,较上一个年度增长7%(见图4-2)。

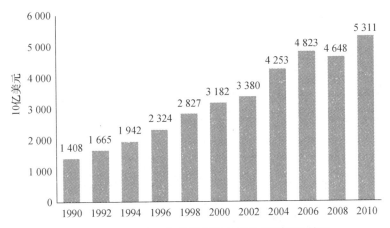

图4-2 1990—2010年美国寿险公司的资产增长情况

资料来源:ACLI(American Council of Life Insurers)Life Insurers Fact Book 2011.

绝大多数寿险公司的资产种类大致可以归为四种:公司和政府债券,股票,抵押贷款和不动产,保单贷款。一般情况下,寿险公司将其所拥有的资产配置到两个特征截然不同的账户：普通账户（general account）和独立账户（separate account）。普通账户主要用以应对传统保单中寿险公司所要履行的赔付义务，这样的赔付往往较为固定。独立账户则主要用以应对需要承担投资风险的保险业务，这些业务主要是一些新型寿险产品，例如变额年金和养老金相关的保险产品。当然，两种账户往往配置不同的资产种类（见图4-3），所以其面临的监管要求也不尽一致。

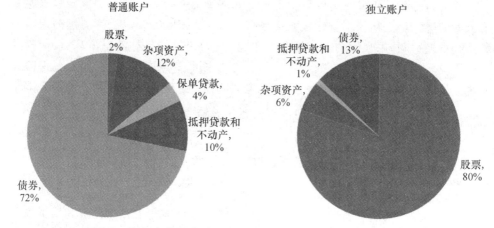

图 4-3　2010 年美国寿险公司普通账户和独立账户资产配置情况
资料来源：ACLI（American Council of Life Insurers）Life Insurers Fact Book 2011.

美国寿险公司的资产结构状况可以从表4-3中看出，2010年寿险公司资产主要类别的比重由高到低为：公司债券（32.0%）、股票（29.6%）、政府债券（7.8%）、抵押贷款（6.2%）、保单贷款（2.4%）、不动产（0.5%）。

表 4-3　2010 年美国寿险公司资产分布情况

项目		普通账户		独立账户		联合账户	
		金额（百万美元）	比重（%）	金额（百万美元）	比重（%）	金额（百万美元）	比重（%）
政府债券	美国	294 489	8.50	43 790	2.40	338 279	6.40
	国外	71 211	2.10	3 955	0.20	75 166	1.40
政府债券合计		365 700	10.60	47 745	2.60	413 445	7.80
公司债券		1 611 217	46.60	89 144	4.80	1 700 360	32.00
抵押贷款支持证券		526 877	15.20	104 075	5.60	630 952	11.90
长期债券合计		2 503 794	72.40	240 964	1.30	2 744 758	51.70
股票	普通股	73 026	2.10	1 487 111	80.20	1 560 138	29.40
	优先股	9 484	0.30	603	0.00	10 087	0.20
股票合计		82 510	2.40	1 487 714	80.30	1 570 225	29.60
抵押贷款		317 273	9.20	9 715	0.50	326 988	6.20
不动产		20 026	0.60	7 826	0.40	27 851	0.50
保单贷款		126 273	3.70	549	0.00	126 821	2.40

（续表）

项目	普通账户		独立账户		联合账户	
	金额（百万美元）	比重（%）	金额（百万美元）	比重（%）	金额（百万美元）	比重（%）
短期投资	63 688	1.80	19 745	1.10	83 432	1.60
现金及现金等价物	33 892	1.00	19 316	1.00	53 208	1.00
其他投资资产	149 940	4.30	37 384	2.00	187 324	3.50
非投资资产	160 549	4.60	30 048	1.60	190 597	3.60
合计	3 457 944	100.0	1 853 260	100.0	5 311 204	100.0

资料来源：ACLI（American Council of Life Insurers）Life Insurers Fact Book 2011.

尽管美国寿险公司资金运用渠道较为广泛，但是仍然较为集中于公司债券、政府债券、股票、抵押贷款、不动产和保单贷款等。这些资金运用渠道的特点主要表现为：

公司债券　美国的寿险公司一直是公司债券市场上不可或缺的投资者。从 20 世纪 30 年代开始，美国的寿险公司就一直是公司债券市场上最大的机构投资者。公司债券是寿险公司资产中核心部分，截至 2010 年年底，寿险公司持有的公司债券价值总量为 1.7 万亿美元，占总资产规模的比重为 32%。寿险公司一直青睐公司债券稳定的收益特征。在过去的十年中，寿险公司持有的公司债券规模年平均增长率达到了 3%。

政府债券　美国的政府债券主要包括美国的国库券和其他联邦政府机构发行的各类债券，这些机构以联邦全国抵押协会（Federal National Mortgage Association）和联邦住宅贷款银行（Federal Home Loan Banks）等为代表。截至 2010 年年底，美国寿险公司持有的政府债券价值达到了 4 130 亿美元，较上一个年度上升了 820 亿美元。政府债券的安全性较高，一般不会发生信用风险，所以是保险资金理想的投资渠道。高质量的政府债券是保险公司在考虑长期资产配置时的重要选择。

股票　美国寿险公司不断调整变化的投资组合反映了投资需求在长期中的变化。从 20 世纪 90 年代初开始，寿险公司持有的股票在总资产中的份额就一直在增加。最近十年中，保险公司持有的股票价值总量都在以年平均 5% 的速度增长。一直以来，受制于根深蒂固的保险业特有投资理念和严格的保险资金监管要求，股票的投资份额在保险公司总资产中的比重一直很低。寿险公司一直不喜欢使用股票作为投资渠道的一个重要原因是，股票不断波动的价值难以满足寿险保单较为固定的保单价值要求。然后，随着股票在长期中的价值逐渐被认可，股票也开始更为广泛地被寿险公司用来作为投资方式。同时，随着一些投资型保险产品的出现，也要求寿险公司积极使用股票这一重要的资本市场工具。美国各州的法律也渐渐放松了对于保险资金投资股票的限制。从 2009 年到 2010 年，美国寿险公司持有的公司股票价值上升了13%,达到了1.6万亿美元,在寿险公司总资产中的比重也达到了30%。2010年,寿险公司持有的股票中99%是普通股票。截至2010年年底,寿险公司持有的普通股较前一个年度增加了14%,与此同时,优先股的投资却较前一个年度减少了27亿美元。

抵押贷款 相比固定收益工具中的债券,抵押贷款被认为具有更大的风险。在过去的十多年中,美国寿险公司抵押贷款在总资产中的比重略有下滑。在2010年,寿险公司持有的抵押贷款规模下降了3%,为3 270亿美元。在寿险公司掌握的抵押贷款中,几乎所有(99.3%)的抵押贷款都处于良好的状况。这说明美国寿险公司的抵押贷款运用是较为成功的。

不动产 截至2010年年底,美国寿险公司名下直接持有的不动产价值为280亿美元,较上一个年度增加了0.5%,不动产价值在美国寿险公司总资产中的比重为0.5%。不动产在美国寿险公司资产配置中的状况反映了当前美国不动产市场的收益并不可观。这也符合一般的规律,因为不动产投资的投资周期长,而且投资收益难以得到合理的估计,所以保险公司在选择不动产投资时较为谨慎。

保单贷款 美国的寿险公司一般可以将寿险保单现金价值的绝大部分通过贷款的方式贷给保单持有人使用。由于在保单费率中考虑了预期的投资收益情况,因此寿险公司在给保单持有人提供保单贷款的时候,会将利率作为一个重要的考虑因素。因为保单贷款实际上削弱了寿险保单的风险保障功能,所以寿险公司一般都会在保单持有人申请保单贷款时谨慎修改或协调家庭保险计划,以备不时之需。截至2010年年底,寿险公司所贷出的保单贷款价值已经达到了1 270亿美元,在总资产中的比重为2%。

美国寿险公司投资收入在2010年达到了2 020亿美元,较上一个年度增长了0.6%。在投资收入中所占比重最大的是债券(72.3%),其次是股票(12.4%)以及抵押贷款(9.9%)。总额达110亿美元的投资费用、税收和各种扣减额较上一个年度下降了12%。

美国的寿险公司一般通过寿险资产的净回报率来测算投资业绩。在2010年,寿险公司的资产净回报率为4.3%,前一个年度则为4.6%。此处的净资产回报率扣除了投资费用,但是没有将联邦所得税考虑在内。固定收益资产的总回报率反映了来自债券、优先股和抵押贷款的收入情况。美国寿险公司持有的固定收益资产的回报率从2009年的5.9%下降到了2010年的5.7%。

二、非寿险公司保险资金运用情况

美国非寿险市场是全球最重要的非寿险市场之一。美国非寿险保险公司2009年保费收入为6 474.01亿美元,较前一年下降了2.1%。2009年,美国非寿险市场保费收入占全球市场的份额为37.32%。美国非寿险公司的资产规模在经历持续多年的增长之后,在近年有所下滑(见表4-4)。截至2008年年底,美国非寿险资产规模为14 054亿美元,较前一个年度下降4.65%。

表 4-4　美国非寿险公司资产和投资收入情况　　（单位：10亿美元）

年份	2000	2001	2002	2003	2004	2005	2006	2007	2008
净投资收入	42.0	38.7	39.8	38.6	40.0	49.7	52.3	55.1	51.2
资产	914.0	949.1	1 014.0	1 194.4	1 301.4	1 400.1	1 483.1	1 473.9	1 405.4

资料来源：美国国家统计局（http://www.census.gov/）。

美国非寿险公司投资组合中占据重要地位的是各类债券，其比重接近65%。持有债券可以使得非寿险公司避免在股票市场低迷时遭受过大的损失，因为一旦出现巨额的赔付，债券在短时间内因变现而损失的价值要小于不动产和股票。普通股票在美国非寿险公司投资组合中的比重一般少于20%。总体来说，美国非寿险公司的资产质量较高。存在信用风险的债券仅占总债券价值的0.1%。

2010年，美国非寿险公司的净投资收入达到了472亿美元，较前一个年度增长了近2亿美元。理论上，非寿险公司的投资收入取决于保险公司拥有的现金及投资的资产项目所产生的收入。2010年，净投资收入增长了0.4%，与此同时，保险公司拥有的现金及投资的资产项目增长了4.6%，投资收益率从3.9%下降到了3.7%。投资收益率的下降实际上反映了市场利率的下降。10年期国库券利率从2009年的3.3%下降到了2010年的3.2%。

美国非寿险公司投资收入的增长态势近年来有所减缓。1990年之前的20年间，投资收入的年均增长率为15.1%，但在1990年后的20年间，投资收入的年均增长率急剧下降到1.8%。投资收入增速下降的同时，非寿险公司资金运用规模增长速度也有所放缓。从1991年到2010年，非寿险公司资金运用规模年均增长率为5.2%，但在之前的20年间，年均增长率高达11.9%。投资收入增速下降的事实也反映了市场利率和投资收益率的同时下滑。从1991年到2010年，10年期国库券的利率平均为5.3%，在之前的20年间，平均利率为9.1%。从1991年到2010年，投资年均收益率为5.0%，在之前的20年间，投资年均收益率为6.5%。

4.2.2　保险资金运用风险管控

美国保险公司的资金运用管理在全球范围内处于领先地位。经过上百年的发展，美国保险公司针对资金运用管理逐渐形成了三种典型的管理方式：一是保险公司内部设立专业的投资管理部门，二是设立具有独立法人地位的子公司来进行资产管理，三是建立保险资金运用基金来管理保险公司资金运用。内设投资管理部门多见于一些中下规模的保险公司。较大规模的保险公司则会设置专门的资产管理公司来管理庞大的保险资产。根据相关统计，在2002年美国入选全球500强企业的34家保险公司中，有多达二十多家采取设立专业资产管理公司来管理保险资金的模式。另外一部分保险公司则是通过建立保险资金运用基金来管理保险资产。无论是何种管理方式,保险公司都是力图对保险资金运用实行统一管理,对投资决策、风险评估和资产管理进行科学合理的管理,有效避免资金运用风险。

最近数十年间,美国保险公司的资金运用管理模式也发生了一些显著的变化。保险资金管理模式逐步从内设投资管理部门和保险资产管理公司向委托管理的方向发展。保险公司逐渐倾向于将全部或部分保险资产外包给独立的第三方投资管理机构进行管理,以充分利用专业机构科学高效的投资能力。当然,即使是同一家保险公司资金运用模式也并不局限于一种方式,有时会综合使用多种方式。通过多样化保险资金运用管理模式,保险公司能够最大化资金使用效率,赢得更大的市场竞争能力。

美国在保险资金运用风险监管方面取得了令人瞩目的成就。美国通过完善的法律体系对保险资金的投资渠道、比例和资产评估等方面都做出了详细的规定,有效地防范了投资风险,保证了保险资金的有效安全运用。

一般而言,保险机构重点监测的主要内容有:不同性质和不同业务范围的保险公司是否遵循相关法规的要求持有各类资产及其数额;保险公司是否科学合理地对资产负债表中的资产项目进行了价值评估;投资的资产项目是否遵循监管规定配置于一定的地域范围等。

从20世纪80年代中期开始,美国出现偿付能力危机的保险公司数量显著上升,每年大约有1%的保险公司破产,这使保险监管机构逐步将监管重点放到了偿付能力上。近二十年来,美国的保险监管政策已从对费率、保单内容、保险资金运用较严格的限制和监管逐步转向对偿付能力的监管和对保险基金的管理。

4.2.3 美国保险资金运用经验与特点

第一,保险资金的成功运用需要广泛而有效的渠道。

美国保险资金运用渠道非常广泛,涵盖各类债券、股票、抵押贷款、不动产投资、保单贷款和银行存款等。美国保险资金投资方式较为灵活,能够在金融市场中捕捉最有利的获利机会。这主要得益于美国拥有处于全球领先地位的资本市场,资本市场的高效运作有利于保险资金拥有尽可能广泛的投资选择。美国的证券投资是保险资金运用的主要部分,在证券投资中比重较大的主要是公司债券、股票和政府债券。例如,2010年美国寿险公司投资组合中各项投资渠道的比重由高到低为:公司债券(32%)、股票(29.6%)、政府债券(7.8%)、抵押贷款(6.2%)、保单贷款(2.4%)、不动产(0.5%)。

第二,保险资金运用中需要注重价值投资。

从美国保险公司运用经验来看,较大比重的保险资金进入了地方基础设施建设和能源开发等项目。这样的投资选择极具长期价值性,在长期中将具备较强的保值增值能力。美国保险公司将资金投向地方基础设施建设和能源开发,可以利用资产在长期中持续升值的特征,更好地应对经济周期的波动和市场利率的变化,同时获取了极大的社会价值。

第三,灵活多样的保险资金运用管理方式各有特点。

美国保险公司的保险资金运用管理方式灵活多样,能够帮助不同的保险公司充分适应市场的需要。尽管很多大规模的保险公司采取了资产管理公司的方式来管理保险资金运用,但是其他一些资金运用管理的方式也被充分利用。例如,第三方资产管理在美国保险市场的应用就相当广泛。在美国,一般资产规模在100亿美元以上的保险公司往往会设立自己的资产管理公司,而资产规模在20亿美元以下的小型保险公司通常会将资产委托给第三方进行管理。不同于传统较为单一的保险资金运用管理方式,美国的保险公司根据不同保险业务的特点来设计不同的资金运用管理方式。例如,很多保险公司既在内部设立专业的投资管理部门,同时也委托外部专业的投资管理机构来帮助管理资金运作。

第四,保险资金运用追求高稳定性。

美国的保险资金运用始终注重安全性的要求。保险公司凭借完善的投资管理体系,采取灵活务实的投资策略,保证了保险资金在安全性和收益性之间取得合适的平衡。在投资组合中,保险公司将较大比例的保险资金投资于低风险的政府债券和高质量的公司债券。例如,在美国非寿险公司投资的各类债券中,存在信用风险的债券仅占总债券价值的0.1%。由于债券具有稳定的收益特点,因此多年来美国保险公司的收益水平始终保持在较高的水平,十分稳定。

第五,独特的监管结构实现了对保险资金运用的有效监管。

美国的保险监管结构与世界上绝大部分国家和地区都不同。美国保险监管主要由各州政府主导,各州都设立相应的保险监管机构,制定了各具特点的监管法律法规。美国各州在保险资金运用渠道限制方面十分严格。例如,纽约州的保险法规定保险公司在普通股、合伙股份等股权方面的投资在其可运用保险资产中的比重不得超过20%,投资于不动产的比例不得高于25%。尽管各州保险监管特点不尽相同,但是美国保险监督官协会(National Association of Insurance Commissioners,NAIC)在各州监管机构之间的信息交换、最低偿付能力要求、财务制度和监管协调方面扮演着重要角色。[1]

---

[1] 孟昭亿.保险资金运用国际比较[M].北京:中国金融出版社,2005:16.

4.3 欧盟保险资金运用及风险管控[①]

4.3.1 欧盟保险资金运用情况

目前,欧盟保险市场已经成为全球最重要的保险市场之一。根据瑞士再保险公司的统计,2009 年度欧盟保险市场寿险保费收入为 9 340 亿美元,占全球整体寿险保费的 40%,非寿险保费收入为 5 900 亿美元,占全球整体非寿险保费的 34%。欧盟保险市场中的保险公司资产规模从 2000 年的 4.65 万亿欧元增长到 2009 年的 6.56 万亿欧元。就整个欧洲范围而言,截至 2010 年年底,欧洲保险业投资组合规模已经达到 7.3 万亿欧元(见图 4-4),投资涉及股票、债券和抵押贷款等多个领域。

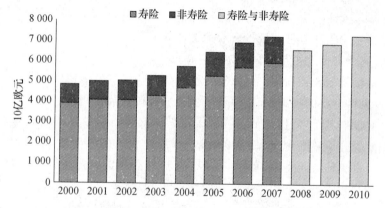

图 4-4　2000—2010 年欧洲保险公司投资组合规模
资料来源:European Insurance—Key Facts 2011.

欧盟保险市场中的保险公司在保险资金运用方面积累了宝贵的经验。随着近年来全球金融市场发展的不断深化以及保险市场竞争的加剧,保险公司的资金运用渠道越来越丰富。欧盟市场中的保险公司资金运用的渠道主要有银行存款、债券、股票、抵押贷款、不动产投资以及形式多样的海外投资项目等。

在近十年中,欧洲保险公司的投资组合一直在不断地变化调整,这与欧洲乃至整个世界的经济形势变化息息相关。由于受到 21 世纪初互联网泡沫诱发的金融危机影响,股票等收益波动较为明显的资产在欧洲保险公司的投资渠道中所占比重有所下降,以债券为代表的固定收益类资产逐渐成为保险公司重要的投资渠道

[①] 需要特别指出的是,本部分讨论的重点在于欧盟,但是由于统计数据的缺失,部分内容的讨论仍然需要使用欧洲整体的数据。

(见图4-5)。尽管股票等收益波动较为明显的资产占比在2002年之后有所上升,但是在2008年波及全球的金融危机到来之后,股票等收益波动较为明显的资产占比又急剧下降。这说明宏观经济形势是保险公司投资股票时会重点考虑的因素。欧洲保险公司投资组合的策略实际上说明了保险公司会针对不同的经济形势,调整股票等收益容易波动的资产与债券等固定收益类资产的比例,这一调整大致呈现出此消彼长的趋势。

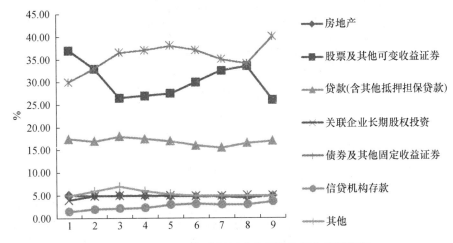

图4-5 2000—2008年欧洲保险公司投资组合配置情况

资料来源:European Insurance and Reinsurance Federation, 2011.

在欧洲保险公司投资组合中,贷款是除了股票和债券之外的重要投资项目。在过去近十年间,贷款在保险公司投资组合中的比重变化不大。这说明贷款的收益状况不容易受到经济形势变化的影响。包括房地产投资和长期股权投资在内的投资项目在过去十年中占保险公司投资组合的比重变化不大。

欧洲保险公司投资组合规模的增长还是较大程度地依靠寿险行业,因为欧洲寿险公司持有的保险投资组合价值超过了欧洲保险业投资组合价值的80%。英国、法国和德国是欧洲保险市场的核心力量,三国保险公司投资组合规模总量占到了欧洲保险业投资组合价值的60%。在2009年,欧洲保险公司所持有的投资组合中有41%属于债券等固定收益类证券,31%属于股票等收益波动比较频繁的证券,12%属于各类贷款(见图4-6)。

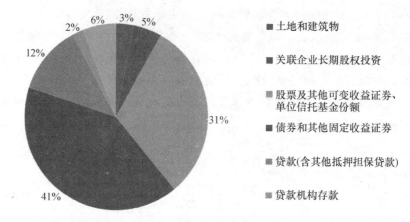

图 4-6 2009 年欧洲保险公司投资组合配置情况
资料来源:European Insurance—Key Facts 2011.

4.3.2 主要国家保险资金运用渠道与比例

一、英国保险资金运用渠道与比例

英国的保险业发展程度在世界上处于领先地位。目前,英国的保险市场规模在欧洲处于第一,全球位居第三。英国保险市场对于英国经济而言至关重要,保险业资产规模占到英国全国资产净值的 26%,为政府创造 104 亿英镑的税收收入。英国保险公司的海外业务对于英国保险业发展十分关键,整体保费收入中的 28% 来自海外业务。海外业务的净保费收入达到了 560 亿英镑,其中长期保险业务为 420 亿英镑,一般保险业务为 140 亿英镑。截至 2010 年年底,英国从事一般保险业务、长期保险业务的保险公司分别为 1 005、309 家,一般保险业务主要涉及汽车保险、家庭保险、健康保险和商业保险,长期保险业务则是养老金和投资型保险产品。

截至 2010 年年底,英国保险业持有的投资组合价值达 1.729 万亿英镑,在英国总资产净值中的比重为 26%;一般保险公司拥有的投资组合规模为 1 220 亿英镑,长期保险公司拥有的投资组合规模则为 15 970 亿英镑。英国的保险公司控制了伦敦股票市场中多达 13.4% 的份额,这一比重超过了公司养老金基金(12.8%)、银行(3.5%)、单位信托基金(1.8%)和其他金融机构(10.0%)。英国保险公司投资组合的情况可以从图 4-7 中看出。

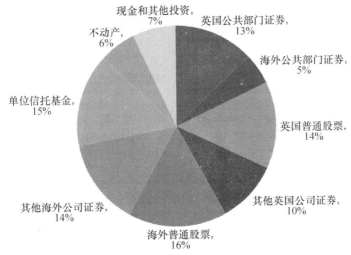

图 4-7 2010 年英国保险公司投资组合配置情况

资料来源：Association of British Insurers（ABI）：UK Insurance—Key Facts 2011.

1. 长期保险公司的资金运用情况

根据英国国家统计局的数据，从 20 世纪 60 年代初到 90 年代末，长期保险公司的净投资一直处于稳定持续增长的状态。尤其是在 20 世纪 90 年代，受益于全球金融市场的快速发展，净投资的规模增长速度惊人，从 1990 年的 167.56 亿英镑迅速增长到 1999 年的 530.12 亿英镑。随着净投资的不断增长，英国的长期保险公司实力不断增强。但是进入 21 世纪，净投资的增长趋势却发生了深刻的变化，这主要是受制于全球经济的疲软，投资环境持续恶化。英国长期保险公司在 2003 年的净投资规模仅为 1999 年的 52.22%。为了适应持续变化的投资环境，英国长期保险公司根据全球经济形势和资本市场的发展不断调整投资策略。

近年来，英国长期保险公司的资产规模实现了较为稳定的增长（见表 4-5）。

表 4-5　2000—2010 年英国长期保险公司资产规模　　（单位：百万英镑）

项目	2000 年	2002 年	2004 年	2006 年	2008 年	2010 年
公共部门证券	118 040	133 076	159 317	163 918	168 527	185 463
公司证券	667 917	560 416	627 809	847 534	755 850	905 993
其他长期资产	84 435	86 597	109 224	113 404	105 192	100 263
长期资产合计	870 392	780 089	896 350	1 124 856	1 029 569	1 191 719
短期资产合计（不含衍生品）	60 058	57 295	58 128	70 811	92 445	71 207
流动资产	82 422	91 237	84 899	121 671	147 679	113 972
其他短期资产	5 435	12 617	11 231	12 430	1 436	2 251
资产合计（不含直接投资）	958 249	883 943	992 480	1 258 957	1 178 684	1 307 942
贷款	11 133	13 164	14 536	14 369	12 467	12 542
净资产合计	947 116	870 779	977 944	1 244 588	1 166 217	1 295 400

资料来源：英国国家统计局（www.statistics.gov.uk/，Investment by Insurance Companies, Pension Funds and Trusts, 3rd quarter 2011）。

从近年来长期保险公司长期资产规模看,长期资产组合在长期保险公司投资组合中扮演着十分重要的角色。这说明长期保险公司的投资组合是与其保险业务特点相匹配的,因为长期保险业务主要是寿险以及养老金等长期保险计划。短期资产的投资近年来出现了规模不断变化的趋势,这说明长期保险公司根据宏观经济形势的变化,及时调整了资产的期限特点。

长期保险公司的长期资产规模变化不大,较为稳定。这充分了英国的长期保险公司在长期中依赖长期资产项目来维持自身的特色保险项目。同时,长期保险公司的年度长期资产变化实际上也反映出宏观经济形势的变化特点。在 2008 年全球金融危机席卷欧洲之后,长期保险公司在 2008 年的长期资产规模有所下降,说明英国长期保险公司的投资受到了全球金融危机的明显影响。

由于长期资产项目在长期保险公司的投资组合中扮演着关键角色,因此长期投资组合(见表4-6)实际上较好地反映了长期保险公司的投资组合情况。

表 4-6 2000—2010 年英国长期保险公司长期资产组合 (单位:百万英镑)

项目	2000 年	2002 年	2004 年	2006 年	2008 年	2010 年
英国政府证券(英镑)	116 734	131 305	157 019	161 641	166 879	182 506
指数化债券	18 713	22 359	28 673	41 104	54 387	66 115
非指数化债券	98 021	108 946	128 346	120 537	112 492	116 391
英国政府证券(外币)	8	36	0	12	0	0
英国市政投资	1 170	1 427	2 044	1 614	776	768
英国其他公共投资	128	308	254	651	872	2 189
公共部门投资合计	118 040	133 076	159 317	163 918	168 527	185 463
英国公司债券	108 614	146 190	150 884	159 073	159 789	158 987
以英镑计价	107 672	142 019	144 280	150 907	154 525	156 477
以外币计价	942	4 171	6 604	8 166	5 264	2 510
英国普通股票	353 200	228 497	237 610	299 717	188 430	207 971
英国优先股票	1 563	1 306	1 198	1 231	724	648
海外公司证券	107 439	110 738	130 098	194 997	219 957	278 930
债券	9 353	30 242	40 281	57 774	85 077	112 338
普通股票	97 574	80 213	89 654	136 652	134 211	165 216
优先股票	512	283	163	571	669	1 376
共同基金	97 101	73 685	108 019	192 516	186 950	259 457
公司投资合计	667 917	560 416	627 809	847 534	755 850	905 993
海外政府证券	18 004	19 762	20 161	21 078	29 053	25 363
英国和海外其他投资	66 431	66 835	89 063	92 326	76 139	74 900
其他投资合计	84 435	86 597	109 224	113 404	105 192	100 263
长期投资合计	870 392	780 089	896 350	1 124 856	1 029 569	1 191 719

资料来源:英国国家统计局(www.statistics.gov.uk/, Investment by Insurance Companies, Pension Funds and Trusts, 3rd quarter 2011)。

从上面长期投资项目可以看出,英国长期保险公司的资金主要投向了各类公司证券,这一趋势一直较为稳定。2010 年,公司证券类别的资产规模占到了长期资产规模的 76.2%。这说明长期保险公司为了实现稳定的投资收益,必须要承担一定的投资风险。因为公共部门的投资尽管风险较低,但是伴随低风险的是低收益。随着保险市场竞争程度的加剧,较低的投资收益已经不能支撑保险业务的持续发展。

需要特别指出的是,普通股票不再是长期保险公司最主要的长期投资品种,共同基金在长期资产中的比重迅速上升。2000 年,普通股票和共同基金分别占到长期资产项目的 40.58% 和 11.16%;2010 年,普通股票和共同基金在长期资产项目中的比重已经变为 17.45% 和 21.77%。这说明随着金融市场动荡的加剧,长期保险公司更愿意选择具有集合投资、分散风险优势的共同基金。

尽管公共部门的投资收益水平较低,但是出于投资组合风险管理的需要,长期保险公司依然将长期资产项目中的一定比例配置到各类公共部门投资项目,这一比例近十年来约为 15%,变化不大。

2. 一般保险公司的资金运用情况

目前,英国的保险公司中一般保险公司的数量几乎是长期保险公司的三倍。一般保险公司无论是在资产规模还是保费收入上都远低于长期保险公司。但是一般保险公司仍然是英国金融市场上的机构投资者。

相对于长期保险公司资产规模稳定增长的态势,一般保险公司的资产规模年度间的波动则比较大(见表 4-7)。2000—2010 年间,一般保险公司的资产规模曾经一度在 2008 年达到了最高峰,为 1 165.86 亿英镑。但是受到全球金融危机的影响,资产规模急剧下降,2010 年的资产规模仅为 2008 年的 79.59%。一般保险公司在面对金融危机的影响时资产规模波动比长期保险公司更为明显,这是由一般保险公司的保险业务特点决定的。一般保险公司的业务主要集中于汽车保险、家庭保险、健康保险和商业保险,所以一般保险公司不得不将大量的投资集中于流动性较强的资产项目,而这些资产在金融危机中往往会受到较大的冲击。

表 4-7　2000—2010 年英国一般保险公司资产规模　　(单位:百万英镑)

项目	2000 年	2002 年	2004 年	2006 年	2008 年	2010 年
公共部门证券	14 832	18 406	19 800	19 368	18 444	13 880
公司证券	26 844	23 941	32 594	41 836	44 759	42 510
其他长期资产	11 352	10 015	11 113	14 781	16 774	14 284
长期资产合计	53 028	52 362	63 507	75 985	79 977	70 674
短期资产合计(不含衍生品)	8 870	17 724	29 350	24 824	27 135	15 147
流动资产	15 587	31 792	40 934	40 683	45 009	27 117
其他短期资产	9 020	10 348	11 014	11 849	11 814	9 430
资产合计(不含直接投资)	77 635	94 502	115 455	128 517	136 800	107 221

(续表)

项目	2000年	2002年	2004年	2006年	2008年	2010年
贷款	6 889	14 772	17 256	19 052	20 214	14 431
净资产合计	70 746	79 730	98 199	109 465	116 586	92 790

资料来源：英国国家统计局(www.statistics.gov.uk/, Investment by Insurance Companies, Pension Funds and Trusts, 3rd quarter 2011)。

需要特别指出的是，尽管一般保险公司的资产规模波动幅度较大，但是在长期内一般保险公司的资产规模依然增长明显。根据英国国家统计局公布的统计数据，从20世纪70年代中期到2010年，一般保险公司的资产规模从55.65亿英镑增长到927.9亿英镑。

和长期保险公司一样，一般保险公司中的长期资产项目在公司整体投资组合中也扮演着关键角色，所以长期投资组合(见表4-8)实际上较好地反映了一般保险公司的投资组合情况。

表4-8　2000—2010年英国一般保险公司长期资产组合　（单位：百万英镑）

项目	2000年	2002年	2004年	2006年	2008年	2010年
英国政府证券（英镑）	14 561	18 390	19 662	19 296	18 441	13 631
指数化债券	456	733	345	603	1 622	1 731
非指数化债券	14 105	17 657	19 317	18 693	16 819	11 900
英国政府证券（外币）	86	0	35	72	3	0
英国市政投资	7	10	49	0	0	0
英国其他公共投资	178	6	54	0	0	249
公共部门投资合计	14 832	18 406	19 800	19 368	18 444	13 880
英国公司债券	5 228	6 699	9 826	11 797	12 060	10 487
以英镑计价	5 219	6 687	9 637	11 057	11 009	9 544
以外币计价	9	12	189	740	1 051	943
英国普通股票	11 063	6 755	8 724	10 138	10 501	9 525
英国优先股票	250	192	54	9	29	26
海外公司证券	8 190	7 394	11 520	18 636	20 258	17 594
债券	4 940	5 436	9 762	16 128	18 081	15 847
普通股票	3 139	1 924	1 758	2 507	2 175	1 741
优先股票	111	34	0	1	2	6
共同基金	2 113	2 901	2 470	1 256	1 911	4 878
公司投资合计	26 844	23 941	32 594	41 836	44 759	42 510
海外政府证券	6 849	7 156	6 662	8 035	8 505	5 126
英国和海外其他投资	4 503	2 859	4 451	6 746	8 269	9 158
其他投资合计	11 352	10 015	11 113	14 781	16 774	14 284
长期投资合计	53 028	52 362	63 507	75 985	79 977	70 674

资料来源：英国国家统计局(www.statistics.gov.uk/, Investment by Insurance Companies, Pension Funds and Trusts, 3rd quarter 2011)。

和长期保险公司一样,公司证券类的投资在投资渠道中占据主导地位。2010年,公司证券类的投资在一般保险公司投资渠道中的比重为60.15%。但和长期保险公司不同的是,公共部门的投资项目在保险公司整体投资组合中的比重更高一些。在十年中,海外公司各类证券在一般保险公司投资组合中比重较高,均高于其他投资渠道。2010年,海外公司的证券投资在一般保险公司投资组合中的比重为24.89%。

二、法国保险资金运用渠道与比例

法国的保险业十分发达,目前与美国、日本和英国并称为全球四大保险市场。截至2009年年底,四大市场持有世界保险资产的60%以上,即14.3万亿美元。其中,法国保险业持有的保险资产达23 020亿美元,美国、日本和英国分别为59 000亿、36 310亿和25 100亿美元。

截至2010年年底,法国所有取得营业许可的保险公司共计1 129家,较前一个年度减少了139家。这主要是由于自20世纪90年代以来,保险市场的集聚程度不断加剧。截至2010年年底,法国保险业资产账面价值达到了19 530亿欧元,相应的市场价值则是20 230亿欧元(市场价值的计算主要考虑未认可收益)。法国保险业资产的账面价值较前一个年度增长了7.2%,即1 320亿欧元。2008—2010年法国保险业整体资产负债情况可以从表4-9中看出。

表4-9　2008—2010年法国保险业资产负债表　　　　(单位:10亿欧元)

项目	2008年	2009年	2010年
资产			
再保险	73.7	77.6	83.0
投资组合(不含投资连结型保险业务)	1 331.3	1 421.1	1 530.8
投资组合(投资连结型保险业务)	183.4	209.1	222.5
其他投资	114.7	113.9	117.1
总资产	1 703.1	1 821.7	1 953.4
负债			
股东权益	130.1	135.3	141.7
准备金(不含投资连结型保险业务)	1 244.9	1 337.8	1 439.5
准备金(投资连结型保险业务)	184.5	210.6	223.8
其他负债	143.6	138.0	148.4
总负债	1 703.1	1 821.7	1 953.4
未认可收益	5.6	79.2	69.5
总资产(以市场价值计)	1 708.7	1 900.9	2 022.9

资料来源:General Secretariat of the Autorité de contrôle prudentiel(ACP).

不断增长的资产规模实际上没有真正揭示出资产负债表内部不同部分截然不同的变化趋势。例如,在 2010 年,投资型保单的持有人的保单资产急剧减少了 6.4%;与此同时,资产负债表中的股东权益增长了 4.8%,但是准备金的增长也超过了 7.6%。

从 1999 年到 2009 年,保险公司的投资规模上升了 210%,在 2009 年年底达到了 16 170 亿欧元。实力不断壮大的保险公司在法国金融业扮演着十分重要的角色,保险公司为大量企业和公众提供融资帮助。在经济危机到来时,保险公司在这方面的重要性更加凸显,因为保险公司此时会发行补充资本的股票;同时政府必须为经济复苏计划融资。大约 34% 的保险公司资产满足了政府融资的需要,与此同时,54% 的保险资产被运用到公司证券,包括股票和股票等。由于过去数年中寿险公司的持续增长以及投资型保险的发展,大约 3 070 亿欧元被直接或间接地运用于股权投资。此外,保险公司将自身大约 33% 的资产(5 380 亿欧元)投资到各类公司债券中。图 4-8 展示了法国保险公司在过去一段时间内的投资规模。

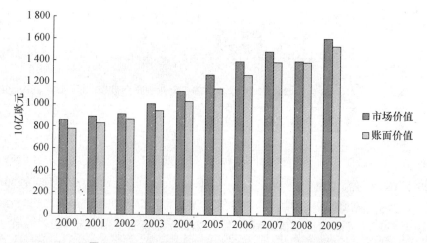

图 4-8 1999—2009 年法国保险公司的投资规模
资料来源:Fédération Française des Sociétés d'Assurances (FFSA):2009 Annual Report.

法国保险公司的资金运用渠道较为广阔。从 2000 年以来的十年间,法国保险业资金运用渠道的主要情况如图 4-9 所示。

截至 2009 年年底,保险公司的投资组合价值较前一个年度上升了 10.4%,其中寿险(life, capital investment-type life and diversified insurance)增长 11.3%,非寿险(non-life insurance)增长 2.4%。从表 4-10 中可以看出法国保险公司在一个典型的年度内投资渠道及其比例情况。

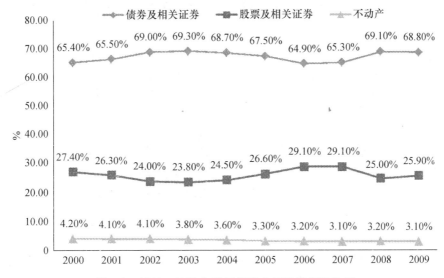

图 4-9 2000—2009 年法国保险公司投资渠道比例

资料来源：Fédération Française des Sociétés d'Assurances（FFSA）：2009 Annual Report.

表 4-10 2009 年法国保险公司投资渠道及比例

渠道	金额（10 亿欧元）	比重（%）
公司股票	307.1	19.00
公司债券	538.3	33.30
政府债券	556.1	34.40
不动产	63.1	3.90
货币资产	106.7	6.60
其他	45.3	2.80
合计	1 616.6	100.00
寿险公司	1 439.7	89.10
非寿险公司	176.9	10.90

资料来源：FFSA, Bank of France.

1. 寿险公司保险资金运用情况

2000—2009 年间，法国寿险公司投资规模迅速增长（见图 4-10）。2000 年年底寿险公司的投资规模市场价值达到了 7 430 亿欧元，而 2009 年年底寿险公司的投资规模的市场价值已经迅速增长到 14 397 亿欧元，增长接近 193.77%。寿险公司投资规模的增长在 2003 年以后表现得更为明显，这一高速增长趋势一直持续到 2007 年。在 2008 年，由于遭受全球金融危机的不利影响，寿险公司的投资规模出现急剧下降。根据市场价值计算，2008 年的投资规模较前一个年度下降了 5.25%，这也是自 2000 年以来寿险公司投资规模的首次下降。这说明作为欧洲保险资产规模仅次于英国的法国,在全球金融危机中也遭受了重大的影响。

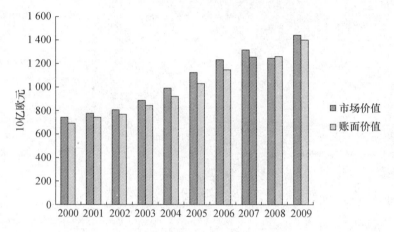

图 4-10 2000—2009 年法国寿险公司投资规模

资料来源:Fédération Française des Sociétés d'Assurances (FFSA):2009 Annual Report.

法国寿险公司的投资渠道主要集中于固定收益债券、变额收益的股票、不动产和贷款等(见表 4-11)。2000—2009 年间,固定收益类债券在寿险公司的投资组合中一直占据着最重要的位置,比重一直维持在 65% 以上。除了固定收益类债券,股票投资也是寿险公司的重要投资选择,其比重一直稳定维持在 20% 以上。由于固定收益债券和股票的比重合计已经超过了 90%,因此其他的投资渠道所占比重十分小,较为重要的仅有不动产和贷款。

表 4-11 2000—2009 年法国寿险公司投资结构比例(以账面价值计算) (单位:%)

年份	固定收益债券	可变收益股票	不动产	贷款	其他资产	合计
2000	67.5	26.6	3.4	1.3	1.2	100
2001	68.5	25.6	3.4	1.4	1.1	100
2002	71.1	23.2	3.4	12.0	1.0	100
2003	71.3	22.8	3.2	1.5	1.2	100
2004	70.5	23.8	3.0	1.2	1.5	100
2005	68.9	26.2	2.9	1.0	1.0	100
2006	66.0	29.0	2.8	1.0	1.2	100
2007	66.2	29.2	2.7	0.9	1.0	100
2008	70.5	24.4	2.9	1.0	1.2	100
2009	69.9	25.5	2.8	0.6	1.2	100

资料来源:Fédération Française des Sociétés d'Assurances (FFSA):2009 Annual Report.

2. 非寿险公司保险资金运用情况

和寿险公司投资规模增长的趋势相同,法国的非寿险公司投资规模也在过去一段时间内取得了较快的增长(见图4-11),但是非寿险公司的投资规模增长速度低于寿险公司的增长速度。根据市场价值计算,从2000年到2009年,法国非寿险公司的投资规模从1 135亿欧元增长到2009年的1 769亿欧元,增长达到了155.86%。尽管在这一区间内,投资规模增长明显,但是2001年和2008年的投资规模却出现了较大的下滑。这说明法国非寿险公司投资对于经济形势和投资环境的敏感程度要高于寿险公司。由于非寿险公司的保险业务主要是短期业务居多,因此相应投资形成的资产要保持足够的流动性以应对可能出现的偿付要求。当经济形势出现变化时,非寿险公司会迅速根据投资环境的变化而做出相应的改变,所以非寿险公司的投资规模在出现经济危机时会发生快速的减少。

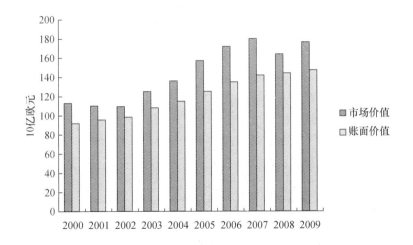

图4-11　2000—2009年法国非寿险公司投资规模

资料来源:Fédération Française des Sociétés d'Assurances (FFSA):2009 Annual Report.

法国的非寿险公司也和寿险公司在投资渠道的选择上几乎一样,也是集中于固定收益类债券、变额股票、不动产和贷款等渠道(见表4-12)。非寿险公司越来越倚重固定收益类债券的投资,这一比重自2000年以来表现出稳定的上升趋势,10年间的比重大致上升了10%。这说明法国非寿险公司更愿意将保险资金投资到固定收益类债券上,因为固定收益类债券具有稳定的现金流优势,而且风险较小。就投资结构中的比重而言,法国的非寿险公司持有的股票等变额收益投资项目和不动产投资均比寿险公司更高。

表 4-12 2000—2009 年法国非寿险公司投资结构比例(以账面价值计算)(单位:%)

年份	固定收益债券	可变收益股票	不动产	贷款	其他资产	合计
2000	49.3	32.8	10.3	2.4	5.2	100
2001	50.8	31.8	9.4	2.4	5.6	100
2002	52.3	30.4	9.5	2.2	5.6	100
2003	53.4	30.9	8.5	2.2	5.0	100
2004	54.4	30.5	7.6	2.2	5.3	100
2005	55.5	29.5	6.8	2.5	5.7	100
2006	56.2	30.1	6.6	1.9	5.2	100
2007	57.9	29.2	6.1	2.0	4.8	100
2008	56.9	30.3	6.3	1.5	5.0	100
2009	58.4	29.2	6.2	2.1	4.3	100

资料来源：Fédération Française des Sociétés d'Assurances (FFSA)：2009 Annual Report.

4.3.3 欧盟保险资金运用风险管控

在过去的数年中,欧盟不断致力于打造一体化的金融监管标准和监管体系。从法律角度来看,欧盟的金融监管改革主要以各种指令的颁布为基础。1999 年以来,欧盟先后颁布了 20 余条指令,内容涉及银行、保险、证券等各个领域。其中 11 条已被所有成员国接受,变成了各国的法律。这些指令性文件为欧盟监管制度的确立设定了法律框架,为欧盟的统一金融监管提供了保障。欧盟并不存在一个完全统一的金融监管机构,其金融监管的具体职能主要由各成员国金融监管机构承担。欧盟理事会和欧洲议会通过立法程序规定欧盟金融监管框架,由欧盟委员会协调各成员国金融监管机构负责实施。

为了协调各成员国的金融监管,欧盟建立了许多金融监管委员会,负责对包括银行信贷机构、证券市场和保险业在内的各类金融部门进行监管。就保险监管方面来说,在立法主体欧盟委员会之下设有欧洲保险和职业养老金委员会(European Insurance and Occupational Pensions Committee, EIOPC)。为了方便与各成员国金融监管当局的沟通和协调,欧盟在欧洲保险和职业养老金委员会之下又设有欧洲保险和养老金监管委员会(Committee of European Insurance and Occupational Pensions Supervisors, CEIOPS)。

以下主要从欧盟保险业发展较为典型的英国和法国来介绍欧盟保险资金运用风险管控。

一、英国保险资金运用风险管控

英国的保险资金运用监管机构和法律法规在过去数十年间发生了较大的变化。目前,英国金融服务局(Financial Services Authority, FSA)根据以《金融服务与市场法》为基础的法律法规对包括保险在内的金融领域实行监管。由于英国是欧盟重要的成员国,欧盟关于保险监管的各种规定也是英国保险监管的重要依据。英国保险资金运用监管的主要法规有:《保险公司法》《保险公司条例》《金融服务与市场法》,以及英国金融服务监管局制定的《过渡期保险业法规汇编》《金融业法规综合汇编》《保险业法规汇编》。

2004年,英国金融服务局发布《金融业法规综合汇编》,准备从风险管理的角度来监控金融机构的经营,所以对保险资金运用的管理也是基于风险管理的角度。2006年,英国金融服务局在《金融业法规综合汇编》的基础上发布《保险业法规汇编》,旨在细化对保险公司的监管。有关保险资金运用的监管内容在《保险业法规汇编》中都有明确而清晰的规定,主要集中于两个方面:资产负债匹配的定性规则和资产管理的定量限制。[①]

关于保险公司资产负债匹配的定性规则分三类业务规定:一是指数连结型或财产连结型负债的匹配规则。对财产连结型负债,要使用与相同财产有关联的资产或再保险合同予以匹配;对指数连结型负债,要使用该指数的成分资产或与该指数波动密切相关的资产、指数连结型再保险合同、指数连结型衍生工具等予以匹配。二是纯粹的再保险公司。资产配置必须考虑预期索赔的金额和期限特征,尤其要考虑证券市场、房地产市场和灾害领域的异常事件对资产配置的要求。三是对普通保险负债和其他长期保险负债。用于匹配这类负债的资产要考虑现金流的金额、时点和币种,而且所依赖的资产应该是认可资产。关于保险公司资产管理的定量限制主要内容有两个方面:一是市场风险和交易对手限额;二是与资产相关的资本金要求。

二、法国保险资金运用风险管控

法国2003年的《金融安全法》变革了保险领域原有的监管框架。2003年之前,保险业领域存在三个主要的监管机构:保险监督委员会(Commission de Contrôle des Assurances,CCA)、国家保险委员会(Le Conseil National des Assurances,CNA)以及保险业、医疗互助保险业和互助机构监督管理委员会(la Commission de contrôle des mutuelles et des institutions de prévoyance,CCMIP)。随着《金融安全法》的颁布,上述机构退出了保险监管领域。

《金融安全法》合并了以前的保险业监管机构CCA和CCMIP,将两者权力集于一身,创建了保险业、医疗互助保险业和互助机构监督管理委员会(Commission de Contrôle des Assurances, des Mutuelles et des Institutions de Prévoyance,CCAMIP)。CCAMIP成立以后就成为改革后的法国保险业监管机构,监管领域覆盖保险行业的各个方面。

CCAMIP的主要职责在于[②]:监督保险公司遵守相关法律法规的情况,确保保

---

① 徐高林.英国保险资金投资监管及启示[N].中国保险报,2008-07-21(6).
② 柴瑞娟.变革与现状:法国金融监管体制研究[J].证券法苑,2011(01):460—487.

险公司在任何时候都具有向被保险人等履行合同的能力,同时确保其有足够的清偿能力;具有调查研究权,即有权要求企业提供在合同外或广告中签署的文件,并要求这些文件也应当符合法律规定。CCAMIP 还应该注重同审计特派员(le commissaire aux comptes)之间的协作,特派员为完成其特殊使命(鉴于职业秘密的存在),有权要求 CCAMIP 提供必需的资料和文件。CCAMIP 通过一系列的监管规则来确保保险资金运用得到有效的管理和控制。

4.3.4 欧盟保险资金运用经验与特点

第一,英国保险公司能够较为自由地选择保险资金运用渠道。

不同于美国保险监管法规对保险资金运用渠道做出极为严格的限制,英国保险法规对保险资金运用的具体渠道没有严格的限制,是目前全球保险资金运用最为自由和宽松的国家。英国的保险公司能够自由选择各类投资渠道,同时自主决定投资的比重,因而英国的保险资金运用渠道极为广泛。现在,英国保险资金运用不仅涉及金融资产范围,而且进入实体资产领域,保险资金运用十分自由。保险资金不受限制的运用是一种高度市场化的行为,旨在利用市场无形的手来自行调节保险资金的运用。一方面,保险公司可以及时根据市场信息和变化来调整资金运用的渠道和比重,从而有效地规避风险,实现保险资金运用效益的最大化;另一方面,保险公司必须能够具备高度的资金运用管控能力,否则有可能使得保险公司因保险资金运用不当而发生偿付能力危机。

但是需要特别指出的是,并不是所有欧盟国家都主张保险资金运用渠道自由化。德国的保险监管机构就对保险公司采取极为严格的事前监管。德国的保险监管机构对保险资金运用的许可渠道进行了严格的规范,同时对投资于各类证券资产以及实物资产都设置了严格的投资比例。

第二,海外投资是英国保险资金运用的重要渠道。

就投资风险的分散而言,能够将保险资金运用于不同的国家和地区是十分有益的。尽管英国拥有高度发达的金融市场,保险公司从国内金融市场中获取大量稳定的投资收益,但是面对竞争日益加剧的保险市场和充满投资机遇的海外市场,更多的英国保险公司仍然将目光投向了海外市场,希望充满活力的海外市场,尤其是新兴国家和地区,能够带来更为丰厚的保险投资回报。海外投资逐渐成为保险公司投资的重要选择。2010 年,海外公司的证券投资在一般保险公司投资组合中的比重占到了 24.89%。

第三,债券及其相关证券投资在法国保险资金运用中占据核心地位。

法国保险监管机构 FFSA 的统计数据显示,2000—2009 年,债券及其相关证券投资在法国保险资金运用中的比重较为稳定地维持在 65%—70% 之间。与全球其他国家和地区相比,这一比重是相当高的。欧美地区的其他国家保险资金投资于债券的比重一般不会超过 50%。法国保险公司对债券的高比重投资有力地保证了保险资金收益的稳定性和安全性,有效降低了保险资金运用的风险。

第四,债券和股票投资在保险资金运用中的比重大致存在此消彼长的现象。

较为典型的欧洲国家保险公司的资金运用经验显示,债券和股票投资在保险资金运用中的比重大致呈现此消彼长的情况,两者的合计投资比重维持在一个比较稳定的水平。债券和股票之间此消彼长的现象和宏观经济形势的变化息息相关。当经济形势前景较为明朗时,保险公司更愿意投资于股票,从股票升值中获取收益;当经济形势前景较为黯淡时,保险公司则将债券作为优先考虑的投资渠道,希望债券稳定收益的特点能帮助保险公司实现稳定的利润。2008年,全球金融危机爆发之后,欧洲保险资金投资于公司股票的比重有所下滑,2009年和2010年保险资金更多地进入了债券市场。仅在2008年,欧洲保险资金配置于债券的比重就从33.9%急剧上升到39.9%。

第五,保险公司能够及时根据经济形势的变化调整投资组合。

欧盟乃至欧洲各国的保险公司都十分关注经济形势的变化,从而结合自身资产负债的特点,及时调整投资组合,规避资金运用风险。在21世纪初,由于互联网经济泡沫的破灭,以IT产业公司为代表的公司股票价值急剧下滑,为了应付可能出现的偿付能力危机,保险公司积极行动,将投资的重点投向债券等固定收益类别的证券,从而有效地应对了这一轮的经济危机。在2008年全球金融危机到来之前的数年中,随着宏观经济形势的转好,保险公司适时增加了在股票市场的投资,从而获得了较为可观的稳定收益。而当2008年金融危机到来之时,欧盟的保险公司又及时将债券等固定收益类证券作为重要的投资渠道,避免经济下滑带来不利的影响。这说明欧盟的保险公司善于分析宏观经济形势,从而有效避免了经济危机的影响。

4.4 日本保险资金运用及风险管控

日本保险市场已经成为世界中最重要的保险市场之一。就保险资产规模而言,日本在2009年年底的寿险与非寿险资产规模达到了36 310亿美元,在全球仅次于美国的59 000亿美元。日本的寿险保费收入长期居世界首位,非寿险业务保费居世界第二位,仅次于美国。2009年度日本的寿险保费为3 991亿美元,非寿险保费收入为1 068.56亿美元,分别在全球市场的份额为17.12%、6.16%。

日本寿险公司近年来保费增长乏力,加上遭受新一轮全球金融危机的打击,未来增长前景仍不乐观。由于国内市场的停滞发展,一些寿险公司开始寻求海外扩张来获得增长机会,尤其是前往中国、印度和东南亚地区。作为日本第二大寿险公司的日本第一生命保险公司(Dai-ichi Life)进行了股份制改革,并在东京证券交易所上市。一些相互制寿险公司也在试图通过相似的做法来获得未来的持续发展。总体而言,日本寿险市场的前景依然不够明朗,这主要是由于国内家庭收入增长乏力和就业停滞不前。

与寿险情况相似的是,日本非寿险保费也是缺乏有效的增长。特别是占据市场重要比重的车险和水险业务发展较为疲弱,汽车销售依然低迷和汽车拥有量持续下降对车险造成了不利影响。更为糟糕的是,非寿险公司的经营业绩还遭受了自然灾害的冲击,尤其是2011年的日本大地震带来急剧上升的赔付支出。

4.4.1 保险资金运用的渠道与比例

一、寿险公司保险资金运用情况

日本寿险公司的投资收入中近80%由利率和股息构成。2010年度日本寿险公司通过投资获得利率和股息6.265万亿日元,较上一个年度增长了2.7%;与此同时,通过特别账户资产管理而实现的利润却急剧下降,仅为前一个年度的9.1%。所以2010年度日本寿险公司整体投资收入大幅下降到7.679万亿日元,为2009年度的75.3%。2010年,日本寿险公司普通账户的投资收益率为1.79%,较前一个年度略有下降。在所有的资产项目中,投资收益率上升的有债券(1.86%),下降的则是海外证券(2.06%)和国内股票(1.25%)。近年来日本寿险公司投资收入的情况如表4-13和表4-14所示。

表4-13　2006—2010年日本寿险公司投资收入　　（单位:10亿日元）

年份	股息和分红	证券	贷款	不动产	其他	证券出售	外汇收益	其他	合计
2006	4 617	3 379	776	357	103	833	55	1 213	6 664
2007	4 901	3 633	760	370	136	736	1	224	5 861
2008	6 223	4 451	1 265	377	129	1 104	6	220	7 548
2009	6 099	4 459	1 183	366	89	828	7	3 274	10 202
2010	6 265	4 764	1 065	342	93	1 113	1	298	7 679

资料来源:日本寿险协会(Life Insurance Business in Japan 2010—2011)。

表4-14　2006—2010年日本寿险公司投资组合收益率　　（单位:%）

年份	普通账户资产	债券	国内股票	海外证券	贷款	不动产
2006	2.45	1.42	5.30	4.03	2.06	2.86
2007	1.90	1.77	3.26	2.18	2.13	3.12
2008	0.39	1.72	-4.35	-3.00	2.34	3.22
2009	1.86	1.64	2.33	2.52	2.23	2.87
2010	1.79	1.86	1.25	2.06	2.17	2.52

资料来源:日本寿险协会(Life Insurance Business in Japan 2010—2011)。

截止到2010年年底,日本寿险公司的总资产规模达到了320.691万亿日元,较前一个年度上涨了0.7%。在资产组合中,证券类的资产项目在总资产中的比重最高,达 77.3%,为 247.980 万亿日元,较上一个年度增长了 0.6%;其次是贷款的比重占 13.7%,为 43.877 万亿日元,较上一个年度下降了 6.4%。在寿险公司持有的证券类资产中,日本政府债券以 132.398 万亿日元的规模占据了整个证券类资产规模的 53.4%,其次是外国证券的 45.738 万亿日元、公司债券的 25.283 万亿日元、股票的 16.214 万亿日元和市政债券的 11.916 万亿日元。寿险公司持有的债券资产(包括日本政府债券、市政债券和公司债券等)表现出上升的趋势,2010 年债券规模达到 169.598 万亿日元,较上一个年度增长 2.5%。与此同时,寿险公司持有的股票资产却表现出下降的趋势。在所有海外证券资产中,各类债券增长到 40.866 万亿日元,较上一个年度增长了 7.9%,股票却下降了 4.871 万亿日元,较上一个年度下降了 3.9%。表 4-15 展示了近年来日本寿险公司的投资组合规模及结构。

表 4-15 2006—2010 年日本寿险公司资产规模及结构 (单位:10 亿日元)

年份	现金/存款		通知放款		货币信托		证券	
	金额	比重	金额	比重	金额	比重	金额	比重
2006	2 989	1.4%	2 666	1.2%	2 656	1.2%	162 197	73.7%
2007	2 667	1.2%	2 092	1.0%	2 775	1.3%	155 300	72.6%
2008	5 026	1.6%	2 780	0.9%	2 588	0.8%	230 208	73.9%
2009	4 995	1.6%	2 139	0.7%	2 205	0.7%	244 150	76.7%
2010	5 655	1.8%	2 009	0.6%	2 071	0.6%	247 980	77.3%

年份	贷款		有形固定资产		其他		总资产
	金额	比重	金额	比重	金额	比重	
2006	35 077	15.9%	6 621	3.0%	7 958	3.6%	220 217
2007	34 179	16.0%	6 592	3.1%	10 291	4.8%	213 899
2008	51 118	16.4%	6 718	2.2%	13 278	4.3%	311 720
2009	46 891	14.7%	6 816	2.1%	11 182	3.5%	318 380
2010	43 877	13.7%	6 772	2.1%	12 323	3.8%	320 691

资料来源:日本寿险协会(Life Insurance Business in Japan 2010—2011)。

在寿险投资组合中扮演着重要角色的证券类资产规模和结构如表 4-16 所示。

表 4-16 2006—2010 年日本寿险公司证券类资产规模及结构(单位:10 亿日元)

年份	政府债券		地方政府债券		公司债券		股票	
	金额	比重	金额	比重	金额	比重	金额	比重
2006	48 733	30.0%	5 565	3.4%	19 146	11.8%	32 367	20.0%
2007	49 727	32.0%	5 414	3.5%	19 462	12.5%	23 921	15.4%
2008	123 890	53.8%	9 816	4.3%	27 456	11.9%	15 631	6.8%
2009	127 988	52.4%	10 967	4.5%	26 453	10.8%	18 661	7.6%
2010	132 398	53.4%	11 916	4.8%	25 283	10.2%	16 214	6.5%

（续表）

年份	海外债券		海外股票		海外证券合计		其他证券	
	金额	比重	金额	比重	金额	比重	金额	比重
2006	36 972	22.8%	4 462	2.8%	41 435	25.0%	14 947	9.2%
2007	37 199	23.9%	4 385	2.8%	41 585	26.8%	15 187	9.8%
2008	35 576	15.4%	4 459	1.9%	40 036	17.4%	13 376	5.8%
2009	37 887	15.5%	5 069	2.1%	42 957	17.6%	17 120	7.0%
2010	40 866	16.5%	4 871	2.0%	45 738	18.4%	16 428	6.7%

资料来源：日本寿险协会（Life Insurance Business in Japan 2010—2011）。

二、非寿险公司保险资金运用情况

日本非寿险公司的资产规模在 2010 年表现出下降的趋势。2010 年度非寿险公司的总资产（total assets）规模为 296 733 亿日元，较前一个年度下降了 5.8%；运营资产（working assets）规模为 265 331 亿日元，较前一个年度下降了 7.3%。总资产规模的下降主要反映了各类证券资产和长期资产市场价值的下降。

通过日本非寿险行业的整体资产统计数据可以看出（见表 4-17），证券类别的资产在非寿险公司资产组合中占据绝对的主导地位。2010 年，证券类别的资产在总体资产组合中占到了 68.9%，为 204 374 亿日元。在证券类别的资产项目中，比重最高的是股票，其次是政府债券、海外证券和公司债券。总体而言，日本非寿险公司投资渠道较为依赖证券资产，但投资渠道比较广泛。

表 4-17　2009—2010 年日本非寿险公司资产规模及结构（单位：10 亿日元）

项目	2009 年		2010 年	
	金额	比重	金额	比重
存款	955.3	3.0%	904.3	3.0%
通知放款	334.3	1.1%	757.4	2.5%
基于转售协议的应收账款	228.5	0.7%	167.5	0.6%
货币应收账款	1 295.2	4.1%	948.9	3.2%
货币信托资产	113.0	0.3%	78.0	0.3%
证券	22 232.1	70.6%	20 437.4	68.9%
中央政府债券	456.0	15.7%	5 098.4	17.2%
地方政府债券	610.4	1.9%	531.1	1.8%
公司债券	3 809.3	12.1%	3 292.5	11.1%
股票	7 452.7	23.7%	6 439.4	21.7%
海外证券	4 963.9	15.8%	4 751.8	16.0%
其他证券	439.8	1.4%	324.2	1.1%
贷款	2 373.8	7.5%	2 167.9	7.3%
不动产	1 098.4	3.5%	1 071.8	3.6%
运营资产合计	28 609.0	90.8%	26 533.1	89.4%
其他资产	2 886.6	9.2%	3 140.2	10.6%
资产合计	31 495.6	100.0%	29 673.3	100.0%

资料来源：日本损害保险协会（General Insurance in Japan Fact Book 2010—2011）。

4.4.2 保险资金运用风险管控

作为日本金融监管的专职机构,日本金融厅根据《日本保险业法》等法律法规的相关规定,以审慎监管为原则,对日本的各类保险公司的资金运用进行监管。

日本保险监管机构为了保障投保人和被保险人的合法利益不受侵害,保证保险资金得到合理使用,在1998年对《日本保险业法》进行重新修订时,在《日本保险业法》和《保险业法实施规则》等法律法规中,对保险公司保险资金运用做出了严格的限制性要求。根据《日本保险业法》第97条的相关规定以及《保险业法实施规则》第48条的规定,保险公司普通账户内的资金在各主要投资渠道中的比例都有具体的限制,国内股票和海外资产都不得超过30%,特定运用资金(包括无担保、信用评级低的各类债券、贷款等)不得超过10%,其他投资渠道(主要是不动产、黄金、银行存款、邮政储蓄和信托资产等)的资金合计不得超过3%;保险公司购买同一公司的债券和股票不得超过总资产的10%。

由于海外证券在日本保险公司渠道中占据重要的位置,因此日本保险监管机构不断根据形势调整对保险公司海外投资的限制。早在1971年,日本就已经允许保险公司进行海外投资,并且规定海外证券占总资产的比重上限为10%。海外不动产的投资(包括对海外不动产经营实体的贷款或投资)则另外计算在不动产投资限制比例20%中。由于日本保险公司保险资金的迅速增长,日本监管机构在1986年将保险公司持有海外证券占总资产比重的限制提高到30%,对海外不动产投资的相关规定则没有变化。1996年修订的《日本保险业法》增加新的规定,保险公司在经过保险监管机构的批准后可以突破上述限制比例。

4.4.3 日本保险资金运用经验与启示

一、保险资产配置必须遵循平衡投资策略

由于日本经济在20世纪80年代以后出现严重的泡沫危机,日本的保险业在90年代后期逐渐陷入困境,具体表现为保险公司风险管控的缺位和资产配置不合理,在经济快速扩张时期很难看出潜在的问题,但是一旦经济泡沫破灭,则很难承受坏账激增,股票、不动产价格大跌引起资产价值急剧降低带来的威胁,导致很多保险公司出现严重的偿付能力危机,一些保险公司相继破产。为了扭转保险业发展的颓势,抑制行业性风险,日本的保险行业开始大刀阔斧地改革。日本保险公司,特别是寿险公司开始采取平衡投资策略,在资产配置方面,主要的投资项目如国内股票、贷款、海外证券和日本政府债券等的投资比重都控制在15%—22%。在保险公司逐渐采取平衡投资策略之后,日本保险公司整体资产价值稳步提升,偿付能力持续提高,财务状况趋于稳定。

二、海外投资是保险资金实现有效保值增值的重要手段

20世纪80年代日本经济泡沫的破灭给日本保险业的发展带来了深远的影响,

导致了保险资金运用方式的深刻改变,其中海外投资比重的上升就是明显的例子。日本保险监管机构一直不断提高海外投资的限制比例,甚至允许个别保险公司在经过保险监管机构的审核后超越海外投资比例的限制。此外,日本经济的发展特点决定了保险公司必须不断开阔海外投资市场,促进保险资金的保值增值。日本经济属于典型的外向型经济,对外依赖程度高,容易受到全球经济形势的影响,所以保险公司必须通过在全球寻找投资机会来分散资金运用风险。近年来海外投资的经验表明,日本保险公司已经将海外投资作为资金运用的重点渠道。

三、日本保险公司在资金运用方面具备成熟的经验和能力

尽管近年来日本经济较为低迷,国内资本市场表现也不尽如人意,但是日本的保险公司还是依靠自身较为成熟的资金运用经验和能力赢得了巨大的投资收益。这一点可以从日本寿险公司近年来的投资收益情况可以看出,虽然增长不是十分平稳,但是增长的趋势却是非常明显,这在2007年至2009年表现得尤为突出。日本保险公司的投资经验表明,当一国的国内经济形势并不乐观时,保险公司应该加强资金运用能力,同时注意开拓海外投资,保险公司应该将投资的眼光放得更远一些。

4.5 台湾地区保险资金运用及风险管控

台湾保险业是亚洲最重要的保险市场之一。近年来,台湾保险业资产一直维持高速增长的态势(见表4-18)。截至2010年年底,台湾保险业资产总规模达到了13.34万亿新台币。根据瑞士再保险公司的统计数据,台湾在2009年实现保费收入2.10万亿新台币,约合636.47亿美元,占全球市场整体保费收入的份额为1.57%。

表4-18 2002—2011年台湾保险业资产负债表　　（单位:百万新台币）

年份	总资产	总负债	负债准备	业主权益	资金总额
2002	3 682 023	3 453 489	3 304 066	228 533.3	3 532 599
2003	4 764 079	4 467 260	4 214 771	296 819.3	4 511 590
2004	5 646 628	5 326 996	4 958 286	319 631.9	5 277 918
2005	6 692 341	6 350 570	5 794 492	341 771	6 136 264
2006	7 958 299	7 390 654	6 542 142	567 644.9	7 109 786
2007	8 955 871	8 456 557	7 257 159	499 313	7 756 472
2008	9 411 112	9 142 276	8 008 085	268 836	8 276 921
2009	11 037 667	10 532 764	9 137 136	504 902	9 642 038
2010	12 391 558	11 841 400	10 393 531	550 158	10 943 689
2011	13 338 773	12 832 916	11 357 329	505 856.3	11 863 185

表 4-18(续)　　2002—2011 年台湾保险业资产负债表(人身保险业)

(单位:百万台币)

年份	总资产	总负债	负债准备	业主权益	资金总额
2002	3 498 401.8	3 340 676.4	3 225 864.2	157 725.0	3 383 589.2
2003	4 576 262.6	4 351 659.7	4 130 793.7	224 602.9	4 355 396.6
2004	5 450 673.3	5 203 059.5	4 866 363.1	247 613.8	5 113 976.8
2005	6 485 405.2	6 216 338.4	5 693 528.6	269 066.8	5 962 596.0
2006	7 756 511.0	7 256 005.0	6 436 200.0	500 506.0	6 936 706.0
2007	8 746 487.0	8 313 534.0	7 142 995.0	432 953.0	7 575 948.0
2008	9 169 449.0	8 955 335.0	7 847 933.0	214 114.0	8 062 047.0
2009	10 782 439.0	10 347 147.0	8 974 937.0	435 292.0	9 410 229.0
2010	12 123 701.0	11 647 539.0	10 223 028.0	476 161.5	10 699 189.0
2011	13 062 506.0	12 630 577.0	11 183 969.0	431 928.9	11 615 898.0

表 4-18(续)　　2002—2011 年台湾保险业资产负债表(财产保险业)

(单位:百万新台币)

年份	总资产	总负债	负债准备	业主权益	资金总额
2002	183 621.24	112 812.91	78 201.98	70 808.33	149 010.31
2003	187 816.39	115 600.03	83 976.79	72 216.36	156 193.15
2004	195 955.11	123 936.95	91 922.94	72 018.16	163 941.10
2005	206 935.50	134 231.24	100 963.61	72 704.26	173 667.87
2006	201 788.00	134 649.00	105 941.51	67 138.88	173 080.39
2007	209 384.00	143 023.00	114 164.00	66 360.00	180 524.00
2008	241 663.00	186 941.00	160 152.00	54 722.00	214 874.00
2009	255 228.00	185 617.00	162 199.00	69 610.00	231 809.00
2010	267 857.65	193 861.17	170 503.80	73 996.48	244 500.28
2011	276 267.05	202 339.66	173 359.55	73 927.39	247 286.94

注:资金总额包括业主权益和负债准备;2011 年资料尚未经会计师查核签证。
资料来源:台湾财团法人保险事业发展中心。

台湾保险业庞大的资产规模在台湾金融市场中占据着举足轻重的地位。保险业资产规模在金融机构资产总额中的比重近年来持续增长,反映了台湾保险业不断增长的强劲态势(见表 4-19)。截至 2011 年年底,台湾保险业资产占金融机构资产总额已经达到了 26.21%,其中寿险业资产为 25.64%,产险业资产为 0.57%。

表 4-19 2002—2010 年台湾保险业资产在金融机构总资产中的比重

(单位:百万新台币)

年份	金融机构资产总额	保险业		产险业		寿险业	
		资产总额	比率(%)	资产总额	比率(%)	资产总额	比率(%)
2002	27 176 004	3 682 023	13.55	183 621.2	0.68	3 498 402	12.87
2003	29 875 387	4 764 079	15.95	187 816.4	0.63	4 576 263	15.32
2004	32 531 284	5 646 628	17.36	195 955.1	0.60	5 450 673	16.76
2005	36 024 614	6 692 341	18.58	206 935.5	0.57	6 485 405	18.00
2006	38 425 821	7 958 299	20.71	201 788.0	0.53	7 756 511	20.19
2007	39 629 701	8 955 871	22.60	209 384.0	0.53	8 746 487	22.07
2008	42 218 832	9 411 112	22.29	241 663.0	0.57	9 169 449	21.72
2009	44 959 182	11 037 667	24.55	255 228.0	0.57	10 782 439	23.98
2010	47 277 316	12 391 558	26.21	267 857.6	0.57	12 123 701	25.64

资料来源:台湾财团法人保险事业发展中心。

4.5.1 保险资金运用的渠道与比例

一、寿险公司保险资金运用情况

台湾寿险公司保险资金的运用较为广阔,涉及银行存款、各类有价证券(公债及库券、股票、公司债券、受益凭证等)、不动产投资、保单贷款、一般贷款、海外投资、专项投资和公共项目投资等。近年来,寿险业资金运用较为活跃,资金运用规模不断增长。尤其是在 2008 年,寿险业资金运用规模较 2007 年增长了 6.69%,这说明全球金融危机并没有对台湾寿险业资金运用产生明显的影响。截至 2011 年年底,寿险业资金运用总额达到了 11.51 万亿新台币,较前一年增长 9.76%。表 4-20 展示了 2006—2011 年台湾寿险业资金运用渠道及比例。

表 4-20 台湾寿险业资金运用情况 (单位:百万新台币)

项目	2006 年		2007 年		2008 年	
	金额	比重(%)	金额	比重(%)	金额	比重(%)
银行存款	315 772	4.61	410 953	5.49	529 959	6.64
有价证券	3 132 905	45.75	3 252 401	43.48	3 439 311	43.09
公债及库券	1 658 531	24.22	1 720 351	23.00	1 944 621	24.36
股票	478 513	6.99	553 483	7.40	367 029	4.60
公司债券	225 755	3.30	223 763	2.99	295 288	3.70
受益凭证	71 386	1.04	43 630	0.58	183 715	2.30
其他	698 720	10.20	711 174	9.51	648 658	8.13

(续表)

项目	2006年 金额	比重(%)	2007年 金额	比重(%)	2008年 金额	比重(%)
不动产投资	261 736	3.82	294 946	3.94	321 072	4.02
寿险贷款	481 385	7.03	542 370	7.25	616 912	7.73
贷款	524 702	7.66	617 042	8.25	631 347	7.91
海外投资	2 075 678	30.31	2 336 141	31.23	2 419 200	30.31
公共及专项投资	55 603	0.81	27 217	0.36	23 931	0.30
资金运用总额	6 847 781	100.00	7 481 070	100.00	7 981 732	100.00
资金总额	6 936 706		7 575 948		8 062 047	
资产总额	7 756 511		8 746 487		9 169 449	
资金运用率		98.72		98.75		99.00

表4-20(续) 台湾寿险业资金运用情况 (单位:百万新台币)

项目	2009年 金额	比重(%)	2010年 金额	比重(%)
银行存款	688 378	7.43	728 477	6.95
有价证券	3 999 857	43.18	4 539 414	43.29
公债及库券	2 032 023	21.94	2 263 275	21.58
股票	551 980	5.96	679 539	6.48
公司债券	376 214	4.06	497 719	4.75
受益凭证	177 568	1.92	153 195	1.46
其他	862 072	9.31	945 686	9.02
不动产投资	386 923	4.18	408 002	3.89
寿险贷款	612 523	6.61	625 385	5.96
贷款	569 810	6.15	544 542	5.19
海外投资	2 980 183	32.17	3 615 039	34.47
公共及专项投资	24 884	0.27	25 439	0.24
资金运用总额	9 262 558	100.00	10 486 298	100.00
资金总额	9 410 229		10 699 189	
资产总额	10 782 439		12 123 701	
资金运用率		98.43		98.01

表 4-20(续)　台湾寿险业资金运用情况　　　　（单位：百万新台币）

项目	2011 年	
	金额	比重(%)
银行存款	705 082	6.13
有价证券	4 703 223	40.86
公债及库券	2 448 380	21.27
金融债券、存单、汇票与本票	772 129	6.71
股票	713 841	6.20
公司债券	518 733	4.51
基金及受益凭证	160 536	1.39
证券化商品及其他	89 603	0.78
不动产	543 143	4.72
投资用	469 372	4.08
自用	73 771	0.64
寿险贷款	605 557	5.26
贷款	569 630	4.95
海外投资	4 329 833	37.61
公共及专项投资	17 054	0.15
投资保险相关事业	9 631	0.08
衍生品	15 566	0.14
其他经核准的资金用途	12 570	0.11
资金运用总额	11 511 289	100.00
资金总额	11 615 898	
资产总额	13 062 506	
资金运用率		99.10

注：资金运用率为资金运用总额与资金总额之比率；2011 年资金运用渠道归类方式与之前不同。

资料来源：台湾财团法人保险事业发展中心。

台湾寿险公司最重要的资金运用渠道是有价证券，有价证券价值在整个投资组合价值中的比重常年维持在 40% 以上，变化较小。有价证券组合中以政府类债券最为重要，几乎为整个有价证券价值总量的 50%。比较特别的是，股票在整个寿险公司投资组合中的比重很低，一般低于 8%，在 2008 年这一比例甚至低至 4.6%。

海外投资在台湾寿险公司的整个资金运用规模中的比重仅次于有价证券，其比重常年维持在 30% 以上。近年来，海外投资在整个寿险资金运用渠道中的比重有上升的趋势。2006年,这一比重为30.31%,到2011年,这一比重已经上升到37.61%。

二、产险公司保险资金运用情况

台湾产险业资金运用渠道和寿险业较为相似,主要集中于银行存款、有价证券(公债、国库券、储蓄券、股票、公司债券、基金及受益凭证等)、不动产投资、贷款、海外投资、公共项目投资、衍生品等。对于一些较为特殊的资金运用渠道,在获得保险监管部门的审核后,产险公司也可以进行投资。与寿险业资金运用规模较为稳定的上升趋势相比,产险业的资金运用规模虽然在近年来有所增长,但是部分年度也出现了下降趋势。2011年,台湾产险业资金运用总额为1 884.47亿元新台币,较前一个年度下降3.97%。在2008年全球金融来袭之时,台湾产险业资金运用规模受到较大的影响,但是之后出现上升趋势。2008年,台湾产险业资金运用总额为1 674.43亿元新台币,较2007年减少了57.23亿元新台币,下降3.30%。表4-21展示了2006—2011年台湾产险业资金运用渠道及比例。

表4-21 台湾产险业资金运用情况　　　　（单位:百万新台币）

项目	2006年 金额	比重(%)	2007年 金额	比重(%)	2008年 金额	比重(%)
银行存款	30 369	18.48	34 721	20.05	34 000	20.31
有价证券	78 263	47.63	80 214	46.32	76 920	45.94
公债、国库券和储蓄券	21 683	13.20	22 565	13.03	25 979	15.52
股票	25 684	15.63	28 112	16.23	18 788	11.22
公司债券	5 505	3.35	6 177	3.57	7 603	4.54
基金及受益凭证	4 248	2.59	3 840	2.22	5 453	3.26
其他	21 142	12.87	19 520	11.27	19 097	11.41
不动产投资	22 257	13.54	21 391	12.35	22 207	13.26
贷款	2 922	1.78	3 045	1.76	2 029	1.21
海外投资	24 510	14.92	28 047	16.20	25 248	15.08
公共及专项投资	5 659	3.44	5 290	3.06	4 345	2.59
投资保险相关事业	—	—	—	—	2 501	1.49
衍生品	9	0.01	13	0.01	−36	−0.01
其他经核准的资金用途	334	0.20	444	0.26	229	0.14
资金运用总额	164 324	100.00	173 166	100.00	167 443	100.00
资金总额	173 080		180 524		214 874	
资产总额	201 788		209 384		241 663	
资金运用率		94.94		95.92		77.93

表 4-21(续)　台湾产险业资金运用情况　　　(单位:百万新台币)

项目	2009 年		2010 年	
	金额	比重(%)	金额	比重(%)
银行存款	37 856	20.76	49 213	25.08
有价证券	89 712	49.19	92 635	47.21
公债、国库券和储蓄券	23 891	13.10	25 657	13.07
股票	29 802	16.34	28 283	14.41
公司债券	8 799	4.82	8 995	4.58
基金及受益凭证	6 365	3.49	7 706	3.93
其他	20 855	11.44	21 994	11.21
不动产投资	21 399	11.73	22 305	11.37
贷款	1 479	0.81	939	0.48
海外投资	25 220	13.83	24 091	12.28
公共及专项投资	3 565	1.95	2 741	1.40
投资保险相关事业	2 879	1.58	3 475	1.77
衍生品	129	0.07	688	0.35
其他经核准的资金用途	135	0.07	152	0.08
资金运用总额	182 374	100.00	196 239	100.00
资金总额	231 809		244 500	
资产总额	255 228		267 858	
资金运用率		78.67		80.26

表 4-21(续)　台湾产险业资金运用情况　　　(单位:百万新台币)

项目	2011 年	
	金额	比重(%)
银行存款	55 012	29.19
有价证券	80 339	42.63
公债及库券	17 958	9.53
金融债券、存单、汇票和本票	20 141	10.69
股票	24 481	12.99
公司债券	8 490	4.51
基金及受益凭证	5 668	3.01
证券化商品	3 601	1.91
不动产	23 636	12.54
投资用	13 989	7.42
自用	9 647	5.12

（续表）

项目	2011 年	
	金额	比重(%)
贷款	677	0.36
海外投资	25 892	13.74
公共及专项投资	2 892	1.53
投资保险相关事业	1 069	0.57
衍生品	-1 070	-0.57
其他经核准的资金用途	0	0.00
资金运用总额	188 447	100.00
资金总额	247 287	
资产总额	276 267	
资金运用率		76.21

注:资金运用率为资金运用总额与资金总额之比率;2011年资金运用渠道归类方式与之前不同。

资料来源:台湾财团法人保险事业发展中心。

台湾产险业资金运用渠道中,比重最大的是各类有价证券,几乎占到了资金运用规模的50%。2011年,有价证券在台湾产险业资金运用规模中的比重为42.63%。在有价证券中,最重要的投资渠道是股票和各类政府债券。这与台湾寿险业投资的有价证券比重结构有所差别,寿险业投资的股票比重很低。这体现了产险业和寿险业的业务特征差异,产险业需要配置更多流动性更高的资产,股票比中长期政府债券具有更高的流动性。

银行存款在台湾产险业资金运用渠道中的比重仅次于有价证券。近年来,这一比重有稳步上升的趋势。2011年,银行存款在台湾产险业资金运用规模中的比重已经上升到29.19%。

海外投资同样在台湾产险业资金运用渠道中占据重要的地位,但是其比重要低于有价证券和银行存款。2011年,银行存款在台湾产险业资金运用规模中的比重为13.74%。

4.5.2 保险资金运用风险管控

台湾地区保险法规对于保险资金运用的渠道和比例均有严格的限制。在保险资金运用比例方面,不仅规定高风险的投资渠道的比例,而且规定投资于高风险的每一筹资主体的比例,从而达到安全性、流动性和盈利性的统一。[①]

台湾地区"保险法"第146条第1项明文规定保险资金运用的渠道,共计9款,

---

① 孟昭亿.保险资金运用国际比较[M].北京:中国金融出版社,2005:188.

保险资金只能投资于法律法规允许的渠道。"保险法"明确允许的保险资金渠道为:存款、购买有价证券(公债、库券、金融债券、可转让定期存单、银行承兑汇票、金融机构保证商业本票、依法核准公开发行的公司股票和依法核准公开发行的公司债)、购买不动产、放款、办理经主管机关核准的专案运用及公共投资、国外投资、投资保险相关事业、经主管机关核准从事衍生性商品交易和其他经主管机关核准的资金运用。"保险法"还就各项保险资金运用渠道的比例做出了严格的限制。

由于有价证券是台湾保险资金投资的主要对象,因此此处主要集中介绍各项有价证券投资比例的限制。

关于公债、库券和储蓄券,"保险法"并没有做出严格的投资比例限制。因为上述三项债券均由政府信用作为后盾,不存在信用风险,所以没有相应的投资比例限制。

关于金融债券、可转让定期存单、银行承兑汇票、金融机构保证商业本票以及其他经主管机关核准保险公司购买的有价证券,其总额不得超过保险资金总额的35%。关于经依法核准公开发行的公司股票,根据台湾地区"公司法"第13条规定,公司如果为其他公司有限责任股东时,其所有投资总额原则上不得超过本公司实收资本的40%。一般情况下,保险公司也适用于"公司法"在此处的规范。至于保险公司购买公司的投资比例,在"保险法"中有特别规定,不适用于上述"公司法"的规定。保险公司购买每一个公司的股票总额,不得超过保险公司运用资金总额的5%及该发行股票的公司实收资本总额的10%。"保险法"第146条第2项规定:第三款及第四款合计不得超过该保险业资金的35%。此处的"第三款及第四款"指"经依法核准公开发行之公司股票"和"经依法核准公开发行之有担保公司债,或经评等机构评定为相当等级以上之公司所发行之公司债",这一规定体现了保险资金运用分散投资风险的考虑。

关于经依法核准公开发行的有担保公司债券或经评级机构评定为相当等级以上的公司所发行的公司债券,其购买每一公司的公司债券总额不得超过保险运用资金总额的5%及该发行公司债券的公司实收资本总额的10%。

关于经依法核准公开发行的证券投资信托基金及共同信托基金受益凭证,其投资总额不得超过该保险运用资金总额的10%及每一基金已发行的受益凭证总额的10%。

关于证券化商品及其他经主管机关核准保险业购买的有价证券,其总额不得超过保险运用资金总额的10%。

4.5.3 台湾地区保险资金运用经验与启示

一、有价证券是台湾保险资金最大的投资渠道

对于台湾寿险业和产险业而言,有价证券均是保险资金最大的投资渠道。2011年,有价证券的投资在台湾寿险公司和产险公司资金运用总额中的比重分别

是40.86%和42.63%。台湾保险公司投资的有价证券的种类十分广泛,涉及政府公债、国库券、金融债券、可转让定期存单、银行承兑汇票、金融机构保证商业本票、公司股票和公司债券等。广泛的有价证券投资既有效地提升了保险资金运用的效率和收益水平,又使得保险资金运用降低了投资风险,实现了保险资金的保值增值。

二、海外投资对台湾寿险资金运用贡献巨大

2011年,海外投资在台湾寿险公司资金运用总额中的比重高达37.61%,仅次于有价证券;然而产险公司海外投资的比重仅为13.74%。从多年的统计数据来看,海外投资占寿险公司投资组合的比重一直超过30%,对寿险资金的保值增值贡献巨大。不同于英国等欧盟国家或地区的海外投资情况,台湾地区并不是寿险与产险公司均表现出对海外投资的依赖,只有寿险公司较为依赖海外投资。由于海外投资多为长期投资项目,因此产险公司在选择海外投资时,会表现出较为谨慎的态度,避免资产的流动性不足而引发偿付能力危机。

三、保险资金运用监管十分严格

台湾地区通过相关法规对保险资金的运用进行十分严格的监管。根据台湾地区"保险法"等相关法律法规,保险公司在资金运用的渠道和比例方面都会受到相当严格的限制。相关法律法规对每一个保险公司可能出现的投资渠道都做出量化规定。对于保险公司申请的特别投资渠道,还需要保险监管机构逐个进行审批。严格的资金运用监管有效地保证了台湾保险资金的安全使用,这一点值得其他国家和地区进行有益的借鉴。

4.6 保险资金运用及风险管控国际比较对中国的启示

从国际保险业经验来看,保险资金运用已经成为保险业经营的重要组成部分。日益扩大的保险资金运用渠道为国际保险业的可持续经营做出了巨大贡献。在不同的国家和地区,保险资金运用各具特色,具有很强的借鉴意义。但是,国际保险业在过去数十年中的资金运用也同样留下了不少深刻的教训,这些教训同样值得各个国家和地区的保险业深刻反思。中国的保险业在近年经历了快速的发展,保险资金运用规模不断扩大,资金运用渠道逐步拓宽,要想实现保险业的可持续、健康和快速发展,中国保险业还需要不断借鉴国际先进的保险资金运用理念,增强自身资金运用能力。

4.6.1 国际保险业资金运用的缺陷和瓶颈

一、保险公司在资金运用管理方面的能力有待提升

近年来由互联网经济泡沫破灭和美国次级抵押贷款危机诱发的全球性金融危机使得很多保险公司濒临破产的边缘,这说明保险公司缺乏应付金融危机的有效

监测和防范手段,在资金运用管理方面的能力还有待提高。例如,2008年全球金融危机爆发,当年8月,美国联邦储蓄保险公司因为资金困难而陷入财务危机;当年9月16日,AIG集团在濒临破产的边缘被迫接受了美联储850亿美元可循环抵押贷款的救助,最终,美联储获得AIG集团79.9%的股权。在政府强力干预和救助下,美国联邦储蓄保险公司、AIG集团的破产危机才得以缓解。

由于保险公司自身资金运用能力的欠缺,因此金融危机的压力迫使保险公司更多地选择将资金运用业务委托给外部机构进行管理。在美国和加拿大,仅在2009年,保险公司就外包了创纪录的176笔托管交易,用于托管的资产高达710亿美元,其中有15笔托管交易的规模达到或超过了10亿美元;此外,普通账户保险资产外包总规模从7 980亿美元增加到10 320亿美元。[①]

二、过度倚重政府债券的投资将使得保险公司资金运用收益的增长乏力

由于近年来金融危机和监管政策的深刻影响,各个国家和地区的保险公司都开始将政府债券作为资产配置的首要选择,但是,将资金过度配置于低风险和低收益的政府债券无疑将降低保险公司的投资收益。根据瑞士再保险公司的估计[②],对于美国保险公司来说,如果被要求将其50%的资金配置于短期国债,另外50%则配置于长期国债,那么1991—2008年间其年度投资收益率将下降1.5%。对于价值22.6万亿美元的全球保险资产而言,如果整体投资收益率出现1.5%的下降,那么每年保险业的投资收益将减少大约3 400亿美元。

尽管政府债券对于保证保险资金的安全具有无可替代的作用,但是低风险对应的低收益将对保险公司在长期中的投资收益增长造成严重的负面影响,进而威胁保险业的可持续发展能力。保险公司需要在将来一段时间内积极探索资金运用渠道,增长投资创造收益的能力。

三、矫枉过正的保险资金运用监管改革限制了保险公司的投资能力

出于金融危机带来的深刻教训,各个国家和地区都对保险资金运用监管进行了反思和改革,旨在通过改善透明度和提高监管机构之间的协调来化解潜在风险,保证保险公司的偿付能力和被保险人的正当利益,维护保险业的可持续发展能力。但是,包括会计准则的调整、资本金标准的提高和评级标准的推广等在内的一些监管改革措施的后续影响却偏离了原本的改革目标。现有的监管措施使得更多的保险公司选择过于保守的投资策略,降低了资金运用的收益水平,进而影响了保险公司的利润空间。由于监管政策的掣肘,很多保险公司丧失了以往较为灵活的投资能力,没有发挥出资本市场上重要机构投资者的应有作用。

---

① 托管交易数据来自Eager, Davis & Holmes公司的《保险资产外包分析》(Insurance Asset Outsourcing Analysis),2010年3月,其作者估计数据大约涵盖了市场的50%。资产管理规模数据来自《保险资产管理者》(Insurance Asset Manager)2010年的年度调查。

② Swiss Reinsurance Company Ltd. Insurance Investment in a Challenging Global Environment[R]. Zurich: Swiss Re Sigma, 2010(5).

4.6.2 保险资金运用国际经验对中国的启示

一、从全球金融危机中反思和汲取保险资金运用的教训和经验

尽管2008年爆发的全球金融危机余波渐渐散去,但是不可否认的是,当前的金融市场动荡和不确定性却已超越以往任何一个时代。保险公司应该反思金融危机带来的惨痛教训,深刻认识到前所未有的金融市场动荡和不确定性。保险资金运用的决策者应积极预测到广泛的可能结果并对此做好细致的准备。事实上,金融危机的发生已经逐渐成为一种常态。保险公司需要打破常规思维,充分识别、衡量和缓解极端风险对保险资金的巨大冲击。瑞士再保险公司在2010年《极具挑战全球环境下的保险投资》报告中指出,极端事件的频繁发生已经挑战了"投资结果会遵循正态分布"的传统理念,投资回报出现了厚尾现象,即极端结果出现的频率远高于正态分布或"钟形曲线"的预测。

保险公司在全球投资环境已经发生深刻变化的今天,应该积极实施全面的投资风险管理。当前的危机已经验证,全球金融系统的相关性程度已经逐渐提高。任何一个市场的崩溃将会引发连锁反应,导致其他市场出现相应的危机。此外,保险公司需要为现金流压力做好应对的准备。保险公司尤其是寿险公司负债的重要特征在于长期性,保险公司应对流动性危机的能力十分脆弱。此次全球金融危机中无数保险公司已经遭受了信用降级和现金净流出急剧增加的困难,所以在将来提升应对现金流压力的能力十分重要。

需要特别指出的是,随着近年来定量风险管理工具的快速发展,保险公司逐渐忽视了对于风险管理文化以及投资纪律的建设。不可否认的是,再复杂的金融模型都不能准确地实现预测功能。保险公司应该通过建设风险管理文化和完善投资纪律来降低保险资金运用风险。

二、拓宽适应中国投资环境特点的保险资金运用方式

根据保险资金运用安全性、流动性和收益性的原则,结合我国保险资金运用的具体情况和投资环境并适当借鉴国外保险资金运用的经验,我国保险资金应该拓宽适应我国投资环境特点的保险资金运用方式,实施多元化的投资策略。保险资金的运用方式应该适当集中于债券、股票和不动产投资,在实现保险资金有效保值增值的同时,降低资金运用风险。

首先,促进债券市场的良性发展,培育保险资金在债券市场的合理投资方式。从保险资金运用较为成功的国家和地区经验来看,至少30%的可运用保险资金应该运用于债券投资,尤其是信誉极高的政府债券和高质量的公司债券。债券能够保证长时间内稳定的高收益,可以帮助保险公司尤其是寿险公司实现资产负债的有效匹配。要不断完善国债结构,健全国债运作机制,丰富国债品种,特别是增加短期国债和10年期以上长期国债以满足保险资金投资需要。要充分利用信用评级机构等市场主体来促进公司债券质量的提升,扩大保险资金对于公司债券的投资比重。

其次,积极推动保险资金投资于股票市场。保险公司规模庞大的保险资金能够为股票市场提供巨大的活力,不断繁荣的股票市场同时为保险资金创造了持续的高水平收益,所以保险公司应该成为股票市场重要的机构投资者。发达国家股票市场数十年的经验已经说明,长期内股票市场能够有效抵御通货膨胀风险,实现资本的保值增值。

最后,充分利用不动产投资在长期内保值增值的特点。随着社会经济的持续发展,不动产的需要呈现刚性增长的趋势,但是土地等资源却是日益稀缺的,不动产也具有不可转移和更新周期长的特点,所以不动产投资能够在长期内实现保值增值。需要特别指出的是,在中国现阶段的经济发展中,不动产投资的价值与日俱增。

三、独立而专业的保险资产管理公司应该成为保险资金运用管理的趋势

目前,除了中国平安、中国人寿和中国人保等少数大型保险集团公司建立了独立而专业的保险资产管理公司,更多的中小型保险公司仍然是采取内设投资部门的方式来管理保险资金的运用。不可否认,现阶段内设投资部门的保险资金运用管理方式是有其合理性,但是对于业务规模急剧成长的更多中小型保险公司而言,设立独立而专业的资产管理公司应该成为将来保险资金运用管理方式的主流。

独立而专业的保险资产管理公司能够有效提高保险资产管理水平,增强保险资金运用风险管控水平。首先,保险资产管理公司有利于保险公司加强对投资业务的管理。投资和承保、理赔部门是决定保险公司利润的关键所在。由于很多保险公司管理水平低下,投资部门的投资决策容易受到承保和理赔等部门的干预,投资决策往往不能反映最大化公司利润的整体目标。独立而专业的保险资产管理公司能够使得保险公司加强对投资管理的考核,促进公司整体利润目标的实现。其次,设立保险资产管理公司有利于保险公司发挥重要机构投资者的作用,增加利润空间。保险公司一直以来都是金融市场上的重要机构投资者,能够实现投资的规模优势,保险资产管理公司可以为第三方提供资产管理服务,增加保险公司的利润空间。最后,设立保险资产管理公司有利于保险公司适应金融混业经营趋势。从国际上看,混业经营是不可避免的大趋势,它将给金融业带来更多投融资方式,促进金融业的全面繁荣。保险公司可以利用资产管理公司积累混业经营经验,提升发展潜力。

四、逐步放宽保险资金运用方式的具体限制

保险监管机构应该对保险资金运用实施有效监管,同时也要兼顾保险资金运用的合理空间,充分考虑监管成本。一般而言,为确保保险资金得到安全运用,各国都设置了严格的保险资金运用渠道和比例限制,以将资金运用风险水平控制到一定范围之内。但是,过度的保险资金运用监管实际上有可能损害保险公司的投资绩效和压缩保险公司的利润空间。随着中国金融市场的逐步发展,市场效率将

得到有效提升,监管机构应该充分鼓励保险公司积极捕捉投资机遇,而不是通过严格的渠道和比例标准来限制保险公司在资金运用中的能动性。

　　随着保险市场竞争程度的加剧和金融环境的不断深化,保险公司的资金运用环境已经发生巨大的变化。保险公司的资金运用风险管理已经成为公司风险管理的有机组成部分,保险公司在激烈的市场竞争面前会主动加强风险管理,事前的资金运用限制已经显得不合时宜。金融环境的深刻变化为保险资金运用创造了越来越多的潜在渠道和方式,法律法规的限制必然有时效滞后的特点,过度的限制将极大地约束保险公司的投资能力。保险监管机构可以简化监管目标,通过偿付能力充足率来控制保险资金运用风险,同样可以实现有效监管。

5 我国保险资金运用历史回顾及现状分析

5.1 我国保险资金运用历史回顾及评价

1979年,中国人民银行在北京召开全国分行长会议,标志着全面恢复国内保险业务,这次会议一方面反映出保险公司为国家积累资金的作用仍被看重,另一方面也开始强调保险的经济补偿功能,而且已经开始把保险作为一个独立的产业看待,重视保险公司自我增值和发展的需要[①],这为自主运用保险资金政策的提出奠定了基础。但在1984年前,所有的资金均存入银行,并未真正涉及运用问题。1984年11月,国务院在《关于加快我国保险事业的报告》中特别指出,"总、分公司收入的保险费在扣除赔款、赔偿准备金、费用开支和纳税金后,余下的可以自己运用",标志着保险资金运用历史的开端。

自1984年保险资金运用业务展开以来,保险业经历了大起大落,从"一放就乱"的投资热潮,到1995年《保险法》的严格限制,再到逐步放松的探索,期间出现过投资混乱与利差损等难题,但总体来看,我国保险资金运用逐渐规范化,灵活度逐渐增大,对资金保值增值的理解更深入。国务院最初决定让保险公司自主运用资金的直接原因是为资金寻找归处,但随着保险经济补偿功能的逐渐显现以及保费规模的扩大,监管部门逐渐意识到投资业务对保险公司的重要性,于是将投资和承保业务放到同等地位;并在扩大资金收益性的同时,增强公司风险管控能力,力求获得安全性和收益性的平衡。我国保险资金在短短三十几年的时间里,从最初跟随在国有制改革的浪潮中被推动着完成资金运用任务,到如今发展成一个独立的机构投资者并成为保障国民经济发展必不可少的工具,必然有其可取之处。以下分三个阶段对保险资金的运用分别进行分析。

---

① 王安.保险中国200年[M].北京:中国言实出版社,2008:161—162.

5.1.1 探索阶段(1985—1995年)

一、资金运用及风险管控基本情况

这一时期,保险市场的经营主体有限,主要有中国人寿、平安、太平洋、新疆建设兵团和上海友邦等几家,承保业务的竞争不大,处于合作创收益阶段。随着保费收入的积累,政府逐渐意识到保险资金增值的重要性,不断放开对资金运用的限制。

1985年3月,国务院颁布《保险企业管理暂行条例》,从法规的角度明确了保险企业可以自主运用保险资金。该条例对各项准备金的提取限制较严,未到期责任准备金和人身保险准备金都为当年自留保费的50%,再扣除较高的税金,整体来看资金运用比例不高,如1993年中国人寿、平安和太平洋三家全国性保险公司的平均资金运用率仅为28.5%。至于税收,1983—1987年,中国人民保险公司需按55%缴纳所得税,按20%向中央财政缴纳调节税,按5%向地方财政缴纳营业税[①];1988—1993年将所得税调整为50%,仍然很高。虽然保险公司可运用资金余额不多,但这个时期对可运用资金的限制较为宽松。

1987年,保险资金被列入《国家信贷计划》名录,允许试办流动资金贷款和购买金融债券;1988—1990年,全国进入3年整顿治理阶段,紧缩信贷规模,这几年保险资金运用限制较严且表现不理想。1989年规定保险公司不得投资于固定资产和贷款业务,保险资金仅能用于流动资金贷款、企业技改贷款、购买金融债券和参与银行同业拆借等。可运用保险资金的投资形式过于集中,1989年年底,全国保险系统累计运用保险资金37亿元(不包含银行存款)[②],其中固定资产占21%(如自用房地产、办公用品等),流动资金贷款及其他贷款占76%,债券及拆借资金仅占3%。

1991年,随着全国经济形势好转和资本市场的发展,保险资金运用方式日趋灵活;监管限制逐渐放松,管制不严,大额保险资金被卷入到投资热潮中。除中国人民保险公司外,其他公司如平安和太平洋也都纷纷开展资金运用业务。保险资金几乎涉及每一个容许资金参与的领域,如开办各类企业——几乎涉及"三产"所有行业,有电讯公司、贸易公司、食品厂、五金厂、咨询公司、餐馆等;参与货币市场,进行贷款、拆借、协议存款、担保等业务;此外,还投资于房地产、各种有价证券、信托等。[③] 这个时期产险和寿险资金混同使用,投资效益不高。随着经济冷却,投资产品的风险逐渐暴露,保险公司产成大量不良资产,资金运用呈现出无序状态,如

---

① 陈建华.浅析我国保险业税收政策[N].中国保险报:http://finance.people.com.cn/insurance/h/2011/0923/c227929-1897657434.html
② 尚昀.保险资金的运用及风险管理研究[D].对外经济贸易大学,2006:18.
③ 谢宪.保险竞争新论[M].深圳:海天出版社,2005:137—138.

挪用保费以维护"三产"的资金链;贷款总额大,形成大量逾期、呆账和坏账等。整个保险行业的投资损失较大。

至于对保险资金运用的风险管控,主要表现在以下两个方面。(1)负责投资运作机构的设置。1991年,中国人民保险公司成立了信托投资公司,之后平安和太平洋也成立了负责资金运用的投资部,平安在1992年还成立了证券部。① 没有专门的风险管理部门,各投资部职员的日常工作也只是为余留资金寻找投资途径,没有风险评估和管理机制。(2)法律文件。这个时期运用保险资金可以参照的法律文件仅有《保险企业管理暂行条例》。

二、评价、形成原因及经验

在该阶段中,政府对保险资金运用进行了大规模、多领域的尝试,从实体经济到银行存款,从不动产到资金信贷,保险资金几乎涉入国民经济的每一角落。这一阶段,最具改革性的创举是,批准保险公司自主运用资金。这一放开显然是为适应计划经济体制向市场经济转型的国家制度出现,中国人民保险公司作为当时唯一一家保险公司,保费规模仍很可观,因此给它下放自主运用权力是当时改革政策所需。

在1990年之前,由于保险公司刚刚被允许自主运用资金余额,对如何使用这部分闲置资金还处于理论探讨和寻找经验阶段,西方趋于成熟的保险资金运用体系自然成为学习目标。当时国外保险公司主要投资于债券、股票、贷款和不动产四大领域,但我国资本市场刚刚起步,只有银行业相对发达,因此在当时情况下,保险资金涉入货币市场和信用领域是必然选择。在1988—1990年三年整顿阶段,保险资金仅被允许投资到流动资金贷款、企业技改贷款、购买金融债券和参与银行同业拆借等领域。这种严格的限制性措施在保险资金运用和资本市场均处于起步阶段时,显然与发展进程相符。

1991年后,全国经济好转,国民处于投资热潮之中,"沿海倒卖土地潮"、"抢购股票潮"以及商人下海等产生了大批富人,而作为拥有大量闲置资金的保险公司,资金增值的本质以及周围环境过热的影响,不可避免地加入到投资队伍中去。于是,大批保险资金投资不动产领域,开办"三产"企业,并在"三产"资金不足时不断供应;大批下海商人、参与资本市场的个人或机构等都需资金周转,因此保险公司又进入信用领域,大规模发放贷款,并提供担保服务;而股票市场在1992年"8·10"事件爆发后处于整顿阶段,进入股票市场的保险资金在总运用资金中占据的比例不大,而且也相对安全。随着经济降温,"三产"企业收益减少,大规模的信贷以及违约率提高,使得当时投入的大部分资金难以收回;而担保活动失控,保险公司作为担保人需承担最终偿付责任,也损失了大量资金。

总的来说,这一时期保险公司运用自主资金以及如何运用资金的决定主要是

---

① 刘铭.我国保险资金运用风险管理研究[D].北京工商大学,2006:3.

受外界经济和改革环境的驱使。在当时的经济形势下,投资"三产"企业、不动产、贷款以及进行担保业务等,从某种意义上来讲是历史的必然。

(1) 社会及人文因素。经济过热,投资理念不成熟,在利益驱动的激励下,投资者只能通过观摩其他已致富对象的行为来决定自己的行动;即使是保险公司投资部门的"专业人员",所做决策的依据也只有国家政策,而当时有影响力的是邓小平同志南方讲话中所提的"胆子要大一点,步伐要大一点",这种环境使得保险公司的投资活动趋于冒险和激进。

(2) 内部治理因素。投资部门处于刚刚成立阶段,机构不完善,没有内部约束机制,缺乏专业投资人才和风险管理人员。最初投资部设立的原因是,投资种类过多,领域分散,归类管理难度大,需要配备工作人员寻找投资机会,但这些职员并不会逐一分析每项投资的风险,知识不允许,过多的项目也不允许。这是导致保险资金成为热钱的内部原因。风险管理意识的缺乏使得保险公司几乎面临所有风险因素:资产的安全性、收益性、期限、偿还期等难以与负债相匹配;信用风险、决策失误风险是导致保险资产贬值的主要直接风险。

(3) 政策因素。监管不成熟,投资法律缺乏。中国人民银行为国家保险监管机构,由处级单位——金融管理司下的保险信用合作处实行监管职责,在保险初级阶段,监管机构和市场的关注对象不可避免地集中在保险业务的开展,因此监管主要针对与承保业务相关的各要素,如保险准入门槛、费率制定等,缺乏投资监管的意识;同时,可依靠的法律仅有1985年颁发的《保险企业管理暂行条例》。因此,在没有法律约束的环境中,当时的保险资金更趋向于跟随市场和经济形势。这是导致保险资金成为热钱监管的原因。

以上各种因素是导致大量不良资产形成的主要原因,但也正是投资混乱的爆发使得监管者认识到保险资金运用监管的重要性,为其之后的政策制定和监管方向提供了经验依据。这个时期的保险资金主要运用在实体经济的项目投资、信用市场的担保贷款领域,从投资失败中还可观测到各种存在的风险因素及之后风险管理的方向:

(1) 实体领域的投资应仔细审查每一项目的风险,并定期评估项目价值;投资金额的多少应根据负债规模、性质确定。

(2) 信用借贷和担保头寸不能过大,特别是在信用体系不完善的环境下尤应注意。当贷款总规模很大时,即使违约率不变,也有可能导致重大损失;而且违约率受经济形势的影响较大,一旦经济逆转,违约率便会大幅攀升。

从之后的监管政策中可以看出,监管机构已注意到头寸管理的重要性,一般的法规中都会限定单个类别资产总的限额以及单种资产的分限额。

5.1.2 调整整顿阶段(1995—1998 年)

一、资金运用及风险管控基本情况

由于前一个时期投资失败给保险公司造成较大的冲击,1995—1998 年间,国家严格限制保险资金的运用,主要将精力集中在对前一阶段的反省和保险资金运用的理论探讨上,保险资金主要投入银行存款项目。保险市场的竞争主体增多,由前一阶段的 5 家保险公司增加到1999 年的 12 家。

这一阶段与投资相关的法律文件,均对投资方式作出严格限制。1995 年 6 月,人大通过的《中华人民共和国保险法》第一百零四条规定:"保险公司的资金运用,限于银行存款、买卖政府债券、金融债券和国务院规定的其他资金运用形式。保险企业的资金不得用于设立证券经营机构和企业投资。保险公司资金运用的资金和具体项目的资金占其资金总额的具体比例,由金融监督管理部门规定。"保险资金陆续退出证券市场。1996 年,中国人民银行发布《保险管理暂行规定》,明确指出,对于保险资金的运用,仅限于银行存款、买卖政府债券、买卖金融债券,以及国务院规定的其他资金运用方式。在实际市场上,有一半以上的保险资金储蓄在银行,如1998 年银行存款占总资产比例为 56.4%,国债占比 33.6%,1999 年,这两个数据分别为 52%、36.9%,在银行存款和国债上的投资比例占总资产的 90% 左右。①

在上述两部法规颁布后的两年时间内,央行连续 5 次下调金融机构存贷款利率,从 1996 年的 10.08% 下调至 1998 年的 6.39%,使得保险资金面临较严重的贬值危机,"利差损"问题开始浮现,即保险公司的实际收益率低于保单预定利率,因而损害保单所有者的利益。这一时期,保险公司的监管职责由中国人民银行的非银行金融司下的保险处执行。

二、评价、形成原因及经验

关于这一时期监管法规对保险资金运用渠道严格限制的决定,我认为是与当时形势相符的。首先,严格限制是对前一阶段保险资金投资混乱的有力整顿。在1985—1994 年短短 10 年间,保险公司经历了从被允许自主运用资金到限制投资渠道,再到完全宽松的投资监管、过热的资本流动,最后经历资本市场动荡,马不停蹄的创新尝试使保险人员急需一段冷静时间,以沉淀、总结对保险资金运用的认识,因此监管的急刹车显然是对参与各方的最优处理方案。其次,证券市场波动剧烈,从安全和收益均衡的角度看,银行存款和国债是最适合的投资工具。从 1993 年开始,国家采取紧缩政策以遏制过热的经济形势,出现了 1993 年 2 月到 1996 年中国股市的第一次大熊市,股票指数大幅下跌,各种调控政策出台,停发新股、暂停期货试点等证券市场整顿措施相继施行,由此可见,股票等投资工具的限制与当时投资环境相符。

---

① 保监会网站相关数据整理得出。

但是出台该政策明显存在较大时滞,从股市开始下滑的1993年到1995年,经历两年时间监管机构才开始限制保险资金在证券市场的投资;而当1996年股市出现利好信息、经济转好时,如规范证券交易程序的政策出台、调整交易方式、道·琼斯推出中国股票指数、新证券公司成立等[①],同时利率也开始下调以刺激经济,种种迹象都表明可运用的有利投资机会增加,而保险资金却专注于银行存款和国债,直至1999年才开始放松。由此看出,保险资金运用整顿政策的出台和调整都与市场发展形势存在较大时滞。

在银行存款和国债占总投资90%左右的投资结构下,利率下调的直接后果是资产组合贬值,从而导致"利差损"产生。在对利差损问题的发现和治理方面,监管的及时性是值得肯定的。1997年4月,总资产达20 609亿日元的日产生命保险公司因巨额利差损破产,紧接着1999年6月总资产达28 046亿日元的东邦人寿保险公司也宣告破产。[②] 监管机构能及时总结外国破产经验,并应用于本国保险公司投资分析中,意识到我国利差损问题的存在,并从承保业务入手对其进行管控。1999年6月10日,保监会发布《关于调整寿险保单预定利率的紧急通知》,规定保单预定利率不能超过年复利的2.5%,并不得附加利差返还条款。对预定利率设置的限制抓住了导致日本保险公司恶性竞争(即提高预定利率争夺市场份额,用新保费弥补亏损,再提高预定利率的恶性循环)的根源,能有效阻止利差损的蔓延。但监管机构只意识到要对引致利差损的因素进行控制,却没有对利差损的形成机制进行有效分析,因此这一时期保险公司的风险管控仍很落后。

利差损反映出当时保险行业资金运用存在以下几个方面问题:

1. 资产负债不匹配

利率下调对保险公司持续经营的影响是通过资产和负债的衔接机制——预定利率、寿险责任准备金评估利率的设定而传导的。从资产方来看,当时保险公司几乎所有的可运用保险资金都投入银行账户和国债投资,如1998年,银行存款占比56.4%,国债占比33.6%,且投资策略并不根据预定利率、市场环境进行调整,不论投资组合表现如何,保险资金都只限于银行存款、国债和金融债券,无法通过预定利率与公司的负债管理相连。此外,单一类型投资工具头寸过大会使得保险资金对利率的变动非常敏感,面临较大利率风险。

从负债方来看,预定利率的设定缺乏科学依据,与投资业务只是通过占总资产比例最大的银行存款利率相连,未考虑投资的长期表现。在市场竞争主体增加的初级阶段,争夺市场份额、抢占市场成为当时保险公司的主要经营目标。但当时的寿险产品只有传统型保单,因此保证利率就无可厚非地成为各公司吸引客户的唯一手段。预定利率往往以银行利率为限,设置为其被允许达到的最高水平,如表

---

① 中国证券市场发展历史. 百度文库:http://wenku.baidu.com/view/8a4603878762caaedd33d4d5.html
② Swiss Re. Japan's Insurance Markets: A Sea Change[J]. Sigma,2000,8:21.

5-1所示,保单预定利率随上一年度银行1年期存款利率而调整,并且调整幅度越来越小,如1996年存款利率为7.47%,1997年保险公司预定利率调整为6.5%,两者相差0.97%,而1997年1年期存款利率下调至5.67%时,1998年保单预定利率被调整为5%,两者仅相差0.67%。此外,精算知识缺乏使得责任准备金的评估不能很好地反映实际投资情况,准备金折现率过于依赖预定利率,而资金收益率低于预定利率,这使得保险公司较少评估了其未来应承担的责任。

表5-1 预定利率与1年期存款利率对照 （单位:%）

调整时间	1996.05.01	1996.08.23	1997.10.23	1998.03.25	1998.07.01	1998.12.07	1999.06.10
1年期存款利率	9.18	7.47	5.67	5.22	4.77	3.78	2.25
保单预定利率	**8.8**		**6.5**		**5**		**2.5**

资料来源:中国农业银行人民币存款利率表:http://www.abchina.com/cn/PublicPlate/Quotation/bwbll/201012/t20101213_45404.htm,刘建强.我国寿险公司利差损实证研究[J].烟台大学学报,2005,18(1).

资产负债不匹配以及银行存款头寸过大,使得保险资金对利率变动很敏感,因此1996—1999年的利率下调给大部分保单后续责任的履行造成较大压力。有丰富保险经验的友邦保险公司1997年前坚持出售预定利率低于6.5%的保单,虽然前期承保业务受到一定影响（这也说明当时保险公司的竞争主要集中在预定利率）,但利率下调并未使其产生较严重的利差损。由此可见,资产负债不匹配是导致利率下调成为保险资金增值制约因素的根本原因。

2. 投资缺乏长期规划

保险公司在确定预定利率时,仅考虑了当前、单一市场的表现情况,保单的长期性未体现在保单设计过程中;此外,保险公司也没有确定长期投资策略以及与特定投资策略相适应的风险管控措施,因此保险资金无法及时识别、利用证券市场环境转好的信息。

3. 保险意识不强

从保单预定利率紧跟银行存款利率调整可以大致推断出,该时期保险公司主要将银行作为竞争对手,群众保险意识缺乏。当时大部分保单购买者都将保单视为银行存款的替代品,忽略其保障本质,而保险公司也仅提供迎合市场需求的产品,没有主动向公众普及保险知识,从而导致保险业的非理性竞争。

从我国该时期出现的"利差损"中可以总结出以下经验:

（1）承保业务和投资业务不能分离开。前一阶段的投资混乱和该阶段的利差损从某种程度上讲,都是因为保险公司过分看重承保业务,而忽略投资业务的主动性,致使投资业务只能依据保险需求开展,缺乏灵活性。1995—1998年间,限制保险资金投资渠道并不是错误的决策,政策失误之处在于调整投资业务的同时没有调整承保业务。这一时期保险公司犯的两个错误,一是依据银行存款利率确定预定利率,而脱离具体保单独特的保障及投资特征;二是未根据预定利率调整投资结构,没有将投资表现反馈给预定利率,均表明投资业务应该和承保业务协同发展。

首先,只关注承保业务的扩张,会使保险市场陷入恶性竞争的怪循环,容易产生资产负债不匹配风险。传统保单在经营过程中,易产生用虚的、未得到投资保证的"保证收益率"吸引潜在客户、扩大销售量的现象,给投资业务造成较大收益压力,容易导致投资策略偏于激进而缺乏与之配套的风险管控措施。

其次,只注重为投资业务减负,将大部分甚至全部投资风险转移给保单所有者,容易造成保险公司现金流不稳定。在新型保单的经营过程中,保单代理人往往过分强调投资部门(或公司)的历史投资业绩,这使得很多客户将保单作为资本市场其他金融工具或理财产品的替代投资品,不利于保险知识的传播,难以使保险市场形成理性的购买者;而且使公司现金流受投资表现影响明显,一旦保险公司的投资收益低于其他保险公司或非保险金融机构,保单持有者便会产生较大的退保激励。不稳定的现金流不利于保险公司的财务管理,且易产生流动性不足风险。

最后,忽略保险资金的负债特性,过于追随资本的逐利性,会导致资产负债安全性不匹配,容易使保险公司产生财务危机。如刚过去的金融危机中,AIG、日本大和生命都偏于通过冒险性的投资策略提高公司的同业竞争力,将较大比例的资金投入信用风险较大的次贷相关债券,从而导致当违约率增加时两大资本雄厚的保险巨头破产。

因此,承保业务要与投资业务协调发展(从某种程度上讲,就是资产负债匹配管理),在保单设计和投资策略之间要形成一个闭合循环。保单设计要考虑当前及未来投资表现,投资表现又应反映在保单负债调整中,如根据投资收益率调整寿险责任准备金折算率等;特别是,销售时要注意对保险保障功能的宣传,以便培养理性消费者,保证保费收入现金流的稳定。

(2)监管机构应当向公众普及保险基础知识。保险公司的保单创新、投资策略变更往往与潜在保单购买者的需求直接相关,若市场将保单定位成类似股票、基金的投资工具,或者是短期理财产品的替代品,则容易导致保险公司在运用资金过程中更偏向于实现短期收益,投资策略偏于冒进,会使寿险保单逐渐失去作为长期规划产品的保障特性。因此向公众普及保险基础知识、培养理性消费者对保险业的规范经营极其重要。国民对保险及风险管理的平均了解程度属于公共品,一方面,单个保险公司宣传保险的保障功能并不能产生广泛、有效的影响,也不会推动公司销售额的成长,反而有可能丧失市场份额,如友邦1995年之前坚持确定低于6.5%的预定利率[①],使其失去较多业务增长机会;另一方面,对单个公司而言宣传成本较高,普及后的利益却是由整个保险行业享有,理性的

---

① 刘晶,胡馨月.对化解我国寿险利差损的思考[J].甘肃农业,2006,1:61.

经济人没有提供知识的激励。该博弈属于囚徒困境类型,纳什均衡是各保险公司均不提供。因此,由第三方——保险监管机构向公众普及与保险和风险管理有关的知识是最优选择。

另外,与保险公司基于长远发展的激励自动调整相比,由监管机构向整个行业下发限制政策更具效力。因为公司管理者在职期间一般比保单存续时间短,与公司长期持续稳定经营相比,短时期收益对管理者自身效益的影响更大。而监管机构设置目的之一就是给各保险公司提供一个公平竞争的平台,普及程度与监管人员的工作能力直接相关,因此由监管机构宣传基础知识最具实际效力。

(3) 关于已产生的利差损。基于资产负债匹配需要,已形成的利差损不能用新吸收的保费收入弥补。由于保单存续时间长,保单整体是否存在利差损还取决于后续的投资表现,提高之后年度的收益率,并在收益高的年份提取增额准备金来补足差额是应对"利差损"的主要方法;而申请退保的保单和整体收益率仍低于预定利率的保单只能使用公司资本金补充,这是为其决策失误付出的代价。

国外成熟市场的寿险公司也曾出现利差损。20 世纪 40 年代后,美国开始出现利差损,最严重的时期有将近一半的公司陷入这场危机;日本从 1991 年开始,几乎所有的保险公司都出现利差损。而英国和德国,由于严格的偿付能力监管和良好的资产负债管理,较少出现利差损情况。综合各国的经验可知,利差损均产生在传统寿险或年金领域,发生利差损的保单的预定利率一般是在经济泡沫或经济形势突然转好的环境下确定的,而紧接着的经济停滞或衰退导致利率风险或汇率风险暴露,保险公司没有及时调整提取责任准备金的折算利率,从而导致保单出现实际亏损。

导致利差损的直接原因是经济逆转使投资出现亏损,但致使"利差损"成为危机的根源是资产负债的不匹配。以成功避开了 1998—1999 年低利率影响的英国为例,当其投资收益率降到 4%(与长期传统寿险产品预定利率大致相同)时,各保险公司及时降低责任准备金的评估利率,以更保守的方法提取准备金,从而避免了收益下降可能导致的公司破产。资产负债匹配是一个动态过程,不仅体现在保单定价、设计过程,还存在于保单的整个存续期间。根据投资情况调整责任准备金,根据保单风险收益特征确定具体投资策略,才能使公司稳定发展。

5.1.3　政策逐步放开阶段(1999 年至今)

一、保险资金运用及风险管控相关法规基本情况

利率下调使保险公司面临严重的利差损,强烈驱动其寻求能使资金保值增值的投资方式,同时,证监会的成立以及股票市场、债券市场的不断发展也推动监管者逐步放松严格的限制条款。根据政策放开的着重点,这一时期保险资金的运用可分为以下三个阶段:

1. 第一阶段(1998—2004年):间接入市,不断探索参与货币市场、债券市场和基金市场的投资方式

保险资金在货币市场日益活跃。1998年10月,中国人民银行允许保险公司加入全国同业拆借市场,从事现券交易,标志着保险资金可以重新开展投资业务。1999年8月,保险公司被批准可以与其他银行间同业市场成员进行债券回购交易,交易品种为中国人民银行批准交易的国债、央行融资券、政策性银行金融债券等债券。2001年6月,平安、太平洋、华泰三家保险公司被全国银行间同业拆借中心评为2000年度优秀交易员,这标志着国内保险公司参与银行间同业拆借业务趋于规范化。

可投资债券的种类日益丰富。1999年5月,保监会出台《保险公司购买中央企业债券管理办法》,规定保险公司可以买卖经国家部委一级批准发行、债券信用评级达AA+以上的铁路、三峡、电力等中央企业债券,并规定保险公司通过一级市场和二级市场购买的各种债券余额不得超过公司总资产的10%。2003年6月,保监会颁布了新的《保险公司投资企业债券管理暂行办法》,将可购买的企业债券的信用评级从AA+放松至AA,但这个评级必须是监管部门认可的信用评级机构发布的评级,并将可投资企业债券余额占总资产的比例提高至20%,同时规定了单品种企业债券允许的投资比例,限定风险。2004年3月,允许保险资金投资银行次级定期债务,6月发布《保险公司投资银行次级债券、银行次级定期债务和企业债券比例的通知》,允许保险资金投资银行次级债券,并规定保险公司投资次级债券的比例不能超过公司上月末总资产的15%,同时上调同一银行次级定期债务和同一期单品种企业债券的投资比例,前者为2%,后者为3%。7月允许投资可转换公司债券,8月允许保险外汇资金境外运用。

间接入市。1999年10月,保监会印发《保险公司投资证券投资基金管理暂行办法》,允许保险资金间接入市,开办证券投资基金业务;根据当时证券投资基金市场规模,已确定保险资金间接进入证券市场的规模为保险公司资产的5%,今后视具体情况适当增加。2000年中国保监会先后批复泰康人寿、华泰财产保险等多家公司投资于证券投资基金的比例提高至不超过上年年末总资产的10%;随后,保监会将平安、新华、中宏等三家保险公司的投资连结险在证券投资基金上的比例从30%放宽至100%。2002年12月,保监会宣布取消包括"保险公司投资基金比例核定"在内的58项行政审批项目。2003年1月,保监会重新修订了《保险公司投资证券投资基金管理暂行办法》,将一般保险产品投资基金的比例上调至15%。

准备直接入市。2002年6月,保监会有关官员在第二届中国证券市场国际研讨会上表示,在现有的投资范围内,积极推动保险公司作为机构投资者将资金直接投入证券市场,将会对保险业、证券业的发展有着重要意义,这为保险资金直接入市埋下了伏笔。8月,周正庆、厉以宁等委员在《保险法修正案(草案)》二审时,呼

吁拓宽保险资金运用渠道。10月,《保险法》修正案获得通过。将原法第一百零四条第三款"保险公司的资金不得用于设立证券经营和向企业投资",修改为第一百零五条第三款"保险公司资金不得用于设立证券经营机构,不得用于设立保险公司以外的企业"。这一规定取消了对保险资金不得向企业投资的规定,为探索保险资金直接入市奠定了法律基础。

保险资金运用在保险公司经营过程中的地位逐渐被认可,2003年,监管部门表示资金运用和承保业务是维持公司稳定经营并驾齐驱的两驾马车,对资金运用实行专业化的监管。风险管控方面的成就表现在以下两个方面:首先,监管趋向规范化,1998年年底,中国保险监督管理协会成立,专职管理保险公司的经营与投资;其次,投资部门逐渐趋向专业运作,兼顾投资收益和风险管理。2001年,中国人寿、中国人保、中国再保险、平安、国泰、太平洋等国内大型保险公司都建立了人、财、物相对独立的保险投资管理机构,在一定程度上这是应新型保单如投资连结险的投资需求而设立的,但这种独立出来的机构能够使公司更清楚地认识到与投资有关的风险,推动风险管理的发展。

2. 第二阶段(2004—2006年):允许保险资金直接入市,并注重风险控制

2004年2月,《国务院关于推进资本市场改革开放和稳定发展的若干意见》中指出,"支持保险资金以多种方式直接投资资本市场……使基金管理公司和保险公司为主的机构投资者成为资本市场的主导力量",反映出国家金融体系对保险资金的重视。紧接着,当年10月24日,中国保险监督管理委员会和中国证监会共同通过了《保险机构投资者股票投资管理暂行办法》,允许保险资产管理公司、保险公司直接从事股票投资。这是自1998年后资金运用的一个转折点,表示新型保单产品在一定程度上能成为一种投资工具,它既是受保险资金增值需求驱动产生,也是应资本市场发展形成。此后,关于保险资金投资股市的文件不断呈现:2005年相继出台了《关于保险机构投资者股票投资交易有关问题的通知》《保险机构投资者股票投资登记结算业务指南》《保险公司股票资产托管指引》和《关于保险资金股票投资有关问题的通知》,使保险资金直接入市的机制不断完善。

除允许保险资金直接入市外,监管机构还完善了债券和外汇资产管理办法。2005年8月22日,中国保监会发布《保险机构投资者债券投资管理暂行办法》,指出要丰富投资品种,分散风险,其中整合了现行保险债券投资政策,并增加了可转换债券、企业短期融资券等新的债券投资品种。2005年9月,保监会颁布了《保险外汇资金境外运用管理暂行办法实施细则》,该法规一方面反映出投资品种多元化的需要,另一方面也是应资产负债匹配需求产生的,海外融资和外汇业务的增长推动外汇投资业务发展以匹配不断增加的外汇负债。监管部门允许保险外汇资金投资中国企业在境外发行的股票,并将结构性存款、住房抵押贷款证券、货币市场基金等成熟品种也纳入保险外汇资金投资范围。

在风险管控方面,保监会开始出台专门针对资金运用风险的法规文件。2004年6月1日施行的《保险资金运用风险控制指引(试行)》,对保险公司和保险资产管理公司的保险资金运用风险控制体系提出具体要求,并明确规定保险公司应有独立于资金运用业务的部门,负责检查、评价和报告与保险资金运用有关的风险控制的执行情况。同年6月,保监会开始施行《保险资产管理公司管理暂行规定》,规定了资产管理公司成立的条件、强制要求设立的部门(如资产负债管理部门)、可经营的业务、清算破产事宜等,反映出保监会对资金运用风险的重视。

3. 第三阶段(2006年至今):保险资金开始探索银行股权投资、基础设施建设以及境外投资等领域,风险管理体系进一步完善

2006年,颁布《国务院关于保险业改革发展的若干意见》(简称"国十条"),明确了保险业发展对国民经济的重大意义,明确指出要不断拓宽保险资金运用渠道和范围,将保险资金运用和风险防范提升到一个新层次。

2006年10月,保监会发布《关于保险机构投资商业银行股权的通知》,允许保险资金投资商业银行股权(包括上市股票和未上市银行股权)。年底,保险行业已完成对中国银行、工商银行、广东发展银行、中信证券以及国家电网的股权投资。

保险资金开始进入基础设施领域:2006年,铁道部决定向保险资金定向募集500亿到800亿元的先期项目资金,投资于北京至上海的铁路线改造工程。境外资金不断积累,截至2007年6月底,保险境外投资余额折合人民币约197亿元;同年7月,保监会同有关部门共同发布《保险资金境外投资管理暂行办法》,规定了境外投资委托人和受托人的资格条件以及投资管理的要求,并规定境外投资总额不得超过上年年末总资产的15%,投资范围从固定收益类拓宽到股票、基金等权益类产品。

这个时期最具代表性的法律文件是2010年8月5日颁布的《保险资金运用管理暂行办法》,它是保险法修订(2009年3月3日的二次修订)实施后关于保险资金运用的基础性规章,是其他规范性文件设定投资渠道和比例、风险管理政策的明确依据。

二、保险行业经营情况

1999年到2006年,我国保费收入快速增长,从1 393.2亿元增长到2006年的5 641.4亿元,平均每年增加22.6%;可运用资金迅速增长,平均每年增加38.9%,特别是刚加入WTO的两年内增速高达51.6%,可运用资金规模从1999年的1 817.4亿元增加到2006年的17 785.4亿元。从投资收益率来看,表现较平稳,没有较严重波动,但整体水平较低,平均仅为3.87%,远远低于20世纪90年代确定的预定利率——平均为6.76%(见表5-1),2003年和2004年甚至在3%以下,分别为2.68%和2.87%(见表5-2)。资产总额和资金运用率也不断提高,至2006年年末,保险行业总资产已达1.97万亿元,比2005年年末增长28.99%;可运用余额

为1.78万亿元，比年初增长26.2%，资金运用率达到90.36%，远远高于1998年的25%。

表5-2　1999—2006年保险资金运用情况　　　　　　　　（单位：亿元）

项目	1999年	2000年	2001年	2002年	2003年	2004年	2005年	2006年
保费收入	1 393.2	1 595.9	2 109.4	3 053.1	3 880.4	4 318.1	4 927.3	5 641.4
可运用资金	1 817.4	2 538.6	3 643.2	5 530.3	8 378.5	10 680.7	14 135.8	17 785.4
投资收益率		3.59%	4.30%	3.14%	2.68%	2.87%	3.60%	5.80%

资料来源：中国保监会网站、国研网整理。

投资结构趋向多元化。2006年保险资金投资债券、存款、基金、股票（含股权）的资金额分别为9 452亿元、5 989亿元、913亿元和929亿元。2005年，债券取代银行存款成为保险公司第一大资产，当年6月，投资于债券和银行存款的资金占比分别为49.78%和40.7%，实现了资金的历史性变化，之后银行存款占比迅速减少，2006年这一比例由2001年的53%下降至33.67%[①]，而债券占比则由39%增加到53.14%。并且债券结构中国债所占权重也在减少，从1999年几乎全部为国债下降到2006年的38.6%。但固定收益产品的总比重却没有明显减少，仅从2001年的92%降低到86.81%。具有改革意义的是，保险资金已准许进入股市，并且股票投资占总投资的比例已达5.22%。

在保险资金的专业化运作上，继2003年中国人保和中国人寿分别成立保险资产管理公司后，2005年平安、中再、华泰也分离出资产管理公司，至2006年年末，保险资产管理市场已初步形成"9+1"格局，即9家中资和1家外资公司。2006年，由资产管理公司管理的保险资金占行业总资产的比例高达86.9%，相比2005年年末提高了6.53%；拥有的专业人员数从2003年成立之初的200人增加到600多人。

保险资金运用的风险管控逐渐趋于灵活和专业化，监管的重点从严格限制各项资产投资比例转化为控制偿付能力、投资决策和交易风险，推动保险公司追求"安全性、收益性和流动性"均衡发展。

三、保险资金运用的评价

本部分主要对1999—2006年间的保险资金运用进行分析，2006年至今将在下一节现状分析中探讨。

该阶段最大成就表现在对前一阶段利差损的后续处理。保险公司一方面下调传统保单的预定利率，增强保单定价的科学性，加强精算制度建设，另一方面积极开发新产品，改变投资风险完全由保险公司承担的不合理状态，如1999年推出投资连结险、2000年的万能寿险等，以一种与保单所有者共同承担投资风险的方式

[①] 保监会网站数据整理。

来减少投资表现不佳对保险公司经营稳定的影响。从表5-3可看出,非分红产品由2000年的91.70%减少到2001年的41.06%,寿险产品结构开始偏向新型品种,分红产品的比重增加到38.6%。产品结构的改变标志着保险公司已开始注重资产负债的匹配管理。但值得商榷的是,分红保险绝大部分是趸缴销售,而大量的趸缴保费会加大不同年份现金流的差异,甚至导致某些年份现金流的短缺。此外,保险监管不断放松对资金运用的限制,特别是2005年允许保险资金直接入市是促使2005—2006年资金收益率提高的主要原因。

表5-3 寿险产品结构对比分析 （单位:%）

年份	非分红产品	分红产品	投连险	万能产品	总产品
2000	91.70	2.34	4.51	1.45	100
2001	41.06	38.60	14.33	6.01	100

资料来源:2001—2001年《中国保险年鉴》。

但同时,随着投资工具的放开,这一时期各种投资风险不断涌现。

1. 投资收益率水平低

由图5-1可看出,2000—2006年出现的最高投资收益率仅为5.80%,远远低于前期预定利率水平,2004年的行业平均收益率(2.90%)甚至小于通货膨胀率(3.90%),这表明保险投资的专业化程度亟待提高。纵向对比来看,2004年的实际投资收益率(-1.80%)远低于1998年的5.69%,但利差损现象却没有20世纪表现得严重,这种反差现象肯定了保险公司资产负债管理的努力,新型保单的出现起到功不可没的作用。较低的收益率(特别是当其无法赶上物价水平上涨时)容易引发潜在保单所有者的信任危机,尤其是当代理市场混乱,销售人员以过分夸大

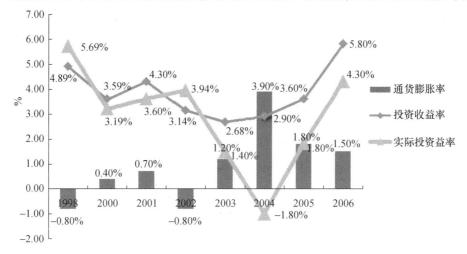

图5-1 2000—2006年投资收益分析

资料来源:中国保监会网站、中华人民共和国统计局网站。

寿险公司预期收益率来吸引客户时,情况更为严重。若消费者开始质疑保险公司的投资甚至保障功能,则会引致保费收入急剧下降,进而引发流动性不足风险。正如20世纪90年代日本因发生对保险公司的信任危机,退保率上升、保费现金流入大量减少,是导致利差损产生、破产增加的重要原因之一。

导致投资收益率低的原因主要是保险公司投资结构不合理,以2004年为例,我国保险资金中有49.23%投入银行存款,23.57%投资国债,证券投资基金仅占5.11%[①],而当年1年期银行存款利率仅为2.25%,国债利率也普遍在3%以下,这就拉低了资金的平均收益率。之后两年保险资金充分实行与时俱进的原则,积极分析经济形势和资本市场发展趋势,找准时机注入闲置资金,获得收益率的较大增长。随着我国债券市场规模不断扩大(2005年债券托管总量已达72 172亿元,同比增长39.8%),品种日益丰富(新增中央银行票据、商业银行金融债、商业银行次级等),保险公司提高资产配置中债券占比,使其取代银行存款成为最大的投资品种;此外,随着股市转好,保险资金还进入股票投资领域,2006年证券投资实现的收益占当年总收益的比例高达77.2%。由此可看出,投资品种的放开,使得保险资金投资收益率逐步得到改善。

2. 市场价格风险增大

允许保险投资基金和股票可以提高收益率,同时也使保险公司面临市场价格风险。如2002年,在允许保险资金间接入市的第三年,有将近180亿元的巨额保险资金投资封闭式基金,而当年基金表现不佳,11月指数跌破1 000点整数关,保险资产缩水,致使一些公司出现上亿元损失。从这次事件中可看出,在不断拓宽投资渠道的同时,保险公司应加强对各资产风险类型及其他特性(如流动性等)的认识并采取相应的风险管理措施;投资行动的执行不能完全依赖政策指引,保险公司自身也应加强对市场的分析以合理配置资产。

3. 内部操作风险严重

操作风险主要表现为两种类型:一是私自决定投资策略,如2007年平安投资富通失败一部分原因就是操作流程失误,决策未经股东大会审议;二是内部人员的诈骗,如新华人寿的关国亮案以及王付荣案。王付荣作为江苏泰州中心支公司副总经理,在六年多时间内,利用职务之便诈骗、挪用和侵占保险资金约3.5亿元。同一家公司出现两起严重内部欺诈案,反映保险公司内部约束机制不完善,亟须整顿。此外,在银行存款、银行保险等领域,还存在内部人员与银行工作人员相互勾结以获私利等现象。

4. 委托代理风险突出

由于历史原因,许多保险公司将部分资产托管给证券公司,而一些券商在非经保险公司同意下,挪用债券进行回购融资,以购买股票和其他投资品,这一方面影

---

① 保监会网站数据整理:http://www.circ.gov.cn/web/site0/tab454/i18326.htm

响保险公司的资产结构,使其产生意料之外的变动;另一方面也存在资产无法收回的风险。2004年,从南方证券被行政接管,到汉唐等四券商关门,使得十余亿元托管的保险资金面临无法收回的风险。导致东方人寿在成立3年后即暂停营业的直接原因就是委托给德隆系证券公司理财的7亿元资金无法收回,从而因资本金不足而被勒令停业。监管者及时意识到委托代理问题的严重性,积极推动保险资产管理公司的成立以及保险资金的入市(以便使资金信誉更好的基金进行管理)。在我国各大资本市场机制并非完善的情况下,委托代理、操作风险等人文风险因素是威胁保险公司资产稳定的一大重要因素,在管理外部市场风险的同时,管理者要注意完善内部治理结构及约束制度。

5.2 我国保险资金运用及风险管控现状

下面从四个方面来考察保险资金运用的现状特征,即保险资金运用规模、结构、风险管控现状以及外部环境。总体来讲,近几年我国保险资金运用得到较大改善,规模增长速度加快,结构优化,风险管理技术得到充实,外部环境也较为宽松。

5.2.1 保险资金运用规模

目前,我国保险市场共有158家保险公司(包括保险集团公司)[①],竞争主体逐渐增多。保险资金投资运作专业化趋势明显,各大保险公司开始成立专门管理股权投资、不动产投资等新型投资方式的公司,如人保集团成立人保资本投资管理有限公司,专门开展直接股权投资、债券投资等非交易业务。

最近几年,保险公司的规模出现较大幅度的增长,实现了几次突破:2009年保费收入首次突破1万亿元,2011年保险公司可运用资金余额突破5万亿元;2007年投资收益率首次突破10%,达12.17%,是新世纪收益率最高值。

从图5-2可看出,保费收入在2007—2010年呈稳步上升趋势,并与投资收益率呈现出滞后正相关关系,如2007年投资收益率为极大值12.17%,投资收益增大使潜在保单所有者对保险公司的信任增加,保单需求增多,这是导致2008年保费收入增长40.0%的重要因素;而当受2008年金融危机影响,投资收益率下降到1.91%水平时,保费收入增长率迅速减少到13.3%。计算得两者滞后相关系数高达0.78,这表明前一年度投资收益率是影响当年保费收入的一大重要因素,要维持现金流入的稳定,需要保持较高的投资收益率。此外,2011年保费收入较上年减少了1.4%,这主要是由于该年投资收益率低于银行短期理财产品,导致银保渠

---

① 保监会网站数据。

道的保费收入减少,这种暂时性的需求转向会随着短期理财产品制度的规范和居民收益率预期趋于稳定而迅速回归。在可预见的未来几年,保费收入仍会呈现平稳增长。

图 5-2　2007—2010 年投资收益率与保费增长率对比分析

资料来源:保监会网站及新浪财经相关数据整理。

表 5-4 反映了新增保费进行投资的基本情况,从中可看出,当年保费收入中投入运用的保险资金占比在 2007 年达到最高,为 97.8%,即几乎所有的新增保费都进行投资;之后该比例呈现逐年减少态势。在图 5-3 中将其与投资收益率进行比较可知,整体上新增保费收入中用于投资的量随投资收益的表现优劣进行相应调整,收益高的年份投资比例也高,两者相关系数高达 0.92,几乎完全正相关;另外,在 2009—2011 年投资收益率下降的年份里,该比例也增大,即剔除外界经济因素的影响,新增保费收入中资金运用比例仍在增大,这表明保险公司的投资意愿逐年增强。

表 5-4　2007—2011 年保险资金规模分析

年份	保费收入（亿元）	保费增长比例（%）	可运用保险资金（万亿元）		新增保费收入中可运用资金占比（%）
			余额	增量	
2007	0.7	25.0	2.67	0.90	97.8
2008	0.98	40.0	3.05	0.38	33.6
2009	1.11	13.3	3.74	0.69	44.5
2010	1.45	30.6	4.60	0.86	47.9
2011	1.43	-1.4	5.54	0.94	54.2

资料来源:保监会年度相关数据整理。

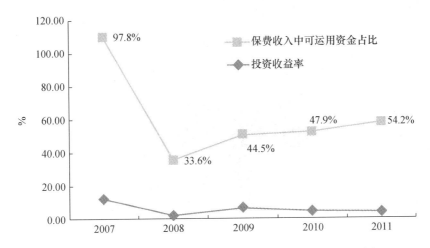

图 5-3 投资收益率与新增保费收入中可运用资金占比对比分析
资料来源:保监会网站。

5.2.2 保险资金投资结构

下面以与行业平均水平相当的太平洋保险公司为例来分析保险资金结构的现状。整理太平洋保险公司信息披露中的数据,可得出以下两个图。从图 5-4 中可看出,银行存款占总资产的比例已从 2003 年的 52.1%(保险行业数据)下降到 2010 年的 25.8%,国债的比例由 23.6% 下降到 8.9%,基金占比变动不大,由 6% 变为 5.8%。与 2003 年相比,2010 年的资产组合中新增了企业债、金融债、股票和投资性房地产等新型投资工具。企业债占总投资资产(包括银行存款)的比例为 25.8%,低于保监会的限制比例 40%,企业债券取代银行存款成为保险公司最大的投资产品。股票和基金的总投资比例为 11.8%。比较 2009 年和 2010 年两年的数据,可以看到各项比例变动不大,主要是股票投资下降了两个百分点。总体来讲,我国保险资金投资结构在不断优化,但同时由于资本市场投资工具及制度的制约,仍存在一些不合理之处,如以银行存款和债券为主的固定收益证券占总投资资产的比例高达 80.4%,使得保险资金对利率的变动很敏感。

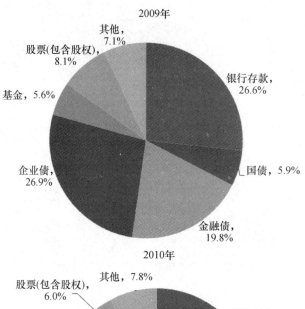
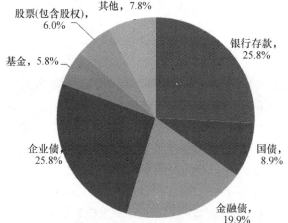

图 5-4　2009—2010 年太平洋保险公司资产结构

资料来源：太平洋保险公司年度报告。

此外，投资结构中比较重大的变化是出现了不动产投资和股权投资。截至 2010 年 9 月，已有 7 家资产管理公司发起设立了 23 项基础设施债权投资计划、6 项股权投资计划和 8 只资产管理产品，累计募集资金 954.5 亿元；间接股权投资即股权投资基金正处于起步阶段，目前保险公司仅投资了 4 只投资基金，即中国人寿投资的绵阳科技城产业基金和渤海基金，平安集团投资的西部能源股权投资基金和长江产业投资基金。

在负债结构方面，我国寿险资金来源中，20 年以上的资金约占 48%，5—20 年的资金约占 25%，5 年以下的资金约占 27%，负债的平均期限为 15—18 年[①]，当前

---

① 解强.我国保险资金运用风险分析[J].福建金融管理干部学院学报,2008(3):32.

我国保险公司资产的平均期限大约为4—7年,结构难以与负债匹配,导致资产平均期限短的主要原因在于资本市场上长期投资品缺乏。长期资金投资短期产品一方面使得风险暴露头寸大,另一方面也影响保险公司收益率的提高。但整体来讲,我国保险资金逐渐多元化,债券市场、股票市场、基金市场、货币市场、不动产市场、境外投资等都有涉及,有利于提高收益率,在各个市场间分散风险,减少汇兑损失。

5.2.3 保险资金运用环境

一、监管环境

2010年第66号文件《关于调整保险资金投资政策有关问题的通知》是近年来相对有效力的法律文件,它总括地概述了近几年的投资政策并进行一定调整。根据近几年的相关法规文件,可整理出以下投资限制规定:(1)诸如银行活期存款、货币市场基金等流动性资产的比例不得低于公司总资产的5%。(2)固定权益类资产:保险公司可投资的债券种类有国债、地方政府债券以及企业债券。上文所提的《通知》明确标示了可投资的有担保债券和无担保债券品种,其中有担保债券包括有担保的企业债券、有担保的公司债券、有担保的可转换公司债券和有担保的公开发行的证券公司债券。该文件还规定了保险公司可投资债券的信用级别及最高比例:有担保债券的投资总额没有限制规定(但不得超过单品种发行额的20%),无担保债券不能超过上季度总资产的20%,投资公司债券的比例限制则变更为40%。(3)权益类投资:投资股票和股票型基金的总限制比例为20%;证券行投资基金不得超过总资产的15%,且其与股票的总投资额不得超过公司上季末总资产的25%;对境外投资额的限制比例为15%。(4)投资股权:保险资金可直接投资股权,但仅限于保险类企业、非保险类金融企业和与保险业务相关的养老、医疗、汽车服务等企业的股权;另外,保险资金也可通过投资基金间接投资股权,但不得超过基金发行规模的20%。(5)不动产项目:保险公司可以物权、债券、股权的方式投资不动产,包括基础设施不动产、非基础设施不动产以及不动产相关金融产品,其中基础设施不动产主要包括交通、通信、能源、市政、环境保护等国家级重点基础设施项目。保险资金不得进行房地产炒作,也不能投资开发或者销售商业住宅等。保险资金投资基础设施债权投资计划的余额不得高于公司上季末总资产的10%,其中投资不动产相关金融产品的账面余额不得高于总资产的3%。[①] 从目前投资政策中可看出,监管机构对保险资金的管控逐渐趋向于限制类别比例总量,而同一类型中的各种投资工具可灵活配置的宽松监管。

近几年为促进资本市场的发展,保险资金运用监管环境逐渐宽松,保险公司在以更加灵活的手段配置资产的同时,更要注意各种风险的防范。这既有利于公司的长远持续发展,同时也可以应对随时可变的政策环境。

---

① 以上由保监会网站规范性文件整理得出。

二、银行存款

保险公司持有银行存款的目的是保证安全性和流动性,面临的风险主要是利率风险。央行自 2010 年下半年开始持续加息,2011 年三次上调银行利率,1 年期存款利率由 3.00% 上调至 3.50%,目前 5 年期定存利率已达 5.5%,而保险公司与银行的大额协议存款利率基本在 6% 左右,由此可看出,目前较短时期内保险资金投资存款的收益会增加;且由于短期内我国利率尚不能完全市场化,受政策调控较大,因此利率会保持相对稳定,银行存款面临的利率并不大。但从长期来看,我国正处于着力发展经济阶段,因此利率整体水平仍保持在一个相对较低的水平。

三、债券市场

近年来,我国保险资金债券投资结构发生了较大变化,从以国债为主发展到以金融债券为主,2010 年开始企业债券占据主体地位。以太平洋为例,金融债券占总投资资产比例为 20%,企业债券占比 26%。至 2010 年,保险公司已成为企业债的最大持有者,其持有额占企业债券总额的 38.2%,其次才是商业银行,占比为 35.1%。债券投资结构的转变主要得益于债券市场的不断完善。最近几年,债券市场的参与主体逐渐丰富,形成了以金融机构为主体、其他机构投资者共同参与的多元化格局;债券市场的规模也迅速扩大,2010 年债券余额达 20.4 万亿元,据 BIS (Bank for International Settlements)统计,我国债券市场规模已跃居世界第 5 位、亚洲第 2 位;同时,目前我国国债的安全性很高,2010 年财政赤字率(中央财政赤字占 GDP 的比重)为 2.5%,2011 年下降到 1.1%,远低于欧盟规定的 3% 的警戒线;同年国债负担率(国债余额占 GDP 的比重)为 17.9%,政策性金融机构发行的金融债券约占 GDP 的 6%,三类地方政府债券总额为 10.72 万亿元,占当年 GDP 的 26.9%(三类债券中有些不需要政府全额承担偿付责任)[①],保守来看我国公共部门总体债务率为 50.8%,远低于欧盟规定的预警水平 60%。再加上我国正处于 GDP 快速增长的时期,如 2011 年 GDP 增长 9.2%,当前我国政府部门的发债能力和偿债能力都能得到足够保证。这一方面确保了投资政府债券的保险资金有足够安全性,另一方面也表示在未来一段时间内将会有较多的长期债券供应,有利于保险公司长期负债的匹配。但目前我国债券市场仍存在一些制约保险资金高效低风险运用的不利因素:

1. 收益率不高

保险公司投资债券的收益率在 4% 左右浮动,波动性不大但收益率也不高。持续性的、不断积累的流动性过剩已成为当前金融体系的基本特征,资金供应充足是导致收益率低的一大重要原因。就保险公司投资的各种债券来说,企业债的平均收益率要高于金融债券,而金融债券又略高于国债。

---

① 根据中华人民共和国统计局网站数据自行测算得出:http://www.stats.gov.cn/tjsj/ndsj/2011/indexch.htm

2. 流动性较差

债券总体规模仍有待增大,且国债中有将近4/5由商业银行掌握,实际流通量少,不利于资金进出。我国债券的二级市场仅限于交易所市场,贴现、抵押等票据行为不活跃,企业债券上市规模较小,不能以较低的交易成本迅速变现,国债和金融债二级市场的活跃度要高于企业债券,保险公司为获得略高于国债的企业债券收益率,需要同时承担流动性风险和信用风险。企业债券的场外柜台交易不够规范,而未上市企业债券的流通受到更大限制,因此在目前情况下,还缺乏放宽保险公司可投资企业债券种类的客观环境。

3. 结构失衡

我国债券市场以政府债券为主,国债、政策性金融债及其他政府债券占我国债券市场总量的90.3%,而企业债券仅占5.2%[1],公司债市场发展滞后。同时,企业债券的发行利率不高于同期银行存款利率的40%,利率上限使得公司债的类型单一,各债券收益率大致相当,收益率未能反映特定债券的信用风险大小,不利于保险公司根据自身的风险承受能力选择债券,也无法较大程度提高资金收益率;此外,企业债券主要以3—5年期为主,期限配置不灵活。

国债的期限以2—10年期的中期债券为主,近几年政府接连发行了几次长期债券,最终形成的利率也在4%(低于5年期国债利率6%)附近浮动,与中期债券差别不大,反映出长期国债市场极大的供需不平衡。但近几年不断发行的长期债券有利于保险公司实现资产负债匹配,同时,随着长期债券规模的扩大,收益率也有望提高,对保险公司十分有利。

4. 信用评级水平落后

保险公司作为投资者,要根据债券的信用风险和收益选择合适的品种,但我国信用评级体系建设较晚,缺乏专业性和独立性,给保险公司的风险管理造成一定障碍。企业债券的评级机构由发行人和承销商选择,并由其支付评级费用,中间不可避免地牵涉不同利益方的博弈;再加上评级机构未受到较好的监督,致使信用评级可信度较低;评级市场没有统一的评级标准,经不同公司评定的评级结果缺乏可比性。此外,评级机构也缺乏对标的公司的持续跟踪评定制度,信用评级无法及时反映公司财务状况的变动,使得保险公司无法准确及时地调整资产结构以管理风险。因此,在当前情况下,保险公司不能过于依赖评级机构的评级结果,对于金额较大的债券投资,主要还得借助公司内部信用风险管理部门提交的分析报告。

四、股票/股权投资市场

目前我国保险资金进行股票/股权投资的方式主要有以下六种:未上市公司股权、上市公司的非公开发行股权、IPO战略投资、IPO网下限购、IPO网上申购以及

---

[1] 段吉超.我国债券市场发展中存在的问题及对策[J].金融天地,2011(4):159.

从二级市场上购买。[①] 长期股权投资股权投资是能给保险公司带来较高收益率的长期投资方式,如 2010 年中国人寿拥有的 20% 广发行股份给其带来了 19.17 亿元的净损益,按权益法计算的投资收益率高达 22%。[②] 但非公开发行股权和 IPO 战略投资所需金额巨大,要求保险公司有雄厚的资金实力和风险管理能力,并成立专门管理该基金的机构,因此只有大型保险公司方能参与直接股权投资。间接股权投资是通过加入特定股权投资基金完成,但目前投资基金市场缺乏与之配套的监管机构和法律法规,且合适的机构投资者较少,风险较高。因此基于安全性考虑,当前保险公司应主要参与具有政府背景的产业基金或其他成熟基金,只有随着 PE 市场发展、可选择基金的数量增加,才能加大保险资金股权投资的改革力度。

一般保险公司主要通过后两种方式投资股票市场,主要面临股票市场价格波动风险。目前我国的股票市场有以下特征。

1. 波动性

我国股市受政策影响较大,居民投资理念不成熟,追涨杀跌现象明显,导致一直以来股价波动性很大。但随着股票市场不断发展,波动情况逐年得到改善。如图 5-5 所示,波动率自 1995 年的 80 个基点下降到 2010 年的 48 个基点,而且自 2008 年以来,波动率明显下降,2009 年和 2010 年波动率平均下浮 18.31%,反映出短期内我国股市稳定性的趋势。但另一方面,由图中也可看出,波动率与市场表现密切相关,无论是在 2007 年股市利好还是 2008 年股市低迷时期,波动率均超过 60%,达到近几年最高点,表明我国股市应对冲击的能力不强,股市转好或转坏时市场价格风险均较大。

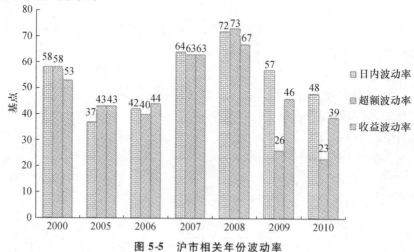

图 5-5　沪市相关年份波动率

资料来源:上海证券交易所质量报告。

[①] 李强. 我国保险资金投资股票市场问题研究[D]. 苏州:苏州大学,2009:23.
[②] 中国人寿. 2011 年度报告[R]. http://www.e-chinalife.com/IRchannel/http/gb2312/report.html

2. 流动性

从国际上来看,新兴股票市场中属深沪股市的流动性水平最高,近十几年来,我国股市的流动性水平日益改善。沪市价格冲击指数(买卖一定金额股票对股票价格产生的冲击)从1995年(以90万为例)的2 115个基点下降到2010年的44个基点(见图5-6),流动性指数(使价格上涨1%所需要的买入金额和使价格下跌1%所需要的卖出金额的均值)从1995年的66万元增加到2010年的387万元(见图5-7),买卖行为对股票价格的影响越来越小,表明股票市场规模日益增大,流动性越来越强。

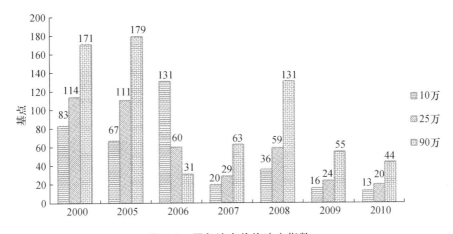

图5-6 历年沪市价格冲击指数

资料来源:上海证券交易所市场质量报告(2011年)。

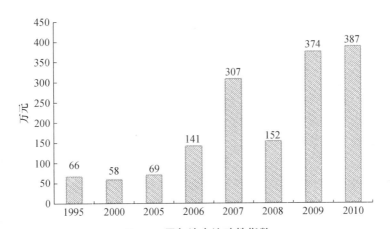

图5-7 历年沪市流动性指数

资料来源:上海证券交易所市场质量报告(2011年)。

3. 有效性

股票市场主要用市场效率指数来揭示价格反映信息的能力,市场效率指数是股票长期收益率方差和短期收益率方差之比,指数越接近1说明定价效率越高。图5-8是近年来日内市场效率指数的变化情况。由图中可看出,日内市场效率指数在2007年最接近1,仅相差0.05,市场有效性最高,表明在一定程度上市场效率与市场活跃度相关,市场越活跃,规模越大,股票价格反映信息的速度和准确性也越高;近年来,日内市场效率指数呈下降趋势,表明我国股市的有效性在不断提高。

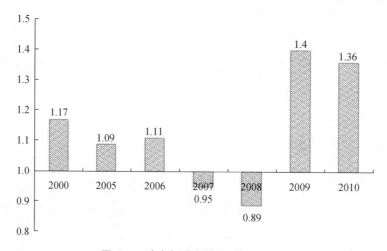

图5-8　沪市相关年份市场效率指数
资料来源:上海证券交易所市场质量报告(2011年)。

由于我国股市参与者机构投资者占比不大,散户的投资理念不成熟,受市场舆论影响较大,而机构投资者未能较好地发挥引导股市的作用,导致投机性较强;再加上我国股市带有明显的政策特征,整体来讲,目前我国股票市场仍是弱有效的。如图5-8所示,2010年效率指数远高于1,证券市场价格不能有效反映市场信息。此外,各上市公司的信息披露存在较大时滞,甚至恶意隐瞒财务变动等不利信息,导致投资者难以及时准确地调整对股票价值的评估。以上两问题的存在,阻碍保险公司施行获取信息、评价风险、根据自身风险偏好选择股票的理性投资程序。

虽然我国股票市场仍然存在各种问题,但受保险资金保值增值的特性驱使,保险公司投资股票是必然的。保险资金投资股票的收益率要远高于其他投资品种,如表5-5所示,除2008年受金融危机影响致使股票投资收益率为-9.9%外,其他各年份都远高于平均收益率,是保险公司投资收益率提高的主要原因,实际上两者的相关系数高达0.86。

表 5-5　保险公司平均收益率和投资股票收益率的对比[①]　　（单位:%）

项目	2005年	2006年	2007年	2008年	2009年
股票投资收益率	6.0	27.1	31.7	-9.9	16.4
保险业平均收益率	3.6	5.8	12.2	1.9	6.4

资料来源:新闻数据整理及保监会网站。

五、不动产领域

保险资金投资不动产主要涉及房地产和基础设施领域,投资房地产主要是购买廉租房、自用办公楼、商业物业和养老实体等,并不参与风险较高的商业住宅买卖。其中,基础设施投资、商业物业的投资收益率平均在7%—8%,高于银行存款和债券利率,能有效抵御通货膨胀风险;更重要的是其现金流稳定,是较好的中长期投资品种,有利于保险公司的资产负债匹配。廉租房和养老实体则受到减税等国家政策支持,资金的安全性和稳定性得到保证。不动产投资给保险公司资产负债匹配、收益率的增加提供了新途径。主要是回收期限长、投资金额大、易主困难、流动性差,不能合理地变现应付保险公司的现金流需要,因此当前直接投资不动产领域仅适用于资金实力雄厚的保险公司。

六、金融衍生品市场

我国金融衍生品市场不断发展,股指期货的推出标志着我国衍生品市场发展进入一个新台阶。2010年4月16日,沪深300股指期货上市,一年多以来,运行平稳,套期保值业务稳步增长,相关部门对其采取严格的风险管理措施,短期内安全性较高,保险公司可利用股指期货锁定股票市场价格风险。此外,保监会允许保险公司通过利率互换业务,管理固定收益资产如债券等的利率风险。金融衍生品市场在未来几年将会有较大发展,有利于保险资金的风险管控。但是金融衍生品的信息披露不充分,杠杆效应强,交易制度正处于建设之中,相关专业人才缺乏,在保险公司尤为如此,因此在短时期内,可为保险公司利用的金融衍生品极其有限。

5.2.4　风险管控现状

目前我国保险市场已有11家中资保险资产管理公司和1家外资保险公司,大部分小保险公司如合众人寿等均采用内设投资部或委托保险资产管理公司和其他专业投资机构代为管理的模式进行资金运作;风险管理的政策也不再仅仅表现为限制投资比例,而是独立于资金运作,通过专门的风险评估部门和资产负债管理部门单独执行。保险资金的风险管理日趋成熟,主要在以下几个方面取得进展。

一、监管机构注重资产负债匹配管理,开始结合投资业务和承保业务

保监会积极推进保险产品设计、销售和投资协调机制的建立,以合理确定产品

[①] 熊立军.我国商业保险资金的股市投资策略及风险管控研究[D].福建:集美大学,2010:26.

价格。2009年2月16日发布《关于加强保险资产配置风险管理的通知》，规定保险公司应当根据资产负债匹配原则，以保险产品为基础，确定资产配置方案，防范资产错配风险。

二、信用风险和股票投资管理专业化程度得到提升

信用风险和股票价格风险不再是通过限制总比例和信用级别进行简单的评估和管理。2009年4月7日保监会发布《关于加强资产管理能力建设的通知》，制定了保险公司股票投资管理能力和信用风险管理能力的基本标准，标志着监管机构对保险公司股票市场价格风险和信用风险的统一管理，进入风险管理的相对成熟阶段。当前保险公司主要通过压力测试系统管理股票风险，对股票仓位、行业集中度、个股集中度等进行压力测试；各保险公司内部均设独立的信用风险评估部门（或岗位），负责评估固定收益证券和交易对手的偿债能力和意愿，并有相应的信用风险管理人员进行风险跟踪与检测以及制定违约事件发生时的处理方案。

三、注意操作风险的管理

为了应对内部人员相互勾结，保险公司（或保险资产管理公司）在投资人员和交易人员、投资管理人员和风险评估人员、风险评估人员和风险管理人员等利益相关方之间建立起防火墙机制。保险公司（或保险资产管理公司）设有独立的交易部门，每日进行交易记录，并配有集中交易监测、预警和反馈系统。

四、重大事件监测预警和应急处理方案

保险公司对已造成或可能造成资产较大损失（总资产1%）或影响重大的事件，如金融市场剧烈波动等，均备有监测评估和应急处理方案，并对其进行分类控制，如保监会对不同程度的偿付能力不足采取不同的监管措施，尽可能减少预料之外事件的发生。

五、当前主要的风险管理技术

目前各保险公司应用的风险管控技术主要有风险价值法、压力测试、情景分析、敏感性分析等，其中风险价值主要用来测量各种投资工具的最大损失，压力测试主要应用在股票和基金投资领域，以获取关于保险公司对市场变动的风险承受能力信息。情景分析主要用于保险公司的动态偿付能力评估，保监会规定了保险公司必测的不利情景，主要包括费用率、投资收益率、保费增长率、红利支出水平等会影响现金流的比率的不利变动，并特别要求测试在股票和基金投资价值发生剧烈不利变动的情景下，如上市股票和基金在报告年度后第一年亏损30%、第二年和第三年投资收益率为0，保险公司的偿付能力。当前保险公司应用的资产负债管理技术主要有免疫策略和情景分析，均是用来管理由利率变动引起的资产负债不匹配，其中，情景分析所设计的情景是基准利率10年间的变化情况。

六、可用金融衍生品对冲资本市场风险

2010年颁布的《保险资金运用管理暂行办法》中明确规定，保险资金可购买金融衍生品对冲风险，目前保险公司参与的衍生品业务主要有融资融券、远期外汇合

同以及利率互换。据保监会前主席吴定富表示,"十二五"期间将出台保险资产融资融券办法和衍生产品管理办法,由此可见,保险资金投资金融衍生品市场即将进入规范发展阶段。

七、保险资产管理公司设立子公司,从事专项资产管理业务

为更好地管理新放开的投资品种(股权、不动产等),保险公司成立独立的投资团队或投资子公司进行专业化管理,如中国人寿集团在其资产管理公司之外另设投资平台——国寿投资控股有限公司,主要进行股权投资、不动产投资、资产管理等,再如前文所提的人保资本投资管理有限公司等。同时,保监会也于2011年4月20日发布《保险资产管理公司管理暂行规定》,明确表示保险资产管理公司可设立子公司,从事专项资产管理业务。这标志着保险公司的投资和资产管理逐渐步入专业化阶段。

八、风险管理系统逐渐趋向规范化

当前我国大型保险公司资金运用的风险管理系统大致分为三个层次,即方案执行、决策制定和监督管理。以中国人寿为例,其风险管理有三道防线,第一道防线由各职能部门组成,进行业务风险前端识别、评估和报告;第二道防线包括董事会风险管理委员会、战略与投资管理委员会、风险管理部门等,负责制定风险限额和标准、协调各类风险制度等;第三道防线由董事会审计委员会和公司内部监察部门组成,负责对公司已建立的风险管理流程和风险控制程序进行监督。

5.3 保险资金运用风险管控问题

我国保险资金运用的效率水平及风险管理能力在不断提高,但由于历史残留问题以及资本市场的不成熟,保险资金运用的风险管控中仍然存在以下问题。

一、投资收益率平均水平较低,且波动性大

表5-6反映了保险资金2007—2011年的平均投资收益率,从中可看出,2007年投资收益率最高,达到12.17%,接下来几年中,除2009年收益率为6.41%外,其余年份的行业平均投资收益率均小于4%,甚至赶不上通货膨胀率,如2008年的投资收益率仅为1.91%,而当年通货膨胀率却接近6%,为5.9%。与同为中长期保障产品、稳定经营的社保基金相比,保险资金投资收益率也明显偏低,社保基金从准许入市的2001年到2011年11年间共实现投资收益2847亿元,年均收益率为8.41%[①],比同期保险资金的年均收益率4.63%高出3.78个百分点。较低的收益率使保险公司资产缩水,若责任准备金的提取不能得到及时调整,则会极大地影响保险公司的偿付能力;此外,保险公司投资收益率低于其他理财产品,甚至赶不上物价水平的上涨,保单的保值增值能力受到质疑,不利于保险行业形象的提升,

---

① 社保基金理事会披露数据:http://fund.sohu.com/20120321/n338426847.shtml

保单相对于其他金融产品的吸引力也会下降,影响保费收入的增长,易产生流动性不足的危机。

表 5-6　保险资金运用收益率分析　　　　　　　　　（单位:%）

项目	2007 年	2008 年	2009 年	2010 年	2011 年
投资收益率	12.17	1.91	6.41	3.71	3.60
通货膨胀率	4.80	5.90	-0.70	4.90	5.40
实际投资收益率	7.37	-3.99	7.11	-1.19	-1.80

资料来源:保监会网站、国家统计局网站。

2007 年 12.17% 的高投资收益率以及 2008 年 1.91% 的低收益率都是受股票市场表现影响,由此可看出,我国保险投资收益率随股票市场变动明显。导致保险投资收益率波动剧烈的原因主要在于我国股票市场不成熟,存在较多的非理性投资者,追涨杀跌的投资策略使得股票市场出现极端情况的可能性较大,因此投入股市的保险资金存在与生俱来的高系统风险。此外,保险公司股票投资能力较低也是导致整体收益率低且波动性大的一个重要原因。以 2007 年为例,保险资金投资股票和证券投资基金的收益率分别为 31.7% 和 55.89%,股票的收益率低于股票型基金的收益率,由此看来,相对于基金的投资能力,保险公司的股票投资水平有待加强。同时,与社保基金投资股票的能力相比,保险资金也明显缺乏竞争优势,社保基金 2003 年 6 月开始投资股票,至 2011 年 8 年间年化投资收益率达 18.61%,高于 2005—2009 年间保险资金投资股票的年均收益率 14%。从另一方面来看,股票投资的风险较大,但却是目前保险公司提高投资收益率的主要途径,反映出我国保险投资结构不合理,缺乏稳定的高收益投资产品。

二、资产负债管理不成熟

资产负债管理不成熟主要表现在三个方面。

第一,资产负债存在较大的收益不匹配。除投资连结保险账户外,大部分保单都向客户提供保证收益,为实现保证收益拨出的资金绝大部分投资于银行存款和国债,下调的利率使这部分资金面临较严重的利率风险,为"利差损"埋下了隐患。

第二,资产负债管理技术落后。目前保险公司运用的资产负债管理技术主要是免疫策略(久期)和情景分析,只能分析利率风险对资产和负债价值不同程度的影响,所应用的情景也仅为基准利率曲线的有规则移动(《偿付能力报告标准》中规定的四种情景),既没有联系实际经济形势进行假设,也未进行现金流匹配测试,更不用说用信用风险、操作风险等调整现金流,无法从长期角度管理资产负债的匹配情况。随着证券市场投资品种趋于多元化,嵌入选择权的债券如可赎回债券、可转债等逐渐成为债券市场主力,简单的久期分析不再适用于保险公司利率风险的管理。此外,保险公司利用现金流匹配来管理流动性风险,实际是一种资产负债偿还期管理的一种方法。

保险公司目前运用的动态偿付能力测试的基本原理大致与现金流测试相同，都是结合资产负债分析未来现金流情况，以评定保险公司承担未来赔付责任的能力。但动态偿付能力中考虑的情景极其有限，仅包括费用率、投资收益率、保费增长率、红利支出水平、股票和基金严重亏损等，退保率、公司债的信用风险、不动产的价格变动、操作风险等目前对我国保险市场影响较大的因素均未考虑；测试中也未体现各种风险因素之间的关联性，经济、政治变动会同时影响多种因素，保险公司应制订相应的应急方案处理全局风险；此外，动态偿付能力测试也只是对未来1—2年的情况进行分析，缺乏长期规划，不利于保单存续期间的连续管理，容易导致保险公司决策出现短视行为，要警惕类似20世纪90年代初投资混乱事件（追求资金短期增值，跟随投资热）的发生。

第三，资产负债管理的衔接机制有待完善。从各国经验来看，应对入不敷出的方法主要是调整责任准备金的折算利率，但我国保险公司由于各种原因，如风险管控意识不强或专业人才缺乏导致对投资前景预测偏差等，责任准备金折现率的选取与投资收益率之间的关联性不强。以太平洋保险公司为例，2009年该公司的投资收益率为6.3%，2010年为3.7%，2011年为4.4%，2009年12月31日和2010年12月31日提取责任准备金采用的折现率分别为2.89%—5.55%、2.61%—5.83%。① 从中可看出，无论是投资收益高的2009年还是收益率低的2010年，平均折现率都在4.2%左右，折现率的选取在一定程度上脱离了投资收益率。选取高于投资收益率的贴现率，会低估保险公司未来的偿付责任，将本需保持安全性的资产进行风险投资，导致保险公司资产和负债的性质不匹配，偿付能力充足性受到威胁，未来现金流入不足以支付现金流出的危险性增大，威胁到保单所有者的利益。由此看来，保险公司的资产负债管理仍存在较多问题尚待解决。

三、保险公司风险管理有待加强

保险公司往往通过静态敏感性测试来识别和评估其所面临的市场风险，即假设其他变量不变，当所考察变量变动一定幅度时对公司公允价值造成的影响。这种忽略各变量相互关系的方法随着市场波动频繁、市场指数联系日趋紧密逐渐不适合保险公司的全面、定量管理。此外，保险公司对变量变动的假设也非常粗糙：市场利率提高/降低50个基点；股权型投资的价格提高/降低10%；人民币对港元和美元汇率升值/贬值10%。即每一个变量仅假设一种变化情况，这种单一方式无法使保险公司有效应对多变市场。而且对变量的假设也完全脱离当前投资表现，无论是面对2008年股市衰退还是2010年经济好转，保险公司的变量假设均保持以上情景，由此看出风险管理技术随市场变化的灵活性低。从另一方面来看，这几个敏感性测试假设都是保监会所要求设置的，表明保险公司自主风险管理意识

---

① 太平洋保险公司. 2010年度信息披露报告[R]. http://www.cpic.com.cn/cpic/cn/investor/companynote/index.shtml

不强,大部分内控行为都是迎合监督机构要求,这是导致资金运用风险管理技术发展缓慢、制度趋于完善的主要原因。

此外,保险公司的资金运用风险管控人才缺乏,虽然保监会明确要求公司设置独立于投资部门的风险管理部,但其中的人员设置主要集中在负债管理和定性分析,专业化程度不高,保险行业基金经理、精算师和风险管理人才紧缺,这是导致风险管理通常明显滞后于危机浮现的主要原因。

四、资本市场不发达,使资金运用存在较多限制

虽然我国资本市场正逐步完善,保险资金和资本市场也是一种相互影响的关系,但目前我国资本市场仍使保险资金的运用存在较多限制。

第一,中长期投资工具缺乏。据德意志银行 2003 年专题报告披露,我国寿险业负债的平均期限为 15—20 年,而资产的平均期限仅为 5 年,不匹配程度相差 10—15 年。虽然近几年保险资金已开始进入长期股权投资、不动产等领域,且中长期债券的数量也逐渐增加,但整体规模不大,改善程度不高。除此之外,新兴投资工具仍处于发展阶段,极大地限制了保险公司的可参与度。首先,直接股权投资所需的资金量巨大,对保险公司的资金实力和风险管理能力要求很高;可供选择的间接股权投资基金数量有限,这种投资方式对改善中小保险公司的资产结构作用不大;而由信托公司、证券公司、商业银行等大型机构投资者发起设立的适合中小保险公司以较小资金、较少技术要求进行股权投资的集合资金计划、资产管理计划等仍处于起步阶段;再加上国债长期债券供不应求,导致长期利率水平较低,得到期限匹配是以降低收益率为代价,而保险资金占有市场上较大比例的中长期债券,也需面临较大的系统性风险。由此看来,保险公司资产负债期限匹配的问题仍有赖于资本市场的不断完善。

第二,缺乏收益率和安全性适中的投资工具。我国资本市场的极端情况较严重,股票市场的收益高,但系统风险也极大;国债市场的信用风险接近于零,但收益率甚至低于通货膨胀率;基金市场规模有限,保险资金约占基金现有规模的 14%(2011 年基金总规模为 2.33 万亿元,可运用保险资金余额为 5.54 万亿元,目前保险资金有 6% 左右投资基金),且当前保险资金主要投资封闭性基金,较高比例地投资单一品种,存在较严重的系统性风险。安全性和收益率适中投资工具的缺乏使得保险公司难以平衡保险资金的"三性",容易导致保险资金运用的极端性:过分看中安全性而收益率极低,过分看中收益率而忽视安全性,无论哪种情况都会对保险公司的稳健经营造成冲击。

6 保险资金运用风险的实证分析

资本市场的波动性通常非常剧烈。以上证综指为例,上证综指在这20年间的波动是非常大的,2007年一度超过了6 000点,保险投资收益率也在这一年达到了最高的12.17%。但是在2008年,上证综指大幅下滑,最低时甚至不足2 000点。从世界其他国家的情况看,房地产、债券等也可能面临这个问题。例如,日本在20世纪80年代末房地产泡沫破灭之后,房地产价格出现了大幅下滑,令许多投资者遭到了沉重的损失。即便是相对安全的国债,也有可能在某些特殊的情况下出现收益率的大幅波动。最近的欧债危机使得一些国家的信用状况极度恶化,国债收益率经常飙升到6%以上,希腊等国的债务减记也令投资者损失惨重。

在资本市场上,资产收益率波动的大小意味着投资该资产可能遭遇的风险的大小。近年来,越来越多的研究发现,金融资产的收益率序列的波动性通常会随着时间的变化而变化,有时会较为稳定,但在某些时段会产生巨幅波动。这种收益率波动性因时间而变化的现象被称为波动集聚性。对波动性的预测成为风险管理中的重要内容。

作为资本市场的重要参与者,保险公司如何面对这种资本市场的波动就成为保险资金运用过程中迫切需要解决的问题。保险资金在不同的资产之间的最优配置比例是什么,如何改善保险资金的投资效率,投资的风险如何度量,这是本章将主要讨论的问题。

6.1 研究概况

到目前为止,尚没有一个被一致接受的风险的定义,有两种定义被广为采用:一是风险是随机事件的可能结果的差异,这种差异越大,风险越大;二是风险是可能发生的损失的不确定性。① 从诸多的风险定义学说中,可以归纳出风险的三个基本特征:客观性、损失性、不确定性。② 在本章中,认为风险是预期收益的不确定性,是损失发生的不确定性状态。③

20世纪80年代,由于衍生金融产品市场的迅猛发展给传统的风险管理方法带来了巨大的挑战,美国一些主要的银行就提出了一种新的风险测度方法——风险价值,即VaR(value at risk)。J. P. Morgan的全球研究部总经理Till Guldimann被视作是风险价值这个术语的创立者。1993年,G-30集团发表《衍生产品的实践和规则》报告,使术语"风险价值"开始被广泛地接受。1994年10月,VaR的技术文件被公开在J. P. Morgan公司的网站上,该公司还开发了包含一系列市场风险管理数据和方法的产品Risk Metrics。VaR逐步成为全球大部分金融机构和大型企业用来测度市场风险的一个重要的工具。Jorion(1996)全面、系统地阐述了风险管理的必要性、风险价值的测算、VaR体系等。Linsmeier and Pearson(2000)介绍了VaR的概念和方法,详细描述了计算VaR的三种方法:历史模拟法、参数法、蒙特卡罗模拟法。Penza and Bansal(2000)对VaR模型的统计学基础和计算技术进行了全面介绍。Beder(1995)用历史模拟法和蒙特卡罗模拟法比较了8种情形下由股票、债券组成的三个投资组合的VaR结果。Hendricks(1996)随机选用外汇投资组合,采用简单移动平均法、指数加权移动平均法和历史模拟法验证了VaR的计量效果,认为所有方法在95%的置信水平上都可以正确估计VaR,但在99%的置信度下则有时不稳定。

对VaR的计算和预测实际上是对波动率的计算和预测。对市场波动率的研究由来已久。Fama(1965)观察到了投机性价格的变化和收益率的变化具有稳定时期和易变时期,价格的波动呈现集群性,方差随时间变化。此后,国外对方差的时变性问题进行了大量研究,其中最成功的是Engle(1982)提出的自回归条件异方差模型,即ARCH模型。ARCH模型将方差和条件方差相区分,并让条件方差作为过去误差的函数而变化,从而为解决异方差问题提供了新途径。Bollerslev(1986)对ARCH模型做了改进,提出了广义自回归条件异方差模型。GARCH模型也逐渐成为估计方差时变性的最流行的方法。

郑文通(1997)是我国较早开始对VaR展开研究的学者。邱沛光(2004)将GARCH模型应用于VaR计算中,并对上交所的收盘指数做了实证分析。胡月辉、叶俊(2004)将GARCH-M模型用于VaR的计算中,并对上交所的6个指数进行了实证分析。石衡(2004)以股票市场1 700个交易日的收益率为研究对象,利用历史模拟法、非参数法、GARCH模型等预测了股指的市场风险。龚妮(2006)将

---

① Mark Dorfman:Introduction to Risk Management and Insurance[M].9th edition.北京:清华大学出版社,2009:6.

② 关于风险的各种学说,可以参考:刘新立.风险管理[M].北京:北京大学出版社,2006:7—11;范道津.风险管理理论与工具[M].天津:天津大学出版社,2010:1—5.

③ Philippe Jorion.风险价值[M].北京:中信出版社,2005:3.

GARCH 模型与 VaR 方法相结合,讨论了其在外汇风险度量中的应用。梁皓(2006)系统分析了 VaR 计算的各种方法的应用条件及各自的优劣,并提出了一些补充方法及优化条件。鲁征(2007)选取了商业银行的外汇头寸组成的外汇投资组合,使用历史模拟法、方差—协方差法和蒙特卡罗模拟法对组合的风险进行了 VaR 分析,讨论了 VaR 在中国商业银行市场风险管理中的应用。刘瑾(2007)将 ARCH 类模型应用于美元—人民币的汇率收益率时间序列的 VaR 计算,将各模型的分布假设为服从 t 分布,计算了不同置信水平下的 VaR 值。姚伟旋(2008)以 A 股市场组合基金的收益率为研究对象,利用历史模拟法、蒙特卡罗模拟法、方差—协方差法比较了在不同置信水平下的 VaR 估计效果。樊智、张世英(2003)介绍了多元 GARCH 类模型的四种形式,提出了基于遗传算法的似然估计方法,并利用中国股市数据进行了实证研究。吕轶等(2009)以沪深两市 A 股市场上四个行业的 65 只股票为样本,使用多元 GARCH 模型进行了组合 VaR 的估计。

从国内的研究来看,对投资组合中对组合的波动率的预测已经开始引入了多元 GARCH 模型来计算 VaR,但针对保险行业的统计分析较少,目前对保险公司的投资组合的 VaR 估计多是基于不变的方差、协方差,并未考虑到投资组合中各类资产同时具有方差时变性的问题。同时,对于新近放宽的房地产投资的研究分析也较少。本章试图在以上几个方面做出改善。

6.2 基于均值—方差模型的投资组合构建

6.2.1 我国关于保险资金运用的监管规定

在我国,中国保险监督管理委员会依法对保险资金运用活动进行监督管理。保监会规定,保险资金运用必须稳健,遵循安全性原则,符合偿付能力监管要求,根据保险资金性质实行资产负债管理和全面风险管理,实现集约化、专业化、规范化和市场化。在具体投资形式上,保监会规定,保险资金运用限于下列形式:银行存款;买卖债券、股票、证券投资基金份额等有价证券;投资不动产;国务院规定的其他资金运用形式。

关于投资比例,保监会也做了具体的规定。目前我国保险资金对于风险较大的几个渠道的投资比例还是有比较严格的限制,例如股票、不动产等。在我国,保险资金投资于银行活期存款、政府债券、中央银行票据、政策性银行债券和货币市场基金等资产的账面余额,合计不低于本公司上季末总资产的 5%;投资于无担保企业(公司)债券和非金融企业债务融资工具的账面余额,合计不高于本公司上季末总资产的 20%;投资于股票和股票型基金的账面余额,合计不高于本公司上季末总资产的 20%;投资于未上市企业股权的账面余额,不高于本公司上季末总资产的 5%;投资于未上市企业股权相关金融产品的账面余额,不高于本公司上季末总资产的 4%，两项合计不高于本公司上季末总资产的 5%；投资于不动产的账面余额，不高于本公司上季末总资产的 10%；投资于不动产相关金融产品的账面余额，不高于本公司上季末总资产的 3%，两项合计不高于本公司上季末总资产的 10%；投资于基础设施等债权投资计划的账面余额不高于本公司上季末总资产的 10%；保险集团（控股）公司、保险公司对其他企业实现控股的股权投资，累计投资成本不得超过其净资产。①

6.2.2 保险资金可投资资产的统计特征

上证国债指数是以上海证券交易所上市的所有固定利率国债为样本，按照国债发行量加权而成。上证国债指数的目的是反映债券市场整体变动状况，是债券市场价格变动的指示器。② 我们使用上证国债指数表示投资国债的收益率变动情况。国债是一种安全性很好的投资工具，收益率虽然不高，但波动率小，对投资的安全性较高的保险公司而言，国债一直是一种非常重要的投资工具。图 6-1 显示了 2003 年 6 月 11 日至 2012 年 3 月 30 日上证国债指数日度收益率的变化情况。

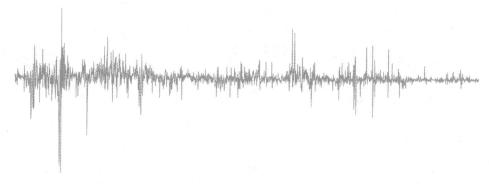

图 6-1　上证国债指数日度收益率（2003/6/11—2012/3/30）
资料来源：Wind。

中国目前的企业债券市场结构单一，企业债券产品品种少、规模小、交易不活跃。2007 年以前，中国的债券市场中，国债、金融债、企业债的比例分别为 51%、44%、5%，企业债占债券市场的比例是最低的。2011 年公司债发行只数为 83，共募集资金 1 291.20 亿元。发行总额占债券融资总额的比重从 2007 年的 0.14%增长到 2011 年的 1.65%，但公司债发行总额占比依然偏小。上海证券交易所从国内交易所上市企业债中挑选了满足一定条件的具有代表性的债券组成样本，按照债券发行量加权计算出上证企业债指数。③ 我们使用该指数的收益率代表企业债的

---

① 保险资金运用管理暂行办法，中国保险监督管理委员会令 2010 年第 9 号，2010 年 7 月 30 日。
② 上证债券信息网：http://bond.sse.com.cn
③ 同上。

投资收益率。企业债的波动性较国债大,但收益率也较高。图 6-2 显示了同时段上证企业债指数日度收益率的变化情况。

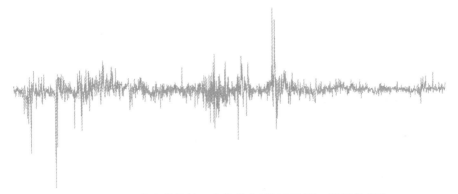

图 6-2　上证企业债指数日度收益率(2003/6/11—2012/3/30)
资料来源:Wind。

中国的资本市场起步较晚,但发展非常迅速。就股市来说,沪深两家交易所成立的时候,中国只有 13 只股票,13 家上市公司,截至 2012 年,境内上市公司已经达到 2 364 家,A、B 股总市值为 238 810.52 亿元。[①] 但是,资本市场的快速发展不能掩盖其存在的严重问题。以上证综指为例,上证综指在这 20 年间的波动是非常大的,2007 年一度超过了 6 000 点,保险投资收益率也在这一年达到了最高的 12.17%。但是在 2008 年,上证综指大幅下滑,最低时甚至不足 2 000 点。从图 6-3 中也可以看出,上证指数的日收益率的波动是非常大的。这表明中国的股票市场还是带有非常强的新兴市场的特点,远未成熟。相对而言,基金指数的波动性较小,表现比上证指数要好(见表 6-4)。

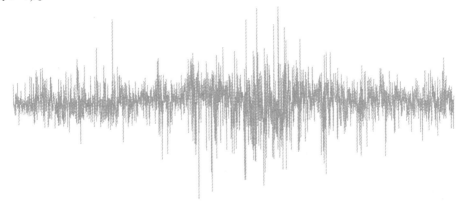

图 6-3　上证指数日度收益率(2003/6/11—2012/3/30)
资料来源:Wind。

---

① 中国证监会数据。

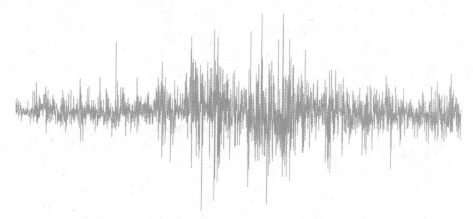

图 6-4　上证基金指数日度收益率(2003/6/11—2012/3/30)
资料来源：Wind。

在上交所、深交所成立后的这二十多年来，中国经济保持了高速增长，上市公司的盈利也有了很大提升，但股票投资，尤其是最近几年的投资，却并没有如 GDP 增长率那样实现那么高的收益率，股票市场的表现与经济增长及公司盈利的相关性较弱。中国股市的突出问题是受政策影响太大，政策风险、上市公司的质量问题、市场操纵行为等共同造成了中国尚不成熟的股票市场的剧烈波动。

以上证国债指数代表国债投资，上证企业债指数代表企业债投资，上证指数代表股票投资，上证基金指数代表基金投资。根据历史收益率，得到如图 6-5 所示的统计数据。

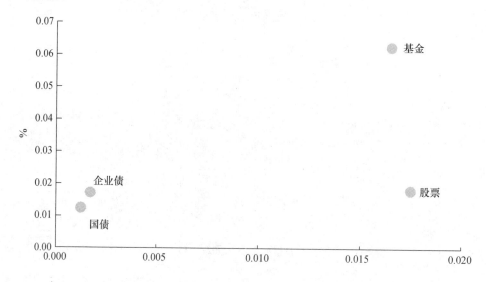

图 6-5　四种资产的收益率统计特征

可以发现,国债的波动性最小,股票的波动性最大。股票投资收益率的表现非常差,波动性比基金收益率高,但投资收益率远远低于基金投资收益率,与企业债投资收益率相当。在投资组合中,以历史数据测算,股票很难成为一种备选的投资方式,其投资比例会非常低。

表6-1 和表6-2 给出了相关系数矩阵和协方差矩阵的计算结果。与预期一致,国债投资收益率与企业债投资收益率的相关系数为正,基金投资收益率与股票投资收益率的相关性为正。债券投资收益率与股票、基金投资收益率的相关性为负。我们假设这四类资产的方差、协方差、相关系数不变。

表6-1 相关系数矩阵

	国债指数	企业债指数	基金指数	上证指数
国债	1.00000	0.46590	-0.02688	-0.01627
企业债	0.46590	1.00000	-0.02988	-0.03950
基金	-0.02688	-0.02988	1.00000	0.88878
上证指数	-0.01627	-0.03950	0.88878	1.00000

表6-2 协方差矩阵

	国债指数	企业债指数	基金指数	上证指数
国债	1.4577E-06	9.5118E-07	-5.3557E-07	-3.4329E-07
企业债	9.5118E-07	2.8616E-06	-8.3437E-07	-1.1682E-06
基金	-5.3557E-07	-8.3437E-07	2.7240E-04	2.5637E-04
上证指数	-3.4329E-07	-1.1682E-06	2.5637E-04	3.0544E-04

6.2.3 基于 Markowitz 均值—方差模型的投资组合构建

Markowitz(1952)提出了均值—方差模型。他首先假设 Y 是一个随机变量。$Y = y_i$ 的概率为 P_i,则该随机变量的期望值为:

$$E = p_1 y_1 + p_2 y_2 + \cdots + p_N y_N$$

方差为:

$$V = p_1 (y_1 - E)^2 + p_2 (y_2 - E)^2 + \cdots + p_N (y_N - E)^2$$

假设一个组合中含有 N 种资产,对第 i 个资产,其收益率可以表示为:

$$R_i = \sum_{i=1}^{\infty} d_{it} r_{it}$$

用 X_i 表示第 i 个资产的权重。则整个投资组合的期望收益率为:

$$R = \sum_{t=1}^{\infty} \sum_{i=1}^{N} d_{it} r_{it} X = \sum_{i=1}^{N} X_i (\sum_{i=1}^{\infty} d_{it} r_{it})$$

其中 $\sum X_i = 1$ 且 $X \geq 0$。

两种资产的协方差可以定义为：$\sigma_{ij} = E\{[R_i - E(R_i)][R_j - E(R_j)]\}$，即 $\sigma_{ij} = \rho_{ij}\sigma_i\sigma_j$，则投资组合的方差为：$V(R) = \sum_{i=1}^{N}\sum_{j=1}^{N}\sigma_{ij}X_iX_j$。投资组合的期望收益为：$E = \sum_{i=1}^{N}X_i\mu_i$。在 Markowitz 看来，投资组合的方差表明了投资组合资产的分散化程度，人们在进行投资组合的决策时，目标是在方差给定时最大化投资的期望收益率，或者在投资收益率给定时最小化投资组合的方差。这样，我们就可以再可行域内得到投资组合的有效前沿（见图 6-6）。[①]

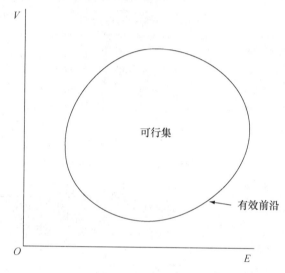

图 6-6 投资组合的有效前沿

基于上述理论，我们假设允许卖空，使用国债、企业债、基金以及股票收益率的历史数据，可以得到投资组合的有效前沿如图 6-7 所示。其中，纵轴表示收益率，横轴表示标准差。在不考虑各种条件限制的情况下，有效前沿接近于一条直线。

图 6-8 给出了不同收益率下四类资产的最优投资组合。在允许卖空的条件下，由于股票投资的波动率高但收益率低，因而在最优投资组合中，股票一直是卖空的资产。在四类资产中，国债由于安全性好，占比最高。随着期望收益率的提高，组合中企业债所占的比重也越来越高，基金的比例有所提高，而股票的投资比重一直较为稳定，组合的杠杆率也越来越高。但是，考虑到中国保险资金投资监管的规定，这种投资组合的最优化显然是不符合现实的。

根据保监会对保险公司资金运用的监管要求，我们将约束做如下修改。

参考中国目前关于保险资金运用的规定，我们假设保险公司可以将资金投资于国债、企业债、基金、股票、现金及存款。在模型中，不区分现金和存款，认为投资

---

① Harry Markowitz. Portfolio Selection[J]. The Journal of Finance, 1952, 3(7): 77—91.

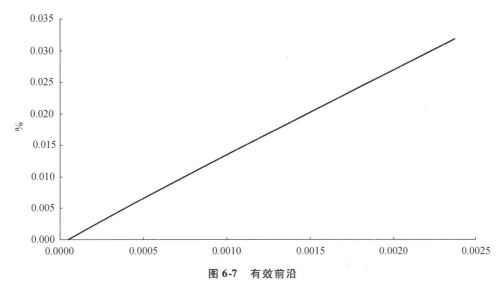

图 6-7 有效前沿

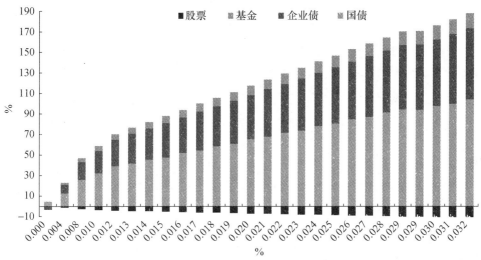

图 6-8 各资产最优投资比重变动情况

于这两种渠道是无差异的,且不产生收益(即不考虑存款利息)。我们对各个渠道的投资比重给出以下限制:投资于各个渠道的资金比重必须大于等于 0,即不允许卖空;投资国债、现金和存款的比重没有比例上限,下限为 5%;投资企业债的比重不得高于 20%;投资基金和股票的比重之和不得高于 20%。

假设存款与持有现金是无差异的,都不产生利息收入。考虑两种情况:保险公司将可运用资产全部进行投资,即以上投资渠道的权重之和为 1,在这种情况下,保险公司不持有现金;保险公司用部分可运用资产进行投资,投资渠道的权重之和不为 1,公司持有部分现金。

按照 Markowitz 的 $E\text{-}V$ 模型,投资时的目标是给定期望收益下的方差最小化。综合上述约束,可以得到有效前沿如图 6-9 所示。

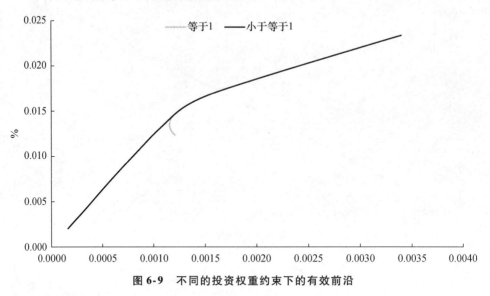

图 6-9　不同的投资权重约束下的有效前沿

保险公司持有部分现金时,可以达到更低的均值和方差,当要求的投资回报率较高时,如高于 0.015%,这两个约束产生的有效前沿是无差异的。我们使用投资权重之和小于等于 1 的约束,其有效前沿如图 6-10 所示。

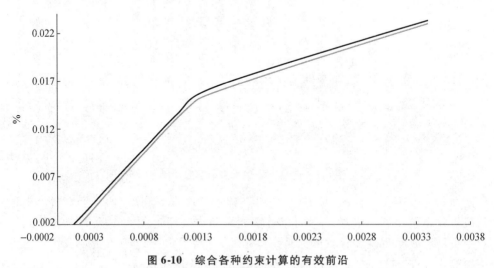

图 6-10　综合各种约束计算的有效前沿

在上述约束下,我们根据计算结果可以分析各资产在投资组合中所占比重是如何随着期望收益率的变动而变化的。如图 6-11 所示,随着期望收益率的提高,国债和企业债的比重都在提高。但由于有 20% 的投资上限,在期望收益率达到

0.008%之后,企业债的投资比重无法再度提高。当期望收益率达到较高水平(0.015%)之后,风险容忍度也提高到了允许基金投资比重上升的地步。在期望收益率进一步提高的过程中,基金比重上升,国债比重下降。但我们可以发现,在企业债达到上限之后,最优的选择是先提高国债的比重,其次才是基金。由于股票收益率较低且波动性大的特征,投资组合中股票投资的比重一直为0。

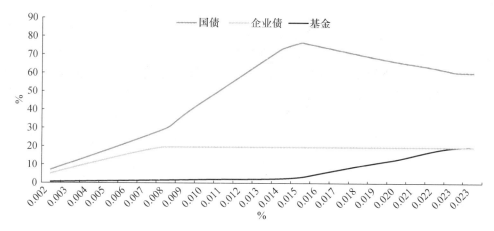

图 6-11　各资产所占比重随期望收益率变动情况

考虑除了股票之外的三种资产。由于国债并没有投资比重的上限,如果要对目前的投资效果做出改善,我们有理由认为改善对企业债的监管要求可能比基金更有利。尝试放松对企业债投资的限制,其投资上限由20%提高至30%,其他约束条件不变,重新计算新约束下的有效边界,可以得到图6-12。

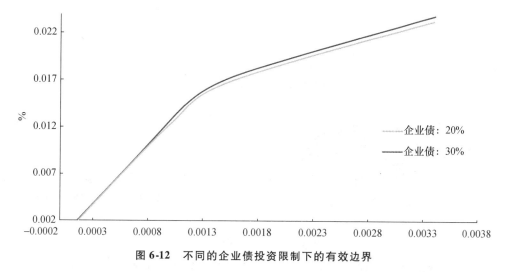

图 6-12　不同的企业债投资限制下的有效边界

非常明显,对企业债投资比例上限的放宽有效地改善了投资效率。在相同的波动率条件下,新约束条件下可以得到更高的期望收益率。这意味着在适当的条件下,如市场成熟度提升,或者对风险的容忍度提高,这时放松像企业债等收益相对较高、安全性相对较好的资产的投资比例限制,对于改善保险公司的投资效率,提高投资收益率是非常有帮助的。考察在新的约束条件下的资产权重的变动。如同 20% 的企业债比例上限一样,在 30% 的企业债投资约束下,股票在投资组合中的权重仍然是 0。企业债的投资上限放宽后,在组合中所占比重也得到了提高。在期望收益率为 0.012% 时,企业债比重达到了最高的 30%。之后,由于监管限制,该比重无法再提高。此时,最优的选择是提高国债的比重。当期望收益率达到较高水平(0.015%)之后,风险容忍度也提高到了允许基金投资比重上升的地步。在期望收益率进一步提高的过程中,基金比重上升,国债比重下降。在新的约束下,国债比重的峰值低于 70%,小于之前 76% 的权重。这是投资效率改善的原因。

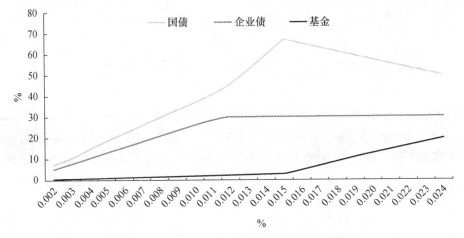

图 6-13　各资产所占比重随期望收益率变动情况

6.3　VaR 的表达与计算方法

6.3.1　VaR 的数学表达

要准确地知道投资组合的风险是多少,我们采用风险价值(value at risk,VaR)方法计算。VaR 按字面解释就是在险价值,是在一定的置信水平下和一定的目标期间内,预期的最大损失。更严格地说,VaR 描述了在一定目标期间内收益和损失的预期分布的分位数。VaR 的基本公式为:

$$\text{Prob}(\Delta W \leqslant \text{VaR}) = \alpha$$

其中 ΔW 表示资产组合在 Δt 的持有期内的市场价值的变化。等式说明了损失值大于或等于 VaR 的概率是 α。

在计算一组投资组合的 VaR 时,我们假设 W_0 为初始投资额,R 为投资收益率。投资组合的价值在目标投资期末将为 $W = W_0(1+R)$,假设得知 R 的期望值和标准差分别是 μ 和 σ。假设在置信水平 c 下的最低收益率为 R^*,则在 c 下的最低期末收益水平为 $W^* = W_0(1+R^*)$。

$$\text{VaR} = E(W) - W^*$$
$$E(W) = E[W_0(1+R)] = E(W_0) + W_0 E(R)$$
$$= W_0 + \mu W_0 = W_0(1+\mu)$$
$$\text{VaR} = W_0(1+\mu) - W_0(1+R^*) = -W_0(R^* - \mu)$$

这里的 VaR 是相对于平均值而言的,被称作相对 VaR。如果衡量的是与期望无关的、资产组合相对于 0 的损失,则被称为绝对 VaR,可以表示为:

$$\text{VaR} = W_0 - W^* = -WR^*$$

如果投资组合的收益率的密度函数 $f(w)$ 可以确定,给定置信水平 c,对于最小的 W^*,有:

$$c = \int_{w^*}^{\infty} f(w)\,dw$$
$$1 - c = \int_{-\infty}^{w^*} f(w)\,dw = P(w \leq W^*) = P$$

VaR 涉及两个重要参数:置信水平、持有期。置信水平的选择取决于决策者对风险的忍耐程度以及资金的盈余状况;持有期的选取是由金融机构的交易性质决定的,选取的时间越短,组合的收益率越接近于正态分布。①

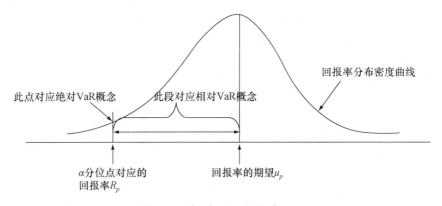

图 6-14 相对 VaR 和绝对 VaR

本章讨论的是绝对 VaR。绝对 VaR 不需要考虑收益率的均值。从 VaR 的表达式可以看出,在一定的置信水平下,对于固定的时间单位,本章假设资产的初始价值为 1,则可以用估计的未来一期的最低收益率来表示未来的 VaR。

---

① Philippe Jorion. 风险价值[M]. 北京:中信出版社,2005:20,100—104.

6.3.2 VaR 的主要计算方法

VaR 本质上是对资产组合价值波动的统计测量,其核心在于构造组合价值变化的概率分布。基本思想仍然是利用组合价值的历史波动信息来推断未来情形,只是对未来价值的波动的推断不是一个确定值,而是一个概率分布。VaR 的计算方法主要有三种:历史模拟法、蒙特卡罗模拟法和方差—协方差法。这些方法都包括两个基本步骤:选择风险因素,选择将风险因素的变化纳入模型的方法。

历史模拟法(Historical Simulation Method, HS)是最简单的非参数方法,不必对复杂的市场结构做出假设。其主要思路是假定采样周期中的收益率分布不变,借助于计算过去一段时间内的资产组合风险收益的频率分布,使用现在的资产组合比重,然后把资产的利润和亏损绘成概率分布图,就可以计算风险价值。这种方法是最容易理解和使用的方法,可以用于任何非正态分布,可以有效地处理那些难以计算的工具的收益。历史模拟法的隐含假设是历史的变化在未来可以重现,而且需要较长的历史数据记录。

蒙特卡罗模拟法(Monte Carlo Simulation)也被称为随机模拟法,其基本思想是用市场因子的历史波动参数产生市场因子未来波动的大量可能路径,通过模拟分布可以导出真实分布,从而求出 VaR。蒙特卡罗模拟法能够非常精确地测量风险和敏感度,但是计算量非常大,计算过程复杂。产生的随机数是伪随机数序列,容易导致错误结果,也面临着模型错误风险。

方差—协方差法(Variance/Covariance)也被称为参数法,该方法假定资产组合收益率服从条件正态分布,即方差存在时变性,波动率存在集聚效应。对方差—协方差矩阵的预测主要有三种时间序列模型:简单移动平均法(SMA)、指数加权移动平均法(EWMA)、ARCH 类模型估计法。该方法的优点在于简单易行,计算速度快。但由于许多金融收益率的尖峰厚尾问题,正态假设下容易低估风险。

6.4 单一资产的 VaR 估计——以房地产投资为例

6.4.1 保险资金房地产投资的监管规定

房地产业是构成整个社会财富的重要内容,对国民经济具有重要的拉动作用,与宏观经济形势紧密相关。在美国的法律中,财产可以分为两类:动产(personal property,或 personality)和不动产(real property)。不动产的概念是与动产相对应的。不动产一般是固定不动的。[①] 不动产包括土地上的合法权益及其上面的永久

---

① Roger Bernhardt. Real Property[M]. 4th edition, 北京:法律出版社,2005:3.

附着物。① 房地产(real estate)是地产与房产的合称。从广义上说,房产和地产都可被称为房地产,单纯的房产和单纯的地产都可以被称为房地产。狭义上讲,地产只有和房产相结合,才能被称作房地产。房地产是我国特有的概念,国际上一般称之为不动产。② 在本章中,不具体区分房地产与不动产。本章所讨论的不动产就是房地产。本部分我们将以房地产投资为例,介绍单一资产的 VaR 估计。

之所以要将房地产投资单独列示说明,是因为房地产的投资限制在最近两年才放宽,该投资渠道的投资经验较少,且与证券市场差别较大,保险公司在这方面并没有优势。2009 年 10 月 1 日开始实施的新《保险法》第一百零六条规定:

保险公司的资金运用必须稳健,遵循安全性原则。

保险公司的资金运用限于下列形式:

(1) 银行存款;

(2) 买卖债券、股票、证券投资基金份额等有价证券;

(3) 投资不动产;

(4) 国务院规定的其他资金运用形式。

《保险资金运用管理暂行办法(草案)》第十一条规定,保险集团(控股)公司、保险公司、保险资产管理机构可以从事不动产投资,主要包括基础设施类不动产、非基础设施类不动产等。

新《保险法》放宽了对保险公司投资的限制,开始允许保险公司投资不动产领域。拓宽投资渠道可以增加保险公司的投资选择,从而能够更好地分散风险,提高投资效益。从国际经验看,主要发达国家和地区的保险资金都允许投资于房地产业(见表 6-3)。需要注意的是,上述国家或地区都是经济比较发达、市场发育相对完善,保险资金运用的监管制度也相对健全。在这种市场条件下,房地产业的收益率相对稳定,可以作为保险资金投资的重要渠道。

表 6-3 主要国家或地区保险资金不动产直接投资比例上限

国家或地区	英国	美国	德国	韩国	日本	新加坡	中国台湾
直接投资比例上限	无	10%	10%	15%	20%	20%	19%

资料来源:陈成等.保险资金不动产投资模式研究[J].保险研究,2009(10).

我国的房地产业从 20 世纪 80 年代才刚刚起步,之后一直保持了较高的发展速度。虽然房地产投资的收益率比较高,但投资的周期长,波动性大,投资风险非常大。由于房地产业与宏观经济形势紧密相关,宏观经济的周期波动必然导致房地产业的波动,房地产周期在很多国家和地区普遍存在。美国房地产大约 18 到 20

---

① Charles Floyd, Marcus Allen. Real Estate Principles[M]. 6th edition,上海:上海人民出版社,2005:51.
② 范翰章.中国房地产辞典[G].北京:中国建筑工业出版社,2003.

年为一个周期,日本 10 年左右为一个周期,中国香港 7 到 8 年为一个周期。有研究认为,我国内地大约是 5 年的发展期加上 2 年的低落期为一个周期,也就是 7 到 8 年左右为一个周期。但是中国的房地产市场发育时间还很短,我们很难通过短期的历史数据断定中国的房地产业存在几年的周期,尤其是这种周期是不是长期稳定的。① 房地产经济的运行受到多种因素的综合影响,如制度因素、政策因素、人口因素、技术因素等,这些因素共同导致了房地产市场的波动。如图 6-15 所示,从 1991 年以来的月度国房景气指数看,中国的房地产业存在着强烈的波动性,这种波动性可能是由一定的经济周期造成的。正因为暂时无法确定周期的长度,对于投资者来说,这种强烈的波动性无疑是一种巨大的投资风险。保险资金投资于房地产业会有多大的风险,这些风险如何进行定量计算,这是保险资金的投资领域扩大到房地产行业之后迫切需要解决的问题。

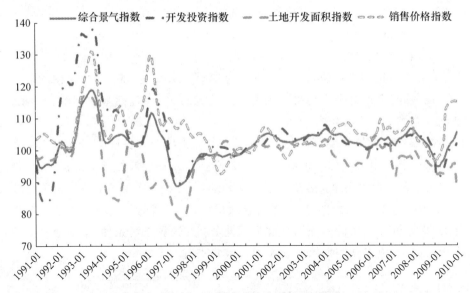

图 6-15　1991—2010 年月度国房景气指数

资料来源:国研网数据库。

6.4.2　收益率指标的选择与计算

由于本章讨论的是保险资金房地产投资的收益风险,因此必须基于保险公司的角度来选取能够反映保险资金收益情况的指标。房地产业增加值、基于房地产开发过程的风险指标、上市房地产企业股票价格等都是基于房地产企业的角度来

---

① 曲波.房地产经济波动理论与实证分析[M].北京:中国大地出版社,2003:211.

度量房地产业的风险,这些指标是不合适的。① 本章将重点考虑国房景气指数与全国 70 个大中城市商品房销售价格指数两个指标。

国房景气指数是全国房地产开发业综合景气指数的简称。国房景气指数可以从土地、资金、开发量、市场需求等角度显示全国房地产业基本运行状况、波动幅度,预测未来趋势。② 但是,公布的国房景气指数是采用同比数据,即本期与去年同期的比较。从该数据无法获得本章希望得到的不动产价格的月度变化情况,从而无法得出我们所关心的不动产投资的月度 VaR 值。

国家统计局、发改委每月都会发布全国 70 个大中城市的房屋销售价格指数,可以进行月度的收益率变化分析。该指标从 2005 年 7 月开始编制,是反映一定时期房屋销售价格变动程度和趋势的相对数,它是通过百分数的形式来反映房价在不同时期的涨跌程度(见图 6-16)。③ 房屋销售价格指数是由商品房价格指数和二手房价格指数两部分构成的。商品房价格指数和二手房价格指数又可以分别分为住宅和非住宅两部分。非住宅部分主要包括办公楼、商业娱乐用房、工业仓储用房等。④ 本章将采用该指标。

对市场风险的度量,一般采取资产的收益率为随机变量进行研究。收益率有两种衡量方法:算术收益率与几何收益率。

算术收益率:

$$R_t = \frac{P_t - P_{t-1}}{P_{t-1}}$$

几何收益率:

$$R_t = \ln \frac{P_t}{P_{t-1}}$$

其中 P_t 是资产在 t 时刻的价格。本章中计算收益率时采用几何收益率。令 $R_t = \ln \frac{P_t}{P_{t-1}} = \ln P_t - \ln P_{t-1}$。

---

① 阮连法、温海珍、崔新明(2006)以产业增加值作为市场风险的考察对象,构建房地产市场风险测量模型,通过收集杭州房地产业发展数据,计算出杭州市房地产业市场风险的 VaR 值。王丽梅(2007)进行房地产投资风险的分析时,具体假设了每个项目的现金流状况,基于此做了房地产投资的风险分析。赵丽丽(2008)以房地产业增加值的波动来衡量未来房地产业的最大损失,并假设风险因子的变动率服从正态分布,进行蒙特卡罗模拟,分析了未来一年内济南市房地产业的 VaR 值。游达明、张洲(2009)利用 E-VaR 模型,假设房地产企业的股票市价服从随机过程,对房地产上市企业的股票价格的波动风险做了分析。

② 范翰章.中国房地产辞典[G].北京:中国建筑工业出版社,2003.

③ 从 1998 年开始,国家统计局首次发布全国 35 个大中城市的房地产价格指数,但该指数没有月度数据。2005 年 7 月开始编制全国 70 个大中城市的月度房地产价格指数,即本文采用的数据指标。

④ 于维洋.房屋销售价格指数可信吗?[J].统计与决策,2008,6.

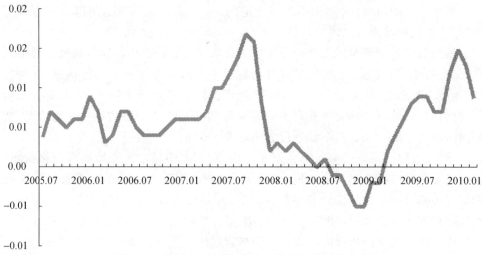

图 6-16 全国 70 个大中城市房屋销售价格收益率

本节将选择基于 GARCH 模型的蒙特卡罗模拟法。具体步骤如下：

（1）计算收益率 $R_t = \ln \dfrac{P_t}{P_{t-1}}, t = 1,2,\cdots,56$，共 56 个收益率数据；

（2）利用 EWMA 模型或者 GARCH 模型，估计模型参数，计算 K 时刻的收益率、残差、条件方差；

（3）模拟出服从分布的 1 000 个随机数，利用随机数求出 $K+1$ 时刻的 1 000 个收益率值；

（4）将这 1 000 个结果从小到大排序，第 10、50、100 个值就是置信度为 99%、95%、90% 的 VaR 所对应的收益率。

由于利用随机数发生器生成的随机数都是伪随机数，为了提高模拟的准确性，选取 Knuth(1997) 提出的方法，为了避免随机数算法的确定性色彩，将随机数重复选取 10 次，然后再求和除以 $\sqrt{10}$。①

6.4.3 布朗运动随机模拟

全国 70 个大中城市房屋销售价格指数是一个非常明显的非稳定序列。对其进行 AR(1) 回归，结果为

$$\ln P_t = 1.001139 \ln P_{t-1} + \underset{(0.000190)}{\varepsilon}$$

系数 1.001139 非常接近于 1，近似于一个随机游走。由函数中心极限定理（function central limit theorem）可以知道，连续函数可以用来模拟离散序列。一般

---

① Knuth(1997) 提出了这种方法，转引自：刘瑾，施建淮. 基于 ARCH 类模型的 VaR 方法在外汇风险计量中的应用[J]. 国际金融研究，2008，8.

使用布朗运动来模拟股票价格的变动。①

假设全国70个大中城市房屋销售价格指数也可以用几何布朗运动来模拟:

$$S_t = S_0 e^{x_T} = S_0 e^{aT+bT}$$

其中 S_t 是价格指数,$x_T = aT + bT$ 是一个布朗运动。根据伊藤引理,可以得到:

$$\ln \frac{S_T}{S_0} = \left(a + \frac{1}{2}b^2\right)T + bW_t$$

设 $a = \mu S_T, b = \sigma S_T$,于是有:

$$S_t = S_0 \exp\left(\mu T - \frac{1}{2}\sigma^2 T + \sigma \mathrm{d}W_t\right)$$

于是有:

$$S_{t+\Delta t} = S_t \exp\left[\left(\mu - \frac{1}{2}\sigma^2\right)\Delta t + \sigma \omega \sqrt{\Delta t}\right]$$

其中 μ 为样本均值(年),σ 为标准差(年),$\omega \sim N(0,1)$。

对未来一期的模拟结果如表 6-4 和图 6-17 所示

表 6-4　估计未来一期的收益率 VaR 值②

	99%	95%	90%
VaR	-0.0327709	-0.0220351	-0.01535899

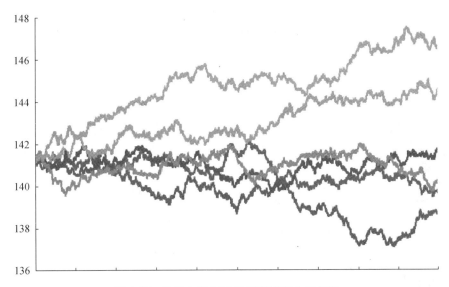

图 6-17　使用布朗运动随机模拟产生的结果

---

① John Hull. 期权、期货及其他金融衍生产品[M]. 北京:机械工业出版社,2010:186.
② 本章用一定置信水平下的最低收益率来表示 VaR,这可以视作初期投资额为 1。模拟的 1 000 个值是使用 Excel 的随机数发生器生成。

未来一期模拟结果直方图如图 6-18 所示。

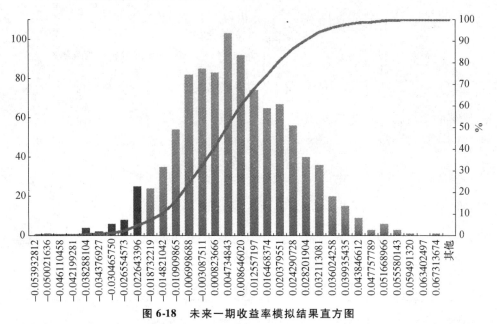

图 6-18　未来一期收益率模拟结果直方图

将 2005 年 7 月至 2010 年 12 月在布朗运动随机模拟模型下计算的不同置信度下的 VaR 值进行对比,并与真实收益率相比较,结果如图 6-19 所示。[①]

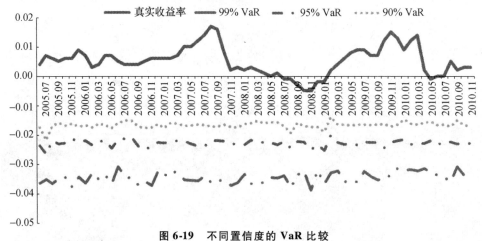

图 6-19　不同置信度的 VaR 比较

可以发现,该方法下,各置信水平下的 VaR 值的趋势变动不大,几乎平行。这是因为模拟时使用的估计的样本方差很小,生成的随机数之间的差别不大。这种

---

① 这里的收益率是几何收益率,即 $R_t = \ln \dfrac{P_t}{P_{t-1}}$,$P_t$ 是资产在 t 时刻的价格。

方法下我们使用了一个常数方差,并没有考虑方差时变性。

统计该模拟下的失败次数如表6-5所示。

表6-5 布朗运动随机模拟的失败次数统计

置信度	样本数	失败次数
99%	66	0
95%	66	0
90%	66	0

该方法下,99%、95%、90%置信水平下的各期VaR全部小于对应各期的真实收益率。

6.4.4 Risk Metrics 的 EWMA 模型

由于J.P. Morgan公司率先在Risk Metrics中使用VaR,出于比较的目的,本章也将Risk Metrics中使用的EWMA(exponentially weighted moving average)模型用来计算房地产投资的VaR值。

EWMA模型中,假设收益率服从正态分布,通过指数移动加权平均来预测其方差。

$$\sigma^2_{1,t+1|t} = (1-\lambda)\sum_{i=0}^{\infty}\lambda^i R^2_{1,t-i} = (1-\lambda)(R^2_{1,t} + \lambda R^2_{1,t-1} + \cdots)$$

$$= (1-\lambda)R^2_{1,t} + \lambda(1-\lambda)(R^2_{1,t-1} + \lambda R^2_{1,t-2} + \cdots)$$

$$= (1-\lambda)R^2_{1,t} + \lambda\sigma^2_{1,t|t-1}$$

模型可具体表述如下:

$$R_t \sim N(0,\sigma^2_2)$$

$$\sigma^2_t = \lambda\sigma^2_{t-1} + (1-\lambda)R^2_{t-1}$$

其中λ是衰减因子(decay factor)。对于计算日VaR和月VaR,Risk Metrics分别取$\lambda=0.94$,$\lambda=0.97$。结果如表6-6所示。

表6-6 Risk Metrics 的衰减系数估计

预测	表达式	衰减因子
日波动率	$\sigma_{1,t+1\|t} = \sqrt{\lambda\sigma^2_{1,t\|t-1} + (1-\lambda)r^2_{1,t}}$	0.94
日相关性	$\rho_{12,t+1\|t} = \dfrac{\sigma^2_{12,t+1\|t}}{\sigma_{1,t+1\|t}\sigma_{2,t+1\|t}}$	0.94
月波动率	$\sigma_{1,t+25\|t} = 5 \cdot \sigma_{1,t+1\|t}$	0.97
月相关性	$\rho_{12,t+25\|t} = \rho_{12,t+1\|t}$	0.97

资料来源:J.P. Morgan/Reuters., Risk Metrics TM-Technical Document[R]. Fourth Edition, New York, 1996.

该方法与ARCH类模型相比较,不需要估计模型参数,只要给条件方差序列

σ_1^2 赋予初值,则可以根据收益率序列及衰减因子得到条件序列的所有值。① 然后使用随机数发生器模拟 1 000 个情景,就可以得到各置信度下对应的 VaR。

利用 2005 年 7 月到 2010 年 12 月的房地产市场收益率序列,估计未来一期,即 2011 年 1 月的 VaR 对应的收益率,结果如表 6-7 所示。

表 6-7 估计未来一期的收益率 VaR 值

	99%	95%	90%
VaR	-0.014970	-0.011402	-0.008488

模拟结果的直方图如图 6-20 所示。

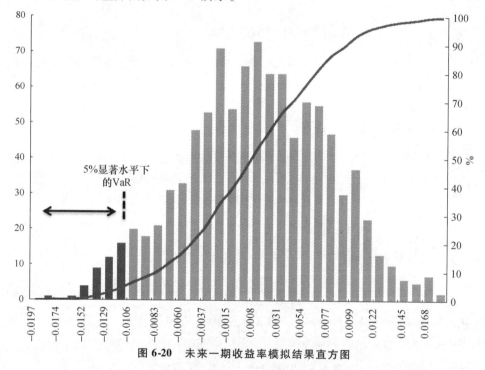

图 6-20 未来一期收益率模拟结果直方图

将 2005 年 7 月至 2010 年 2 月在 EWMA 模型下计算的不同置信度下的 VaR 值进行对比,并与真实收益率相比较,结果如图 6-21 所示。②

---

① 在 EWMA 模型中,条件方差序列的初值,即 $\sigma_{1,1}^2$,一般为 $R_{1,1}^2$,假设收益率序列的均值为 0。

② 这里的收益率是几何收益率,即 $R_t = \ln \dfrac{P_t}{P_{t-1}}$,$P_t$ 是资产在 t 时刻的价格。

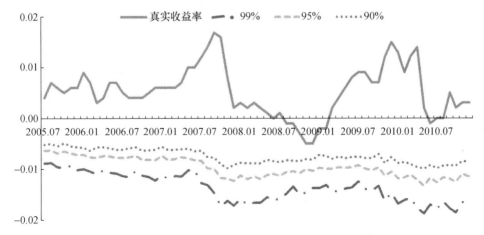

图 6-21　EWMA 模型下不同置信度的 VaR 比较①

统计 EWMA 模型下估计的失败次数,如表 6-8 所示。

表 6-8　EWMA 模型下的失败次数统计

置信度	样本数	失败次数
99%	66	0
95%	66	0
90%	66	0

EWMA 方法下,99%、95%、90% 置信水平下的各期 VaR 全部小于对应各期的真实收益率。

6.4.5　GARCH 模型

金融资产的收益率序列的波动性通常会随着时间的变化而变化,有时会较为稳定,但在某些时段会产生巨幅波动。这种收益率波动性因时间而变化的现象被称为波动集聚性(volatility clustering)。② Engle(1982)首先提出了用于刻画时间序列波动性的 ARCH 模型(autoregressive conditional heteroskedasticity model)。ARCH 模型的核心思想是,误差项在时刻 t 的方差依赖于时刻 $t-1$ 的误差平方的大小。因此,在 ARCH 建模的过程中,要涉及两个核心的模型回归过程:条件均值的回归方程和条件异方差回归过程。

ARCH 模型提出之后,许多学者对此做了改进。Bollerslev(1986)提出了 GARCH 模型。GARCH(p,q) 模型可以表示为:

---

① 这里的收益率是几何收益率,即 $R_t = \ln\dfrac{P_t}{P_{t-1}}$,$P_t$ 是资产在 t 时刻的价格。

② Thomas Lux, Michele Marchesi. Volatility Clustering in Financial Markets: A Micro-Simulation of Interactive Agents[J]. International Journal of Theoretical and Applied Finance,3,1998(8): 675{702}.

$$R_t = \alpha + \sum_{i=1}^{n} \phi_i R_{t-i} + \varepsilon_t \cdots \quad (6\text{-}1)$$

$$\varepsilon_t = \sqrt{h_t} \cdot \nu_t \cdots \quad (6\text{-}2)$$

$$h_t = \alpha_0 + \sum_{i=1}^{q} \alpha_i \varepsilon_{t-i}^2 + \sum_{j=1}^{p} \theta_j h_{t-j} \cdots \quad (6\text{-}3)$$

方程(6-1)是均值方程,方程(6-3)是方差方程。h_t 表示根据以前数据得出的时间序列的条件方差。其中,$\nu \sim \text{iid} N(0,1)$,则 $\varepsilon_t \sim \text{iid} N(0, h_t)$。$h_t$ 与 ν_t 互相独立。GARCH 模型可以很好地估计具有方差时变性的时间序列数据。实际中使用得最广泛得是 GARCH(1,1)模型,即:

$$R_t = \alpha + \phi R_{t-1} + \varepsilon_t$$

$$\varepsilon_t = \sqrt{h_t} \cdot \nu_t$$

$$h_t = \alpha_0 + \alpha \varepsilon_{t-1}^2 + \Theta h_{t-1}$$

该模型可以较好地度量时间序列的方差的波动性。本部分将尝试使用该方法对时间序列进行估计。

首先采用双指数平滑法对全国 70 个大中城市房屋销售价格指数的时间序列进行季节趋势调整。对其进行单位根检验,结果如表 6-9 所示。

表 6-9 ADF 检验结果

Lag Length:1 (Automatic based on SIC, MAXLAG = 10)		
	t-Statistic	Prob.*
Augmented Dickey-Fuller test statistic	3.544568	0.9999
Test critical values:1% level	-2.601024	
5% level	-1.945903	
10% level	-1.613543	

很明显,该序列是一个非稳定的时间序列,存在单位根。我们假设一个简单的 AR(1)回归,认为价格变动遵循随机游走。

$$\ln p_t = \beta \ln p_{t-1} + \varepsilon$$

估计得:

$$\ln p_t = 1.001139 \ln p_{t-1} + \underset{(0.000190)}{\varepsilon}$$

得到该回归的残差序列,对其进行统计分析。在分析一个序列时,需要分析序列的偏度(skewness)、峰度(kurtosis),并通过偏度、峰度来计算序列的 Jarque-Bera 检验统计量。

偏度的计算方法为:$S = \dfrac{1}{T\sigma^3} \sum_{i=1}^{T} (R_t - \bar{R})^3$,其中 T 为样本个数,σ 为样本标准差,R_t 为 t 时期的收益率,$\bar{R}$ 为样本平均收益率。如果收益率序列服从正态分布,

则分布的偏度为0。如果偏度大于0，则说明样本有一个较长的右尾，反之则说明有一个较长的左尾。

峰度的计算方法为：$K = \dfrac{1}{T\sigma^4}\sum\limits_{i=1}^{T}(R_t - \bar{R})^4$，正态分布的峰度为3。如果峰度大于3，则样本为尖峰分布，如果小于3，则样本的分布相对于正态分布的峰部较为平缓。

Jarque-Bera 检验统计量的计算方法为：$J - B = \dfrac{T-k}{6}\left[S^2 + \dfrac{(K-3)^2}{4}\right]$，其中 k 是样本估计方程中估计系数的个数，S 和 K 分别是样本偏度和峰度。Jarque-Bera 检验的零假设是样本分布服从正态分布。在零假设条件下，Jarque-Bera 检验统计量服从自由度为2的 χ^2 分布。使用 EViews 6.0 软件，统计分析收益率序列，结果如图 6-22 所示。

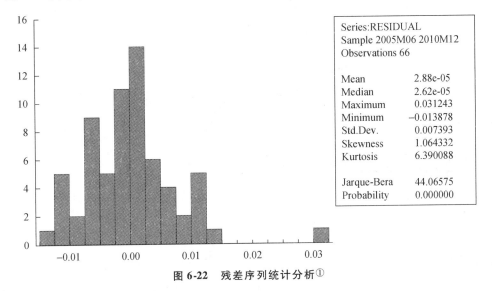

图 6-22 残差序列统计分析①

计算序列的 Jarque-Bera 值，结果为 44.06575，在 5% 的显著水平上，大于临界值 3.84，因此，在 5% 的显著水平上，认为该回归的残差序列是不服从正态分布的。从图 6-23 可以较清楚地看出，该残差序列存在明显的"尖峰厚尾"问题，即相对于正态分布，该序列的实现值出现在均值与极值的概率较高。

对残差序列的异方差性进行检验，以发现其是否具有 ARCH 效应，结果如表 6-10 所示。

---

① 如不做特别说明，本章接下来的数据统计分析、回归模型的参数估计全部基于 EViews 6.0 的计算分析。

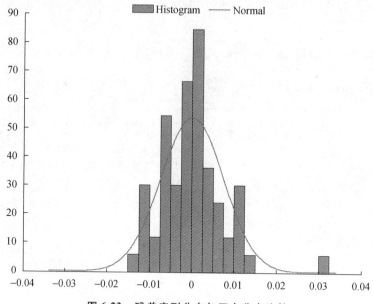

图 6-23 残差序列分布与正态分布比较

表 6-10 残差序列的 ARCH 效应检验

Heteroskedasticity Test: ARCH			
F-statistic	11.52034	Prob. F(3,59)	0.0000
Obs * R-squared	23.27192	Prob. Chi-Square(3)	0.0000

在 95% 的置信水平上,认为收益率序列存在 ARCH 效应,即收益率序列存在异方差现象。

因此,残差序列是一个不服从正态分布但是具有 ARCH 效应的序列。

对收益率序列使用 GARCH(1,1) 模型进行回归分析,结果如下:

$$\ln p_t = \underset{(0.000159)}{1.001164 \ln p_{t-1}} + \mu_t$$

$$\sigma_t^2 = \underset{(4.60 \times 10^{-6})}{1.1718469 \times 10^{-5}} + \underset{(0.411909)}{0.629819 \mu_{t-1}^2} + \underset{(0.166669)}{0.085672 \sigma_{t-1}^2}$$

对残差序列进行 LM ARCH 检验,结果如表 6-11 所示。

表 6-11 残差序列的 ARCH 效应检验

Heteroskedasticity Test: ARCH			
F-statistic	0.153847	Prob. F(3,59)	0.9268
Obs * R-squared	0.489008	Prob. Chi-Square(3)	0.9213

说明 ARCH 效应已消失。

利用 2005 年 7 月到 2010 年 12 月的房地产市场收益率序列,根据估计的方程预测下一期,即 2010 年 3 月的 VaR 值,结果如表 6-12 所示。

表 6-12　GARCH 方法估计未来一期的 VaR 值

	99%	95%	90%
VaR	-0.00425013	-0.00113769	0.00013119

将 2011 年 1 月的模拟结果生成直方图,如图 6-24 所示。

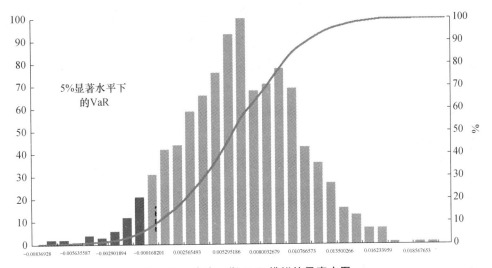

图 6-24　未来一期 VaR 模拟结果直方图

将 2005 年 7 月至 2010 年 12 月在 GARCH 模型下计算的不同置信度下的 VaR 值进行对比,并与真实收益率相比较,结果如图 6-25 所示。

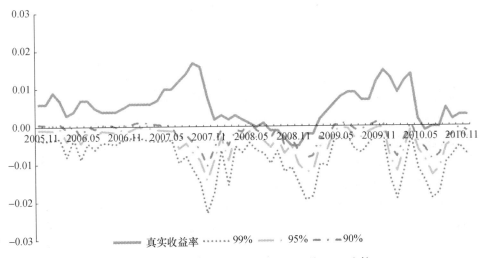

图 6-25　GARCH 方法下不同置信度的 VaR 比较

统计 GARCH 方法下计算的不同置信度 VaR 的失败次数,结果如表 6-13 所示。

表 6-13 GARCH 方法下不同置信度的失败次数统计

置信度	样本数	失败次数
99%	62	0
95%	62	1
90%	62	3

在 99% 的置信水平上,GARCH 估计的失败次数为 0;在 95% 的置信水平上,失败次数为 1;在 90% 的水平上,失败次数为 3。

6.4.6 后验测试

在实际应用中,由于方法设计、数据统计等原因,VaR 的估计与实际值总会有一定的偏差,为了度量估计的有效性,需要对估计结果进行检验,即后验测试(backtesting)。Kupiec 提出的检验方法被认为是最有效的。[①] 在显著水平为 α 时,实际考察天数为 T,失败天数为 N,则失败频率为 p,在零假设为 $p = p^*$ 的条件下,统计量:

$$LR_{uc} = -2\ln[(1-p)^{T-N} \cdot p^N] + 2\ln\left[\left(1-\frac{N}{T}\right)^{T-N} \cdot \left(\frac{N}{T}\right)^N\right] \sim \chi^2(1)$$

如果 $LR_{uc} > \chi^2(1)$,则拒绝原假设。

分别计算布朗运动随机模拟、EWMA、GARCH 方法下的各置信水平下的 LR_{uc},结果如表 6-14 所示。

表 6-14 后验测试结果

	99%	95%	90%
临界值	6.63	3.84	2.71
BS/EWMA	1.326644	6.770715	13.907588
GARCH	1.246241	2.011194	2.224480

可以发现,在布朗运动随机模拟、EWMA 模型中,95% 和 90% 的置信水平下的 VaR 值过高地估计了风险。GARCH 模型的表现相对较好。布朗运动随机模拟、EWMA 模型会过高地估计风险,GARCH 模型的估计准确度更好。

布朗运动随机模拟方法中假设的房屋销售价格指数遵循的随机游走模式可能并不准确,而且,该方法下并没有考虑方差时变性的问题,因而倾向于高估风险。EWMA 方法存在两个问题。首先,该方法假设收益率服从正态分布。这并不一定

---

① Philippe Jorion. 风险价值[M]. 北京:中信出版社,2005:123.

成立。很多金融资产的收益率都带有尖峰厚尾的特点,正态分布的假设不能非常准确地描述收益率的分布特征,从而可能出现无法准确估计未来的收益率风险的问题。另外,该方法假设收益率服从 $N(0,\sigma_2^2)$,即房地产投资的预期收益率是0,这对于中国这种正处于成长期的新兴市场来说,显然是不成立的。房地产投资的预期收益率显然是一个正值。基于预期收益率为0的假设的估计,必然会高估收益率的风险。这也是为什么会出现该方法估计的 VaR 值全部低于实际收益率的情况。在风险容忍度较高、要求的置信水平较低的情况下,如90%的置信水平,VaR 值仍然全部低于实际收益率,这就非常有可能高估了未来的收益率风险。

6.5 投资组合的 VaR 估计

6.5.1 多元 GARCH 模型

投资组合的 VaR 估计要比单一资产复杂。这是因为,我们在估计单一资产时,不必考虑投资比例问题,对单一资产的 VaR 估计实际上默认了持有该资产。而在组合中,我们需要首先确定投资组合包含的资产的比重。在估计所持有的资产的投资收益率的波动性时,由于组合中有不同的资产,我们需要确定这些资产之间是否有相关性,如果存在相关性,整个组合的投资收益率的波动性如何估计。这就使得模型变得复杂了。

Bollerslev,Engle and Wooldridge(1988)提出的 VEC 模型是最早用来估计组合方差波动率的多元 GACRH 模型。后来,BEKK Engle 和 Kroner(1995)提出了 BEKK 模型,Bollerslev(1990)提出了 CCC 模型,Engle(2002)提出了 DCC 模型。这些模型的提出使得对投资组合的投资收益率波动率的度量方法愈发准确。本节将重点介绍 CCC 模型。

Bollerslev 提出的常相关模型(Constant Conditional Correlation model)简称"CCC 模型",CCC 模型是一类用几个简单一元 GARCH 模型所构成的多元 GARCH 模型。用 y_t 表示一个 $N\times1$ 的向量,$y_t = E(y_t|\psi_{t-1}) + \varepsilon_t$,令 $H_t = \text{Var}(\varepsilon_t|\psi_{t-1})$,$H_t$ 是具有方差时变性的时间序列的协方差矩阵,且对于任意的 t,H_t 几乎处处(almost surely,a.s.)为正定矩阵。ψ_t 表示在 $t-1$ 时刻所有已知信息构成的 σ 域。令 h_{ijt} 表示 H_t 的第 ij 个元素,y_{it} 和 ε_{it} 分别表示 y_t 和 ε_t 的第 i 个元素。

令 ρ_{ijt} 表示 y_{it} 和 y_{jt} 的相关系数,则 $\rho_{ijt} = h_{ijt}/\sqrt{h_{iit}h_{jjt}}$,$-1 \leq \rho_{ijt} \leq 1$,a.s. $\forall t$。

可以变形为 $h_{ijt} = \rho_{ijt}\sqrt{h_{iit}h_{jjt}}$,$j = 1,\cdots,N$,$i = j+1,\cdots,N$。

CCC 模型的一个优点在于假设了条件相关性(conditional correlations)是一个常数,这在估计的时候会变得较为简单。我们可以将条件方差写作:$h_{iit} \equiv \omega_i\sigma_{it}^2$,$i = 1,\cdots,N$。其中,$\omega_i$ 是不随时间变动的常量,$\sigma_{it}^2 > 0$ a.s. $\forall t$。于是,我们就可以得到

完整的条件协方差矩阵：$H_t = D_t R_t D_t$，其中，

$$D_t = \begin{bmatrix} \sigma_{1t} & 0 & \cdots & 0 \\ 0 & \sigma_{2t} & \cdots & \vdots \\ \vdots & \vdots & \ddots & 0 \\ 0 & \cdots & 0 & \sigma_{Nt} \end{bmatrix}$$

$$R_t = \begin{bmatrix} \omega_1 & \rho_{12}\sqrt{\omega_1\omega_2} & \cdots & \rho_{1N}\sqrt{\omega_1\omega_N} \\ \rho_{12}\sqrt{\omega_1\omega_2} & \omega_2 & \cdots & \vdots \\ \vdots & \vdots & \ddots & \rho_{N-1,N}\sqrt{\omega_{N-1}\omega_N} \\ \rho_{1N}\sqrt{\omega_1\omega_N} & \cdots & \rho_{N-1,N}\sqrt{\omega_{N-1}\omega_N} & \omega_N \end{bmatrix}$$

CCC 模型假设在时间序列中，相关系数矩阵 R_t 是不变的，而且是一个正定、对称的矩阵。$h_{i,t}$ 可以通过一元 GARCH 模型回归估计。在正态分布的假设下，Bollerslev 给出了 CCC 模型的似然估计函数，

$$L(\theta) = -\frac{TN}{2}(1 + \log 2\pi - \log T) - \sum_{t=1}^{T} \log|D_t| - \frac{T}{2}\log\left|\sum_{t=1}^{T}\tilde{\varepsilon}_t\tilde{\varepsilon}_t'\right|$$

其中，θ 代表 ε_t 和 H_t 中所有的未知参数，$\tilde{\varepsilon}_t = D_t^{-1}\varepsilon_t$。

由于假设相关系数矩阵为常数，这就大大降低了需要估计的参数数量，这使得模型在计算上比较方便。估计简化也产生了问题，CCC 模型假设了相关系数矩阵不存在时变性，这在现实中可能会出现误差，这种对于相关系数的约束可能并不成立，该模型忽略了序列之间的动态相关性。例如，我们在讨论不同市场或者不同资产的风险相关性时，需要注意这种相关性是否是变化的。如果要更精确地进行估计，可以使用其他一些改进过的模型，如 DCC 模型（Engle，2002）或者 ADCC 模型（Engle，2000）。简单起见，我们使用 CCC 模型进行估计。①

6.5.2 收益率序列的统计特征

按照保监会的监管规定，保险资金可以投资的资产为：现金与存款，国债，企业债，股票，基金，房地产及其他股权投资。由于房地产投资和其他股权投资无法获得日度收益率数据，因而我们在资产组合的构建中将这两种资产排除在外，简单地考虑其余五种投资渠道。如第 6.3 节中的假设，现金与存款等同，都不产生利息。将存款与现金视作无风险资产。国债、企业债、股票、基金四类资产存在波动性。首先对这四类资产的收益率进行统计分析。

对其进行单位根检验，得结果如表 6-15 所示。

---

① DCC、ADCC 模型虽然估计上更准确一些，但参数太多，估计起来非常复杂，本书中暂不采用该方法。

表 6-15　各资产收益率序列的单位根检验

	国债收益率		企业债收益率		基金收益率		股票收益率	
	t-Statistic	Prob.	t-Statistic	Prob.	t-Statistic	Prob.	t-Statistic	Prob.
ADF 检验值	−12.74365	0.0000	−23.09599	0.0000	−45.13157	0.0001		

以上证指数的投资收益率为例,计算其自相关系数、偏自相关系数,得到图6-26。

Autocorrelation	Partial Correlation		AC	PAC	Q-Stat	Prob
		1	0.004	0.004	0.0323	0.857
		2	−0.017	−0.017	0.6562	0.720
		3	0.047	0.047	5.3653	0.147
		4	0.047	0.046	10.068	0.039
		5	−0.001	−0.000	10.072	0.073
		6	−0.052	−0.053	15.934	0.014
		7	0.027	0.023	17.496	0.014
		8	−0.004	−0.008	17.534	0.025
		9	−0.005	0.001	17.586	0.040
		10	0.020	0.023	18.476	0.047
		11	0.048	0.046	23.376	0.016
		12	0.025	0.023	24.720	0.016
		13	0.048	0.051	29.786	0.005
		14	0.003	−0.004	29.812	0.008
		15	0.058	0.054	37.180	0.001
		16	−0.013	−0.018	37.538	0.002
		17	−0.021	−0.019	38.447	0.002
		18	0.045	0.040	42.839	0.001
		19	−0.022	−0.022	43.859	0.001
		20	−0.023	−0.021	45.028	0.001
		21	−0.012	−0.010	45.320	0.002
		22	0.034	0.025	47.816	0.001
		23	0.006	0.005	47.896	0.002
		24	0.006	0.011	47.984	0.003
		25	−0.012	−0.024	48.312	0.003
		26	0.008	−0.002	48.466	0.005
		27	0.010	0.008	48.705	0.006
		28	0.022	0.022	49.756	0.007
		29	−0.000	−0.000	49.757	0.010
		30	−0.005	−0.004	49.807	0.013
		31	0.038	0.035	52.982	0.008
		32	−0.028	−0.024	54.638	0.008
		33	−0.037	−0.041	57.592	0.005
		34	0.039	0.040	60.906	0.003
		35	0.044	0.042	65.080	0.001
		36	−0.024	−0.020	66.331	0.002

图 6-26　自相关偏自相关统计图

可以发现,上证指数收益率的偏自相关系数与自相关系数均为截尾,则将回归模型确认为:

$$R_t = C + \varepsilon_t$$

回归得到残差序列的相关统计数据,如图 6-27 和图 6-28 所示。

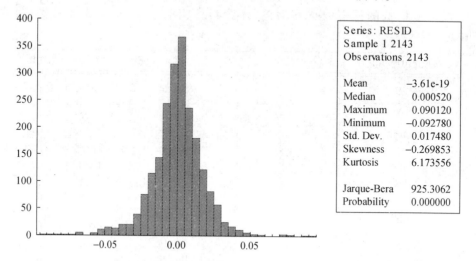

图 6-27　上证指数的残差项分布直方图

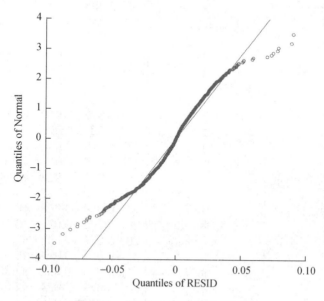

图 6-28　上证指数的残差项 QQ 图

计算序列的 Jarque-Bera 值,结果为 925.31,在 5% 的显著水平上,大于临界值 3.84,因此,在 5% 的显著水平上,认为该回归的残差序列是不服从正态分布的。从图6-27可以看出,序列存在"尖峰厚尾"问题。这意味着我们不能使用正态分布假设。QQ图同样显示了正态分布的假设会存在一些问题。使用同样的方法,对国债、企业债及基金的收益率进行回归分析,并对其残差项进行统计分析,发现这些资产的收益率全部不服从正态分布假设。我们不能够使用正态分布的假设。在下一节的多元GARCH模型中,我们使用学生t分布来代替正态分布假设。

对残差序列的异方差性进行检验,以发现其是否具有ARCH效应,结果如表6-16所示。

表6-16 残差序列的ARCH效应检验

Heteroskedasticity Test: ARCH			
F-statistic	41.90122	Prob. F(1,2140)	0.0000
Obs * R-squared	41.13496	Prob. Chi-Square(1)	0.0000

在95%的置信水平上,认为收益率序列存在ARCH效应,即收益率序列存在异方差现象。因此,残差序列是一个不服从正态分布但是具有ARCH效应的序列。使用类似的方法,可以确定这四类资产的收益率序列都存在这种特点。这样,我们就可以基于多元GARCH模型建模,对资产组合方差进行估计。

6.5.3 计算步骤

在本部分,我们的计算步骤可以归纳如下:

(1) 确定投资组合中的资产种类,可投资资产为:现金及存款,国债,企业债,股票,基金。

(2) 计算收益率 $R_t = \ln \frac{p_t}{p_{t-1}}$, $t = 1, 2, \cdots, N$,每个资产共2 143个收益率数据。

(3) 使用M-V模型,在给定期望收益率的条件下最小化方差,确定最优投资比重。

(4) 使用CCC模型,估计模型参数,计算K时刻的收益率、残差、条件方差。

(5) 模拟出服从分布的1 000个随机数,利用随机数求出$K+1$时刻的1 000个收益率值。

(6) 将这1 000个结果从小到大排序,第10、第50个值就是置信度为99%、95%的VaR所对应的收益率。

(7) 随机数的处理及上述步骤中有较多与单一资产的VaR估计步骤类似,因此在本部分中某些过程将做简化处理。使用MATLAB,模拟区间为2010年1月5日至2011年11月9日,共401交易日。计算结果如图6-29所示。

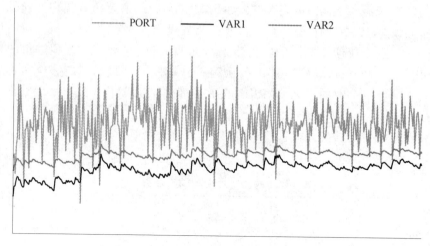

图 6-29　组合收益率、99%VaR 值、95%VaR 值

6.5.4　后验测试

统计失败次数,得到表 6-17。

表 6-17　失败次数统计

	失败次数	交易日数量	失败率
95%VaR	27	401	6.73%
99%VaR	5	401	1.25%

仍然使用 Kupiec 提出的检验方法。在显著水平为 α 时,实际考察天数为 T,失败天数为 N,则失败频率为 p,在零假设为 $p=p^*$ 的条件下,统计量

$$LR_{uc} = -2\ln[(1-p)^{T-N} \cdot p^N] + 2\ln\left[\left(1-\frac{N}{T}\right)^{T-N} \cdot \left(\frac{N}{T}\right)^N\right] \sim \chi^2(1)$$

如果 $LR_{uc} > \chi^2(1)$,则拒绝原假设。

分别计算 CCC-GARCH 方法下的各置信水平下的 LR_{uc},结果如表 6-18 所示。

表 6-18　后验测试结果

	99%	95%
临界值	6.63	3.84
MV-GARCH	0.228938	2.29839

可以发现,虽然失败率均高于相应的显著水平的值,但是在 Kupiec 的检测方法下,多元 GARCH 下估计的模型结果都拒绝了原假设,即认为模型的估计结果

分别通过了95%和99%的置信水平的检验,模型估计的效果较为理想。

我们在本节中仅仅是使用了多元GARCH模型来进行示意性的投资组合的VaR的计算。正如上文提到的,我们使用CCC-GARCH仅仅是因为该模型的参数较易估计。但是在现实中可能存在一些问题。在CCC模型下,我们假设各类资产的相关系数是不变的。这在现实中很容易遇到问题。在资本市场发展的早期,由于进入壁垒等人为设置的障碍,不同的市场之间的联动性可能比较稳定。但是,随着时间的推移,假设这种壁垒的力量逐渐减弱,不同的市场之间的联系较之前有了很大的改善。在这种情况下,我们很难再坚持相关系数不变的假设。这是现实中经常会遇到的问题。在前文中我们也提及了,在实际应用中,还有诸多的模型可以用来估计组合的波动率,如假设相关系数变动的DCC模型。

另外,本节在估计组合的投资收益时,并未将房地产投资考虑在内。这是因为房地产投资缺乏日度数据,很难在投资组合中进行分析。在构建投资组合时,由于CCC-GARCH模型在每一个交易日都会预测一次波动率的情况,并根据E-V模型,在每个交易日都要进行一次组合中各类资产权重的调整。这在现实中是很难做到的。考虑到手续费等问题,现实中保险公司投资组合的比重的改变经常是以月或者季度为单位的。在现实中,保险公司可以根据自己的风险偏好态度来调整组合比重,同时,以月度或者季度收益率为准来处理组合的波动率问题。并在每一个单位区间内,设置好触发操作的条件。

6.6 结　　论

保险资金的运用要符合三个要求:安全性、收益性、流动性。与发达国家相比,中国的保险资金的投资收益率偏低,稳定性差。如图6-30所示,比较中国2000年以来的保险资金投资收益率与发达国家历史上的保险资金投资收益率,我国的投资收益率远小于发达国家。但另一方面,由于我国目前正处在经济转型期,资本市场发展时间短,机构投资者少,中介机构不健全,市场法规制度有待完善,这些导致市场中投机行为较多,市场存在较大的系统风险。保险资金在运用中存在着两难的选择:如何既能改善目前较低的投资效率,又能降低投资面临的风险。本部分我们将重点从企业债投资、房地产投资以及总体的投资组合三个方面来进行阐述。

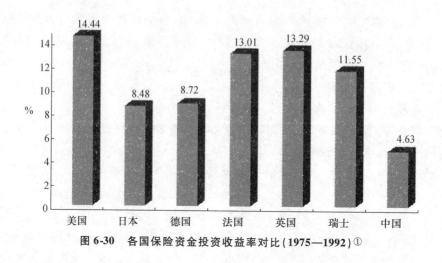

图6-30 各国保险资金投资收益率对比(1975—1992)①

6.6.1 企业债投资

在第6.3节中,我们放松了对企业债投资比重上限的规定,结果证明,这提高了投资收益率,改善了整个组合的投资效率。我们认为,企业债对于改善保险公司的投资效率具有非常重要的意义。从国际保险公司的投资经验来看,这一点也得到了证实。以美国为例。如图6-31所示,美国历史上的保险资金投资收益率长期高于GDP增长率,其投资的收益性和稳定性都非常理想。即便面临2008年金融危机的冲击,其投资收益率依然维持了较高的水平。

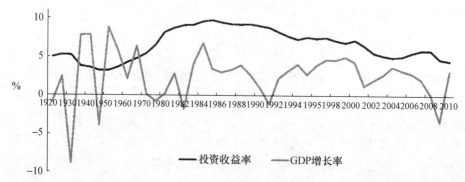

图6-31 美国保险资金投资收益率与GDP增长率的变动情况②

考察美国保险资金运用的投资结构。一般情况下,寿险公司将其所拥有的资

---

① 转引自:周爱玲.我国保险资金运用存在的主要问题和对策[J].职业时空,2009(9).其中,除中国以外的六国数据源自 Sigma 杂志1995年的调查。中国的收益率数据是笔者通过2000年到2011年的收益率计算,具体方法为 $(1+R)^n = \Pi(1+r_t)$,求出 R 为4.72%。

② 资料来源:ACLI(American Council of Life Insurers);世界银行;麦迪森(Maddison).世界经济二百年回顾[M].北京:改革出版社,1997:102—104.

产配置到两个特征截然不同的账户:普通账户(general account)和独立账户(separate account)。普通账户主要用以应对传统保单中寿险公司所要履行的赔付义务,这样的赔付往往较为固定。独立账户则主要用以应对需要承担投资风险的保险业务,这些业务主要是一些新型寿险产品,例如变额年金和养老金相关的保险产品。在中国的保险市场上,新型寿险产品较少,因而我们更关注美国的普通账户的资产结构。如表6-19所示,在美国的普通账户中,债券部分占比高达72.40%,这与中国保险投资中存款、债券占绝大部分的情况类似。不同之处在于,美国的普通账户中,公司债券占比高达46.60%,而中国的监管规定,投资于无担保企业(公司)债券和非金融企业债务融资工具的账面余额,合计不高于本公司上季末总资产的20%。

表6-19 2010年美国寿险公司资产分布情况 （单位:百万美元）

债券		普通账户		独立账户		联合账户	
		金额	比重(%)	金额	比重(%)	金额	比重(%)
政府债券	美国	294 489	8.50	43 790	2.40	338 279	6.40
	国外	71 211	2.10	3 955	0.20	75 166	1.40
政府债券合计		365 700	10.60	47 745	2.60	413 445	7.80
公司债券		1 611 217	46.60	89 144	4.80	1 700 360	32.00
抵押贷款支持证券		526 877	15.20	104 075	5.60	630 952	11.90
长期债券合计		2 503 794	72.40	240 964	1.30	2 744 758	51.70
股票	普通股	73 026	2.10	1 487 111	80.20	1 560 138	29.40
	优先股	9 484	0.30	603	0.00	10 087	0.20
股票合计		82 510	2.40	1 487 714	80.30	1 570 225	29.60
抵押贷款		317 273	9.20	9 715	0.50	326 988	6.20
不动产		20 026	0.60	7 826	0.40	27 851	0.50
保单贷款		126 273	3.70	549	0.00	126 821	2.40
短期投资		63 688	1.80	19 745	1.10	83 432	1.60
现金及现金等价物		33 892	1.00	19 316	1.00	53 208	1.00
其他投资资产		149 940	4.30	37 384	2.00	187 324	3.50
非投资资产		160 549	4.60	30 048	1.60	19 0597	3.60
合计		3 457 944	100.00	1 853 260	100.00	5 311 204	100.00

资料来源:ACLI(American Council of Life Insurers) Life Insurers Fact Book 2011.

目前我国的企业债市场还存在诸多问题。中国股票市场的不规范造成了在中国股票的融资成本反而低于债券的融资成本,中国企业多偏好股权融资。另外,非上市公司的信用能力不足,企业经营管理问题严重,有很多企业缺乏独立的财产权,这导致了企业债券兑付困难。权威的企业债券资信评级机构的缺乏也限制了中国债券市场的发展。① 企业债券产品品种少、规模小、交易不活跃。2007年以前,中国的债券市场中,国债、金融债、企业债的比例分别占51%、44%、5%,企业债占债券市场的比例是最低的。2011年公司债发行数为83只,共募集资金1 291.20亿元。发行总额占债券融资总额的比重从2007年0.14%增长到2011年的1.65%,但公司债发行总额占比依然偏小。这也是我国的监管机构对于保险公司投资企业债颇为谨慎的原因。

2007年全国金融工作会议做出了"加快发展债券市场"的部署,当时温家宝总理明确提出要"扩大企业债的发行规模,大力发展公司债"。2007年8月14日中国证监会正式颁布了《公司债券发行试点办法》。近年来企业债发行总额有了较大提高。企业债市场正在加速发展。从历史数据的统计来看,企业债的收益率比国债要高,虽然波动率也较国债高,但远远低于基金和股票的风险。我们认为,针对目前中国保险业投资效率低、波动性大的问题,要想改善投资效率,在投资渠道方面,最有可能的方法是提高对企业债的投资比重。当然,这要建立在债券市场规范发展的基础之上。完善公司的治理结构,提高发债公司的资信水平,同时,改善中国评级公司的业务能力和信誉,这是发展我国债券市场必需的措施。随着中国债券市场的完善,在保险公司风险容忍度适度提高的条件下,我们建议放宽对企业债的投资比例限制。

6.6.2 房地产投资

我国刚刚放开保险资金对房地产的直接投资限制。从积极方面来看,房地产业的开发与获利的周期长,尤其是商业地产,有较好的回报率和稳定的现金流。保险资金投资于房地产可以很好地改善目前保险资金运用中面临的投资结构不合理、资产负债期限不匹配等问题。但房地产业与宏观经济关系密切,存在着极其强烈的波动性与周期性,这对投资者来说是很大的风险。在高速发展过程中,房地产泡沫可能已经形成。这要求保险资金在投资房地产时,一定要同时看到投资的收益与可能面临的风险。

房地产市场发展的早期,其自身的不成熟性会加大投资风险,这种情况在世界上很多国家都发生过。以美国的房地产投资比重的变动为例。美国的保险资金直接投资房地产的上限为10%。但历史上并非一直如此。美国早期对保险资金运用的监管并不严格,致使保险企业的投资相当紊乱,出现了大量损害被保险人利益的行为。同时美国房地产市场在早期尚不成熟,虽然有很高的收益率,但波动剧烈,投资风险很大(见图6-32)。监管机构对保险公司的房地产投资监管开始加强,最典型的是纽约州在1905年通过的著名的Armstrong法案,禁止保险公司将保险资金投资于不动产。1942年之后,这一监管措施才逐渐放开。

---

① 户晗.中国企业债市场的发展现状与展望[J].经济研究导刊,2010(15).

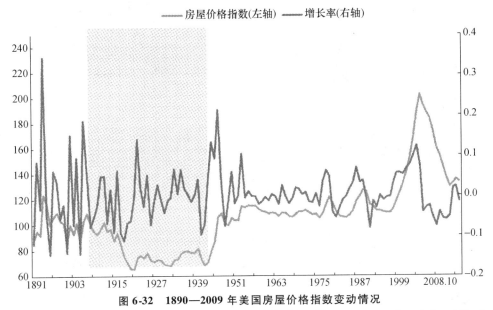

图 6-32 1890—2009 年美国房屋价格指数变动情况

资料来源：ONLINE DATA ROBERT SHILLER, http://www.econ.yale.edu/~shiller/data.htm

从美国的房地产投资比重的历史数据可以发现，第二次世界大战之后，美国的房地产投资比重在 80 年代左右达到最高，约为 3.6%，但之后就持续降低，金融危机之后这一比例下降得更为严重，2010 年只有 0.52%（见图 6-33）。在美国如此成熟的市场上，对房地产的直接投资比重是非常低的。美国保险资金更多的是通过不动产证券化的形式间接地投资于房地产业，如 REITs（real estate investment trust），这样可以充分地保证保险资金投资的安全性和流动性，又能从不动产市场中获得收益。

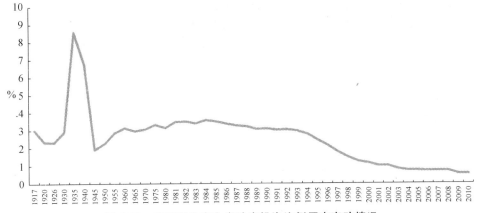

图 6-33 美国保险资金房地产投资比例历史变动情况

资料来源：NAIC.

我们将在香港上市的REITs等权重地构建一个投资组合,考察这个投资组合与其他股指收益率的相关性,得到表6-20。REITs的组合收益率与恒生指数的相关系数为0.4970,与地产指数收益率的相关系数为0.5243,与标普恒生大型股的相关系数为0.4286,与恒生小型股的相关系数为0.6315。相比较而言,除REITs之外的其余股票的相关性则高得多。最低的相关系数也有0.7125。大型股与大盘的相关系数更是高达0.9049。这一结果与美国市场的情况吻合。REITs虽然像股票一样在资本市场上进行交易,但是它与股票市场组合收益的变动情况相关性较低。相对而言,REITs的表现与小型股的相关性更高一些,甚至高于与地产股的相关系数,与大型股的相关性是最低的。这说明,REITs在资本市场上的风险表现与其他股票有较大的不同:它与股票市场的相关性不是很强,尤其是与大型股的相关性最低。

表6-20 收益率相关系数表

	组合收益	恒生指数	恒生地产	标普恒生大型股	恒生小型股	恒生房地产基金
组合收益	1					
恒生指数	0.49703539	1				
恒生地产	0.524333073	0.872609503	1			
标普恒生大型股	0.428594065	0.90494312	0.712526865	1		
恒生小型股	0.631527081	0.86064272	0.798078179	0.759002469	1	
恒生房地产基金	0.85687048	0.696014919	0.669640568	0.474861858	0.734809448	1

中国目前尚没有REITs产品。因而保险公司在投资房地产时会面临较大的流动性风险。我们认为,在未来一段时间,随着中国资本市场的完善,在风险可控的前提下,大力推进资产证券化,增强投资的流动性,努力将投资方式从以直接投资为主转变为以间接投资为主,将大大降低保险公司在房地产投资中可能遭遇的风险,并改善投资效率。我们认为,以资产证券化为代表的资本市场建设将会为保险公司的投资带来积极影响。

6.6.3 投资组合

保险公司的资金运用是一个非常复杂的工程,其投资对象涉及几个市场,这就要求保险公司在进行风险测度时,要基于整个投资组合的角度,将市场的联动反应引入模型,并采用相对精确的波动率预测方法来估计未来可能发生的损失。我们认为,保险公司在度量整个投资组合的风险时,需要注意以下几个方面的问题。

建立能够准确反映保险公司投资收益率的指标。以房地产投资为例。由于本书讨论的是保险资金房地产投资的风险,因此必须基于保险公司的角度来选取能够反映保险资金收益情况的指标。房地产业增加值、基于房地产开发过程的风险指标、上市房地产企业股票价格等都是基于房地产企业的角度来度量房地产业的风险,这些指标是不适合保险公司用来度量不动产投资的风险的。全国70个大中城市房屋销售价格指数虽然能够比较准确地反映房地产价格的波动情况,但是,该数据并不仅仅是针对商业不动产的,而且,该数据仍然是一个宏观数据,它对保险业的适用性有多强还有待验证。因而,要想准确地度量投资风险,必须构建针对保险业的不动产投资的收益率指标。

注意积累历史投资数据,总结投资经验。保险公司在债券投资方面有比较多的经验,股票市场的历史数据也非常容易获得,对这些市场的数量分析会相对容易。但房地产市场的数据较少,由于中国目前REITs等资产证券化工具少,没有房地产投资的高频数据。本书中使用的全国70个大中城市房屋销售价格指数只有从2005年7月至今的六十多个数据。这在进行数据分析与建模时是严重不足的。尤其是在讨论价格变动的方差时变性问题时,小样本产生的检验结果是否是个特例,或者,在长期中会否变化,仍然是值得担忧的问题。由于不动产投资渠道刚刚开放不久,在这方面的历史数据尤其匮乏。因而,做好数据积累并注意总结投资经验,这是保险公司在进行风险管理时需要注意的问题。

注意培养专业化的投资队伍。随着资本市场的发展,对投资者专业素质的要求越来越高。债券市场、股票市场、房地产市场之间存在较大的跨度,特别是房地产市场,这对保险公司来说相对陌生,保险公司在房地产投资上并没有专业优势。因此,保险公司需要逐渐培养专业的投资队伍,同时要注意选择比较安全的投资模式,并预设退出机制。

加强监管,注意借鉴发达国家的经验。安全性始终是保险资金运用的首要原则。以美国的情况看,债券投资始终在投资中占据首要地位。房地产、股票等风险较大的资产的投资比重相对较少。美国的保险监管机构对美国保险资金运用的监管一直较为严格。例如,在早期对保险资金对房地产、股票资产的投资有严格的比例限制,直到市场逐渐完善之后才慢慢放开。我们认为,中国保险资金运用的监管一定要与市场的发育程度相结合。美国的保险资金投资收益率高与美国成熟的资本市场密切相关。中国目前的资本市场不太成熟,从各类资产非常大的波动率来看,市场的系统性风险仍然较大。2008年以来,由于资本市场的不景气,保险资金投资收益率不高,保险业在经营中面临了较大压力。在这种环境下,监管机构需要联合推动中国资本市场的制度建设,增加可供投资的资产种类,才能长期为保险业带来投资收益。就目前而言,可以先开放安全性较好、较成熟的市场,对于价格波动大,或者是宏观调控的重点对象的领域,要谨慎投资。另外,可以要求投资者保守估计未来的收益情况,如将VaR置信水平从95%提高至97%,加强对保险公司的偿付能力监管等。

附录6.1 各资产收益率序列统计特征

Autocorrelation	Partial Correlation		AC	PAC	Q-Stat	Prob
		1	0.025	0.025	1.3118	0.252
		2	-0.031	-0.032	3.4259	0.180
		3	0.046	0.048	7.9781	0.046
		4	0.044	0.041	12.150	0.016
		5	0.004	0.005	12.187	0.032
		6	-0.046	-0.045	16.647	0.011
		7	0.032	0.031	18.917	0.008
		8	-0.009	-0.016	19.098	0.014
		9	-0.054	-0.048	25.375	0.003
		10	-0.010	-0.007	25.584	0.004
		11	0.051	0.048	31.218	0.001
		12	0.016	0.016	31.745	0.002
		13	0.011	0.021	32.001	0.002
		14	-0.021	-0.026	32.932	0.003
		15	0.048	0.042	37.973	0.001
		16	-0.015	-0.021	38.492	0.001
		17	-0.006	0.002	38.560	0.002
		18	0.078	0.071	51.817	0.000
		19	0.005	0.001	51.876	0.000
		20	-0.041	-0.035	55.481	0.000
		21	0.001	0.006	55.485	0.000
		22	0.052	0.039	61.323	0.000
		23	0.025	0.023	62.647	0.000
		24	0.034	0.047	65.196	0.000
		25	-0.007	-0.015	65.316	0.000
		26	0.009	0.000	65.482	0.000
		27	0.005	0.009	65.544	0.000
		28	0.016	0.017	66.121	0.000
		29	0.013	0.005	66.516	0.000
		30	0.004	0.002	66.556	0.000
		31	0.004	0.006	66.586	0.000
		32	-0.025	-0.018	67.947	0.000
		33	-0.008	-0.014	68.098	0.000
		34	0.023	0.020	69.242	0.000
		35	0.066	0.066	78.722	0.000
		36	-0.017	-0.022	79.364	0.000

图 6A-1 基金收益率的自相关、偏自相关

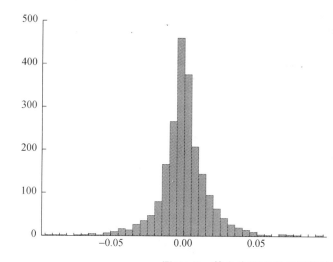

图 6A-2 基金收益率残差项统计图

表 6A-1 基金收益率的 ARCH 效应检验

Heteroskedasticity Test：ARCH			
F-statistic	91.61352	Prob. $F(1,2140)$	0.0000
Obs * R-squared	87.93465	Prob. Chi-Square(1)	0.0000

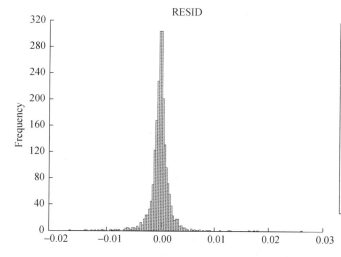

图 6A-3 企业债收益率残差项统计图

表 6A-2 企业债收益率的 ARCH 效应检验

Heteroskedasticity Test：ARCH			
F-statistic	349.7295	Prob. $F(1,2030)$	0.0000
Obs * R-squared	298.6265	Prob. Chi-Square(1)	0.0000

Autocorrelation	Partial Correlation		AC	PAC	Q-Stat	Prob
		1	0.240	0.240	123.69	0.000
		2	0.155	0.103	175.17	0.000
		3	0.120	0.067	206.20	0.000
		4	0.086	0.034	222.08	0.000
		5	0.089	0.048	239.26	0.000
		6	0.081	0.037	253.47	0.000
		7	0.141	0.103	296.41	0.000
		8	0.074	0.003	308.19	0.000
		9	0.077	0.027	320.90	0.000
		10	0.069	0.020	331.30	0.000
		11	0.044	-0.001	335.46	0.000
		12	0.020	-0.020	336.30	0.000
		13	0.051	0.030	341.93	0.000
		14	-0.018	-0.062	342.61	0.000
		15	0.008	0.003	342.74	0.000
		16	0.033	0.022	345.09	0.000
		17	0.012	-0.008	345.40	0.000
		18	0.008	-0.005	345.56	0.000
		19	0.036	0.034	348.36	0.000
		20	0.054	0.035	354.70	0.000
		21	0.019	0.001	355.48	0.000
		22	0.026	0.010	356.96	0.000
		23	0.012	-0.008	357.29	0.000
		24	-0.012	-0.023	357.58	0.000
		25	-0.052	-0.058	363.42	0.000
		26	-0.021	-0.012	364.35	0.000
		27	0.025	0.038	365.76	0.000
		28	0.023	0.016	366.90	0.000
		29	0.007	-0.011	367.01	0.000
		30	0.038	0.040	370.22	0.000
		31	0.023	0.013	371.40	0.000
		32	0.014	0.007	371.81	0.000
		33	0.030	0.024	373.72	0.000
		34	0.046	0.037	378.37	0.000
		35	0.051	0.027	384.09	0.000
		36	0.061	0.034	392.08	0.000

图 6A-4　国债收益率自相关、偏自相关图

表 6A-3　国债收益率的 ARCH 效应检验

Heteroskedasticity Test: ARCH			
F-statistic	620.0915	Prob. $F(1,2133)$	0.0000
Obs * R-squared	480.8759	Prob. Chi-Square(1)	0.0000

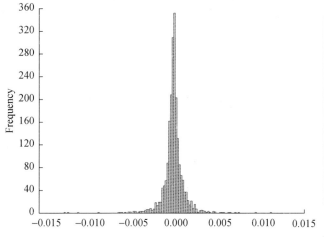

图 6A-5　国债收益率残差项

7 保险资金运用风险管控——基于监管的角度

7.1 保险资金运用风险监管必要性分析

7.1.1 保险资金运用监管的经济学分析

英国经济学家亚当·斯密在其不朽著作《国民财富的性质和原因的研究》中指出,市场如一只"看不见的手"对社会资源进行有效配置。在市场经济中,保险公司受利己心所驱动,将资金运用于产生收益最大的渠道,而市场中这只"看不见的手"指引这种利己心去促进总体的经济福利。

然而,这只"看不见的手"也不是万能的,它虽然通常能够对社会资源进行有效分配,但也有失灵的情况。市场失灵的情况产生的一个原因便是"外部性"的作用。在没有外部监管的情况下,保险公司在对资金进行运用时出于自身利益最大化的考虑,往往会增加投资资金总量或者投资于一些高风险的投资渠道以获得更大的收益。虽然此时保险公司自身的收益更大,但其风险程度也随之提高。由于保险公司的经营具有负债性的特点,其风险加大导致其债权方,即投保人的风险程度加大,从保险中获得的效益降低。就社会总体而言,保险公司与投保人的总体效用并未因为保险公司资金运用获益的提高而增加。

政府对市场的监管在一定程度上可以改善市场结果。保险监管部门通过对资金运用渠道、运用比例等方面的监管,可以有效防范保险公司因为资金运用而产生的风险,保护投保人的利益,从而使得社会总效益达到最大化。因此,从经济学意义而言,对保险资金运用风险的监管可以改善保险市场资源有效配置,使社会整体经济状况变得更好。

7.1.2 保险行业的特殊性要求

保险公司通过销售保险合约而获得保费收入。在承保的保险事故发生,保险单受益人提出索赔申请后,根据保险合同的规定,对事故的原因和损失情况进行调查确认无误后,给付保险赔付。这样的经营流程决定了保险行业具有先盈利后负债的特点,因此保险公司在经营时需要从保费中预留出相应的准备金来应对后期的赔付。

保险业与一般的工商企业不同,它是经营风险的公司,而不像一般的工商企业那样经营有形的物质基础。这种风险既有客观性又有普遍性,其客观性表现在各种风险因素不是人们主观想象或主观估计的抽象概念,而是一种客观存在,一旦风险转化为现实,必然使大量的社会财富遭到损毁,人身受到损害。风险的普遍性是指风险无处不在,无时不有,随时随地都有可能发生,且具有偶然性、不可预知性。一旦发生保险事故,就要求保险公司迅速、及时、准确地赔付或给付。因而保险公司的收益具有很大的不确定性,其收益取决于保单持有人的健康状况,或财产类标的的风险状况。

如果保险资金运用不合理,如缺乏流动性,保险投资不能随时变现,被保险人就不可能及时得到保险赔款或保险金,被保险人的生产和生活就会受到影响。由于保险业具有较强的公众性和社会性,其业务关系到千家万户,涉及各行各业,其经营活动的规范性将直接影响到广大公众的利益,因而各国政府无不对资金的运用进行比较严格的管理。

7.1.3 保险资金特性决定

保险公司的资金与其他的工商企业相比,具有其固有的特殊性,因此更需要进行监管。资金的特殊性主要表现在以下几点:

其一,保险公司资金来源主要分为资产类与负债类两类,其中资产类包括投资者所投入的资本金、公积金、未分配利润等;而负债类主要是指保险公司的准备金,总体而言保险公司的准备金为保险公司资金运用的主要来源。

保险公司准备金是指保险人为履行其承担的保险责任或应付未来发生的赔款,从所收的保险费或资产中提留的一项基金。保险公司资金运用得是否合理,风险度是否在可控的范围内关系到保单持有人的切身利益,因而保险监管部门需要对其进行严格监管。

其二,保险公司在运用资金时,考虑到资产负债匹配的要求,常常会投资于一些回收周期较长的投资渠道。回收期较长的投资渠道一方面具有更高的投资收益,但另一方面也导致其风险度的加大,一旦投资失败则会使得保险公司损失惨重而影响其准备金充足率,因此对保险公司资金需要进行监管。

另外,鉴于我国保险公司资金的一个重大比例投资于银行存款、债券等利率敏感性投资渠道中,其受市场利率影响很大,因而保险监管部门在进行监管时需要对保险资金运用风险进行严格监管,使其实现稳健增值,从而切实维护保险市场稳定,保护投保人利益。

7.2 我国保险资金运用风险监管方法

7.2.1 现场监管与非现场监管相结合[①]

我国保险监管的主要部门是中国保险监督管理委员会以及各省市的保监局。总体来说,我国保险业监管采用现场监管与非现场监管相结合的方法。两者相辅相成,共同维护我国保险业健康稳健发展。

非现场监管是指保险监管部门在采集、分析、处理保险公司相关信息的基础上,监测、评估保险公司风险状况,进行异动预警和分类监管的过程,它是我国保险监管部门的日常工作之一。保险资金运用风险监管的主要目标是防范和化解风险,从而尽早发现保险公司在资金运用时的风险并及时采取有效措施,防止保险公司因资金运用出现问题而导致资产与负债不匹配或者偿付能力充足度下降等问题。因此,通过加强非现场监管,完善保险业监管风险预警和评价体系,建立持续追踪制度,并根据非现场监管时发现的问题实施有针对性的现场监管,能够实现对资金运用风险早发现、早防范、早化解的目的。

同时,非现场监管也是保险公司偿付能力监管的主要手段,是我国偿付能力监管的内在要求,因而加强保险资金运用非现场监管可以与保险公司偿付能力监管进行有效结合,从而更好地防范保险业风险。

非现场监管与现场监管相比,它不需要保险监管部门工作人员深入到保险公司内部进行监管,而可以在对相关报表进行仔细分析的基础上对公司的风险状况进行分析,因而具有更高的效率。在我国保险业蓬勃发展,保险公司数量、规模不断增大,保险资金运用渠道不断拓宽的情况下,非现场监管发挥着越来越重要的作用,对于我国保险监管部门高效率地对保险资金运用风险进行监管有着重要的意义。

我国现阶段保险资金运用监管主要表现在两个方面:其一是要求保险公司定期上报财务报告,其二是保险公司的非现场监管制度。根据中国保监会的要求,保险公司需要定期上交经审议后的财务报告,如资产负债表、现金流量表、损益表等,对于偿付能力监管还需要保险公司上交认可资产表、认可负债表等以便对保险公司的风险状况进行分析,从而针对保险公司的问题采取相应的措施,便于现场监管的有效进行。而对于保险公司的非现场监管制度则主要针对保险公司的法人机构,以防范和化解风险为核心,致力于构建全方位的风险预警和评价体系。

[①] 参考《寿险公司非现场监管答记者问》,http://www.circ.gov.cn/tabid/106/InfoID/25472/frtid/3871/Default.aspx

7.2.2 保险资金运用渠道监管

由于保险公司经营的特殊性以及保险资金的特性,保险资金运用风险受到严格监管。在我国,《中华人民共和国保险法》《保险资金运用管理暂行办法》等法规对于保险公司资金运用监管的细节进行了详细说明,对保险公司资金运用的渠道和比例进行了规范,从而保证保险公司资金运用风险的有效防范。

1995年6月30日,全国人民代表大会常务委员会审议通过了《中华人民共和国保险法》(以下简称《保险法》),这是我国历史上保险业监管的第一部基本法。《保险法》的实施,不仅保险了保险人的合法权益,也为保险公司的自主经营和保险监管机构的外部监管提供了法律依据。1995年,《保险法》对于保险公司资金运用作了明确规定[①]:

> 第一百零四条 保险公司的资金运用必须稳健,遵循安全性原则,并保证资产的保值增值。
>
> 保险公司的资金运用,限于在银行存款、买卖政府债券、金融债券和国务院规定的其他资金运用形式。
>
> 保险公司的资金不得用于设立证券经营机构和向企业投资。
>
> 保险公司运用的资金和具体项目的资金占其资金总额的具体比例,由金融监督管理部门规定。

2002年,针对我国加入WTO的相关要求,全国人大常委会对《保险法》进行了一定的修改,修改内容主要在"保险业法"部分,它对保险业经营发展和保险业监管规定做出了一系列的调整,使之更适应于保险业发展的内外部环境变化情况。对于保险资金运用的监管规定如下[②]:

> 第一百零五条 保险公司的资金运用必须稳健,遵循安全性原则,并保证资产的保值增值。
>
> 保险公司的资金运用,限于在银行存款、买卖政府债券、金融债券和国务院规定的其他资金运用形式。
>
> 保险公司的资金不得用于设立证券经营机构,不得用于设立保险业以外的企业。
>
> 保险公司运用的资金和具体项目的资金占其资金总额的具体比例,由保险监督管理机构规定。

比较可知,2002年保险资金运用监管基本原则不变,都需要资金运用保证稳健和安全,但对于保险资金运用渠道进行了一定的拓宽,由原来的"不得用于向企

---

① 《中华人民共和国保险法》,1995年。
② 《中华人民共和国保险法》,2002年修订版。

业投资"变为"不得用于设立保险业以外的企业"。同时,随着1998年11月18日中国保险监督管理委员会(以下简称"中国保监会")的成立,其代替中国人民银行保险司而行使保险业监督管理职责,因此法规中也做出了相应的调整。

由于我国保险业的迅猛发展,保险监管中不断出现新的问题与挑战,经2002年修正后的《保险法》暴露出许多不适应和不完善的地方,特别是对于"保险合同法"的部分缺陷较多,不能适应现行的内外环境的变化。鉴于这样的情况,中国保监会会同有关部门对《保险法》进行了第二次修改。2009年2月28日,第十一届全国人大常委会第七次会议审议通过了《中华人民共和国保险法》修正案。《保险法》的完善,有利于促进保险公司稳健经营,同时也进一步保护了被保险人的合法权益。

2009年新《保险法》对于保险资金运用监管作了相应的调整[1]:

第一百零六条 保险公司的资金运用必须稳健,遵循安全性原则。
保险公司的资金运用限于下列形式:
(一) 银行存款;
(二) 买卖债券、股票、证券投资基金份额等有价证券;
(三) 投资不动产;
(四) 国务院规定的其他资金运用形式。

保险公司资金运用的具体管理办法,由国务院保险监督管理机构依照前两款的规定制定。

与2002年《保险法》相比,保险资金运用渠道得到一定程度的拓宽。保险资金运用并不局限于买卖政府债券、金融债券,而允许保险资金投资买卖债券、股票、证券投资基金等有价证券,还允许保险资金投资不动产。保险业竞争日益加剧,使得保险业利润很低,保险资金运用渠道的拓宽,有助于保险公司在一定的风险状况下取得更大的收益。

为加强对于保险资金的监管,对保险资金运用细则进行规范,中国保监会制定了《保险资金运用管理暂行办法》。该办法于2010年8月31日起正式施行,是规范保险资金运用的基础性法规。《保险资金运用管理暂行办法》对于保险资金运用管理模式、投资渠道及运用托管方式进行了详细的规范,是《保险法》在资金运用方面的有效补充。

《保险资金运用管理暂行办法》第六条对于保险资金运用渠道进行了如下规定[2]:

第六条 保险资金运用限于下列形式:

---

[1] 《中华人民共和国保险法》,2009年修订版。
[2] 《保险资金运用管理暂行办法》,2010年。

（一）银行存款；

（二）买卖债券、股票、证券投资基金份额等有价证券；

（三）投资不动产；

（四）国务院规定的其他资金运用形式。

保险资金从事境外投资的，应当符合中国保监会有关监管规定。

同时，该规定在第七条至第十五条对于各项投资渠道进行了详细的说明，从而保证保险资金运用得当，使其风险能够得到有效控制。如在第七条和第八条中，分别对于保险资金进行银行存款投资和债券投资作了如下规定：

第七条 保险资金办理银行存款的，应当选择符合下列条件的商业银行作为存款银行：

（一）资本充足率、净资产和拨备覆盖率等符合监管要求；

（二）治理结构规范、内控体系健全、经营业绩良好；

（三）最近三年未发现重大违法违规行为；

（四）连续三年信用评级在投资级别以上。

第八条 保险资金投资的债券，应当达到中国保监会认可的信用评级机构评定的，且符合规定要求的信用级别，主要包括政府债券、金融债券、企业（公司）债券、非金融企业债务融资工具以及符合规定的其他债券。

与此同时，保监会还颁布了一系列法规来进一步规范保险公司在具体投资渠道方面的投资。如在2010年8月，保监会公布了《保险公司次级定期债务管理办法》，对于保险公司募集次级债的相关事宜提出了明确的规定。另外，保监会根据我国保险业发展情况以及我国投资市场的实际情况，分别制定了《保险机构投资者债券投资管理暂行办法》《保险机构投资者股票投资管理暂行办法》《保险资金间接投资基础设施项目试点管理办法》等法规来对于保险公司资金运用进行详细规定。这些法律法规与《保险法》《保险资金运用暂行办法》等共同构成了我国保险资金运用监管法律体系，从而保证了我国保险业资金运用制度体系的完整性。

7.2.3 保险资金运用比例监管

由于不同资金运用渠道的风险与收益率存在着较大的差别，在对保险资金运用渠道进行监管的同时，也有必要对不同的监管渠道分别进行监管，从而对于保险公司资金运用整体风险可控。

在《保险资金运用管理暂行办法》第十六条中对于保险资金运用比例进行了详细的规定，具体如下[①]：

---

① 《保险资金运用管理暂行办法》，2010年。

第十六条 保险集团(控股)公司、保险公司从事保险资金运用应当符合下列比例要求:

(一)投资于银行活期存款、政府债券、中央银行票据、政策性银行债券和货币市场基金等资产的账面余额,合计不低于本公司上季末总资产的5%;

(二)投资于无担保企业(公司)债券和非金融企业债务融资工具的账面余额,合计不高于本公司上季末总资产的20%;

(三)投资于股票和股票型基金的账面余额,合计不高于本公司上季末总资产的20%;

(四)投资于未上市企业股权的账面余额,不高于本公司上季末总资产的5%;投资于未上市企业股权相关金融产品的账面余额,不高于本公司上季末总资产的4%,两项合计不高于本公司上季末总资产的5%;

(五)投资于不动产的账面余额,不高于本公司上季末总资产的10%;投资于不动产相关金融产品的账面余额,不高于本公司上季末总资产的3%,两项合计不高于本公司上季末总资产的10%;

(六)投资于基础设施等债权投资计划的账面余额不高于本公司上季末总资产的10%;

(七)保险集团(控股)公司、保险公司对其他企业实现控股的股权投资,累计投资成本不得超过其净资产。

前款(一)至(六)项所称总资产应当扣除债券回购融入资金余额、投资连结保险和非寿险非预定收益投资型保险产品资产;保险集团(控股)公司总资产应当为集团母公司总资产。

非金融企业债务融资工具是指具有法人资格的非金融企业在银行间债券市场发行的,约定在一定期限内还本付息的有价证券;未上市企业股权相关金融产品是指股权投资管理机构依法在中国境内发起设立或者发行的以未上市企业股权为基础资产的投资计划或者投资基金等;不动产相关金融产品是指不动产投资管理机构依法在中国境内发起设立或者发行的以不动产为基础资产的投资计划或者投资基金等;基础设施等债权投资计划是指保险资产管理机构等专业管理机构根据有关规定,发行投资计划受益凭证,向保险公司等委托人募集资金,投资基础设施项目等,按照约定支付本金和预期收益的金融工具。

保险集团(控股)公司、保险公司应当控制投资工具、单一品种、单一交易对手、关联企业以及集团内各公司投资同一标的的比例,防范资金运用集中度风险。

由于保险资金有很大一部分来自保险准备金,具有负债的性质。同时,考虑到保险类企业的特殊性,保监会对于保险公司投资的安全性提出了较高的要求。因为目前保险公司的投资依旧以存款、债券等固定收益类投资为主,而对于房地产等高风险行业涉及较少。

从保监会公布的数据来看,我国保险业2011年投资按照不同渠道分类情况如表7-1所示。

表7-1 我国保险业2011年投资按照不同渠道分类情况　　　　　（单位:%）

	1—3月	1—6月	1—9月
银行存款	32.4	33.5	32.7
债券	46.7	45.8	46.2
证券投资基金和股票	9.6	13.2	12.8
其他	11.3	7.5	8.3
平均收益率	1.1	2.1	2.7

资料来源:2011年保险年鉴;2011—2012年保险年度报告。

与2010年同期相比,得到如表7-2所示的数据比较表格。

表7-2 我国保险业2011年投资按照不同渠道分类情况　　　　　（单位:%）

	2010年1—6月	2011年1—6月
银行存款	30.50	33.50
债券	51.80	45.80
证券投资基金和股票	15.10	13.20
其他	2.60	7.50
平均收益率	1.93	2.10

资料来源:2010年、2011年保险年鉴,2011—2012年保险年度报告。

从表中数据可以看出,中国保险业投资以银行存款和债券为主,这两者的总比例达到80%左右,可见保险公司在投资时始终将安全性作为首要原则。相比之下,对于证券投资基金和股票等投资渠道的投资则相对较少。2011年虽然各项投资的比例稍有变化,但总体来说相对平稳。从表中可以看出,保险投资的收益率较低,只有不到3%。这与保险投资的结构有着重要的关系。固定投资收益产品虽然风险较低,但其投资收益率也相对于其他的投资方式较低。因此,提高投资收益率需要从改变投资渠道构成着手。

而对于2010年和2011年同期数据的比较,可以看出不同时期的投资构成相差不大。在两个时期内银行存款与债券都占有重要位置。此外,从2011年"其他"类投资的增加可以看出,2011年保险资金使用渠道增加了,投资变得更加多元化。

对于保险资金运用比例进行监管,可以对保险公司资金运用的整体风险进行有效监管,保证保险公司资金运用安全。

7.2.4 保险资金分类监管模式[①]

分类监管是以风险控制为着眼点的一项综合监管措施。保险监管部门通过对保险机构综合评价指标动态的监测、分析和处理,考核保险公司偿付能力、公司治理、内控和合规风险、财务风险、资金运用风险、业务经营风险等方面的情况,进行评价和分类,并采取相应的监管措施。

随着我国保险业充分发展,保险公司规模不断增大,保费收入不断增长,保险公司资金运用规模呈不断上升趋势。快速发展的保险业对于保险资金运用风险监管提出了更高的要求。通过对保险公司资金运用状况进行整体分析,针对风险状况进行分类,从而进行分类监管可以有效提高监管效率,实施科学、有针对性的监管。

保监会于 2006 年和 2007 年在人身保险和财产保险领域开始探索分类监管,根据保险经营主体在偿付能力、内控建设、业务特点、风险状况等方面的情况,确立不同的监管重点。2009 年 1 月 1 日起,保监会正式实施对产、寿险公司及保险专业中介机构的分类监管。

通过分类监管,可以有效地防范保险资金运用风险。监管部门在对保险公司进行综合评价、了解保险公司风险状况基础上,可以集中有限的监管资源,用于对风险较高的公司采取有针对性的监管措施,跟踪分析,从而加大防范和化解风险的力度,促进保险业又好又快发展。

我国保险业分类监管目前主要依赖于反映公司风险程度的指标,重点选取风险敏感性强、风险预警效果好的五大类指标,根据保险公司的风险程度,将保险公司分为四类。这五类指标包括偿付能力充足率指标,公司治理、内控和合规风险指标,财务风险指标,资金运用风险指标以及业务经营风险指标。

根据保险公司的风险状况,将保险公司分为以下四类来进行分类监管:

A 类公司,指偿付能力达标,公司治理、资金运用、市场行为等方面未发现问题的公司;

B 类公司,指偿付能力达标,但公司治理、资金运用、市场行为等方面存在一定风险的公司;

C 类公司,指偿付能力不达标,或公司治理、资金运用、市场行为等方面存在较大风险的公司。

D 类公司,指偿付能力严重不达标,或者公司治理、资金运用、市场行为等至少一个方面存在严重风险的公司。

对于不同类型的保险公司,监管方法也有所区别,具体表现如表 7-3 所示。

[①] 参考《中国保监会有关负责人就正式建立分类监管制度有关问题答记者问》,2009 年 1 月。

表 7-3　保险公司分类监管措施

类型	监管措施
A 类保险公司	不采取特别的监管措施。
B 类保险公司	可采取以下一项或多项监管措施： 1. 监管谈话； 2. 风险提示； 3. 要求公司限期整改所存在的问题； 4. 针对所存在的问题进行现场检查； 5. 要求提交和实施预防偿付能力不达标的计划。
C 类保险公司	除可采取对 B 类公司的监管措施外，还可以根据公司偿付能力不达标的原因采取以下一项或多项监管措施： 1. 全面检查； 2. 要求提交改善偿付能力的计划； 3. 责令增加资本金、限制向股东分红； 4. 限制董事和高级管理人员的薪酬水平和在职消费水平； 5. 限制商业性广告； 6. 限制增设分支机构； 7. 限制业务范围、责令停止开展新业务、责令转让保险业务或者责令办理分出业务； 8. 责令拍卖资产或者限制固定资产购置； 9. 限制资金运用渠道或范围； 10. 调整负责人及有关管理人员； 11. 向董事会、监事会或主要股东通报公司经营状况。
D 类保险公司	除可采取对 B、C 类公司的监管措施外，还可以采取整顿、接管或中国保监会认为必要的其他监管措施。

通过对保险公司进行分类监管，可以对现场监管与非现场监管进行有机整合，从而更好地整合监管资源，把握监管重点，增强监管力度，提高监管效率，切实防范与化解行业风险。实施分类监管切合我国保险业经营情况，是我国保险业监管的必经之路。

7.3　保险资金运用风险监管与偿付能力监管关系

7.3.1　两者存在着过程与结果的关系

保险公司的偿付能力是指其偿还负债能力，就保险公司而言，偿付能力是指其在保单到期时履行约定的赔付或给付义务的能力，定义为保险公司的认可资产与认可负债之间的差值。保险公司只有保持充足的偿付能力才能应对随时可能发生的赔付，增强其应对风险能力，从而保持其业务正常开展。若保险公司偿付能力不足，则会导致投保人的利益受损，进而影响金融体系和社会的稳定发展。因此，保险监管部门通常将偿付能力监管作为保险业监管的核心所在。

保险资金运用风险作为保险公司整体风险的一部分,影响其整体风险状况,对于偿付能力的监管不可避免地涉及对于资金运用风险状况的度量。而对于资金运用风险的监管归根到底也是为了对保险公司的偿付能力进行监管。通过对资金运用风险的监管,可以在保险公司资金运用风险达到监管限值时及时采取相应的防范措施来防止保险公司的偿付能力出现问题,防止保险公司出现无法及时偿付赔款甚至出现资不抵债的情况。因此对于保险资金运用风险的监管是对保险公司偿付能力监管的重要组成部分。

对于保险公司资金运用风险的监管通常是对于保险公司一段时间内的资金运用情况进行监督管理。例如对于保险公司投资风险的管理,便无法在一个特定的时点进行准确衡量,而需要对保险公司在一段时间内的资金运用情况进行监管,考察其风险状况从而实施有效监管。因此对于资金运用风险的监管是对于过程量的监管。

根据偿付能力监管的定义,保险公司的偿付能力是用其认可资产与认可负债之间的差额来衡量的,而保险公司的资产与负债随着公司日常经营而不断变化,只是在固定的时点才会对公司的资产与负债进行衡量,因此对保险公司的偿付能力监管是一个时点的概念。由于企业通常会在每季度末公布其资产负债表,因此对于保险公司偿付能力的衡量通常也是在季度末进行。所以对于偿付能力的监管是对于结果量的监管。

综上,保险公司的偿付能力一定程度上是资金运用的结果,对偿付能力监管与对资金运用风险监管之间存在着结果与过程的关系。通过对保险公司偿付能力的监管可以对公司资金运用的结果进行度量,从而更好地对其风险进行有效监督。

7.3.2 相辅相成,共同促进保险监管

保险资金运用风险监管与保险公司偿付能力监管之间存在着密切的联系,两者之间有着密不可分的关系。资金运用风险监管是偿付能力监管的重要组成部分,偿付能力监管需要资金运用监管来支撑。两者相辅相成,共同促进保险业监管。

同时,偿付能力监管与保险资金运用监管之间也有着相互促进的作用。如对偿付能力进行监管时,针对不同公司的偿付能力指标对其进行分类监管;在保险资金运用进行监管时,也可以对这种方法进行借鉴。目前我国保险资金运用监管已初步构建了监管框架,推进资金运用的分类监管,加强对保险资金的调控和指引。同样,保险资金运用监管中应用的缺口分析等方法也促进了我国偿付能力监管方法水平的进一步提高。

综上,保险资金运用风险监管与保险业偿付能力监管之间存在着密切的联系。一方面,两者存在着过程量与结果量的关系;另一方面,两者相辅相成,共同促进保险业监管。在对保险资金运用风险进行监管时也需要考虑保险偿付能力监管的要求,从而在偿付能力监管的框架下对资金运用风险进行有效监管。

7.4 基于Solvency II角度的保险资金运用风险监管

7.4.1 Solvency II介绍

1994年,欧盟监管委员会正式启动了欧盟偿付能力 I (Solvency I)项目,以对欧盟当时的保险业监管体系进行全面评估,并在借鉴世界上其他国家偿付能力监管经验的基础上,提出相关的改革方案,从而建立适应于欧盟各成员国的偿付能力监管体系。

1997年4月,欧盟监管委员会提交了以该委员会主席穆勒博士命名的研究报告,即"穆勒报告"。它标志着欧盟偿付能力 I (Solvency I)的建立。报告认为,现有的偿付能力监管仍然具有其实用性,但需要进行适当的修改和补充,如考虑到通货膨胀等因素,对于资本金要求应进行相应的增加从而满足现行的市场风险状况。同时,报告还指出,应建立相应的条款来对投资风险进行相应的衡量,从而更好地测度保险公司的风险状况。

Solvency I 标准于2004年作为欧盟保险监管最低标准正式实施,并得到保险业内的广泛认可。但在实施过程中,保险市场发生了巨大的变化,Solvency I 体系渐渐与市场情况不符。主要表现在:

(1)偿付能力标准在欧盟各成员国之间有着较大的差异。虽然欧盟监管委员会采取了一系列的措施试图建立统一的标准,但各个成员国由于其保险市场风险状况、法律法规体系等方面的差异,各国相应的偿付能力监管标准有着较大差异,无法进行有效统一。

(2)Solvency I 标准中对监管资本的衡量与保险公司实际的经济资本相背离,使得偿付能力额度监管在一定程度上反而增加了保险公司的经济负担,不利于其发展。同时,对于保险公司偿付能力额度的监管未能反映出保险公司的真正风险状况,使得监管效率降低。

(3)Solvency I 标准无法适应金融企业混业监管的需要。随着世界经济的发展,保险企业与银行业、证券业的融合也逐渐加大。与此同时,金融产品的创新也层出不穷。而 Solvency I 标准中缺乏有效的针对综合化金融集团和创新型金融产品的监管机制,对于混业监管存在着真空地带。

保险市场新形势下需要对偿付能力标准进行相应的调整以适应保险业监管的需要。在这样的背景下,欧盟监管委员会启动了欧盟偿付能力 II (Solvency II)项目。

Solvency II 标准主要由三支柱构成,分别为数量要求标准、监管检查流程以及监管报告与公开信息披露。三者相辅相成,共同构成了 Solvency II 标准。与保险资金运用风险管控相关的主要是第一支柱。下面重点对于第一支柱进行介绍。

一、第一支柱:数量要求标准

数量要求标准主要包括资产与负债的估值原则、技术性准备金、自有资金、资本要求、投资规则等内容。

1. 保险准备金的计算

保险公司具有充足的准备金是其拥有充足的偿付能力的必要条件,因而准备金是保险监管部门监管的重点。根据 Solvency Ⅱ 的相关标准,保险公司的保险准备金的估值方式为其现在退出值,即保险公司将其所有合同的权利义务全部在今天进行转移而需要支付的资本量。其中可套期风险的负债价值根据金融工具市场价值确定,而不可套期的风险的技术准备金由最佳估计与风险估计两部分准备金分别进行计算,再进行汇总求和后求得。

最佳估计(best estimate)是对未来预期全部有效保单未来现金流量运用精算方法与概率假设进行折现的结果。通过估计出未来的现金流量,用无风险利率进行折现得到其概率分布的期望值,即为最佳估计。在计算最佳估计时,需要同时考虑未来的"保险业务"的给付项目和保险公司"保证项目"的给付项目,如保证最低收益率、内含选择权、保证红利等,这样才能得出合理的最佳估计。

风险边际(risk margin)是指保险公司将其合同所有权利义务转移给另一保险企业接手时所需要付出的资本量。将实现未来所有合同所必须具备的偿付能力资本折现乘以资本使用成本所得到的数额即为风险边际的值。由于在建立最佳估计值时是基于"最佳精算条件"所得的,但在保险公司实际运营过程中,这一最佳条件会随着外部环境的变化而发生变化,因此直接采用"最佳精算条件"会产生一定的差异。风险边际值可以使得对于保险准备金计算时更为谨慎,从而获得更精确的结果。

2. 偿付资本要求

偿付能力资本要求是保险业监管的重要组成部分。在 Solvency Ⅱ 标准中,对于偿付能力资本的计算主要是基本保险公司面临的风险,计算出相应的风险资本值(risk-based capital)。在实际计算时,考虑到计算的复杂度问题,并没有加入资产负债匹配风险与流动性风险,而是将这两者加入到第二支柱中。

在度量保险公司的偿付能力资本要求时,主要是基于其市场风险、信用风险、保险公司、承运风险等。运用风险价值来计算资本要求,可以有效地将不同类型的风险因素进行汇总,从而衡量保险公司的整体偿付能力资本要求,对保险公司进行有效监管。根据 Solvency Ⅱ 的规定,计算时采用在一年内置信水平为 99.5% 的情况下对资本要求进行度量。

3. 最低资本要求

最低资本要求是保险监管的重要依据,也是偿付能力资本要求的底线,一旦保险公司的资本额低于这个标准,则会面临破产危险。因而保险监管部门需要在保险公司濒临这个标准前及时做出合理监管,避免保险公司破产。

最低资本要求不是基于风险基础的资本,公司对MCR没有选择权。最低资本要求采用简化方法与绝对底线方法来计算。简化方案将最低资本要求的置信度定为80%到90%之间,时间为一年时基本自有资金的VaR。MCR的绝对底线要求规定,成员国寿险企业不得低于200万欧元,非寿险和再保险企业通常不得低于100万欧元。

4. 内部模型

在Solvency Ⅱ标准下,保险公司既可以运用标准法来计算其偿付能力资本要求,也可以开发出适合保险公司自身情况的内部模型来对偿付能力资本要求进行计算。内部模型是根据保险公司自身所承担的风险形态来设定的,它往往更能够切合保险公司实际的风险状况,从而提高保险公司进行风险管控的效率。保险公司使用内部模型可以对其风险状况进行更好的度量,从而采取相应的措施来降低其破产的概率,使得保险监管收到更好的效果。

但保险公司在选择内部模型时也需要经过监管部门的批准,即保险公司必须符合"内部模型"法的规范条件并通过监管部门的审核才能够利用内部模型。同时,监管部门对于"内部模型法"有核准或否决的权力,避免保险公司故意使用不符合法规的模型来降低其风险的度量值。实行内部模型往往成本较高,因而其只适用于市场规模较大的保险集团,而规模较小的保险公司一般仍会选择标准法来对其偿付能力资本要求进行度量。

二、第二支柱:监管检查流程

Solvency Ⅱ标准的第二支柱主要是对于偿付能力监管的定性要求,在这一部分中借助内部风险管理监管原则,对保险公司风险管理控制的质量进行监管,从而针对保险公司的风险状况分别制定相关的资本额要求。通过这样的监管模式,可以促进保险公司对风险的管理,从而推动保险公司根据自身的风险情况及时采取相应的措施来对风险进行相应的管控。

在这一部分主要包含三个方面的内容:

1. 内部管理

Solvency Ⅱ对于保险公司内部管理的要求,主要在于公司治理、内部控制、内部稽核等方面。通过对相关制度的构建与强化,可以加强对保险公司的风险监管、资产负债监管以及投资监管,从而与第一支柱中相关的条约进行互相配合,更好地实施风险监管,内部管理相关规范是Solvency Ⅱ中不可缺少的内容。

2. 监管执行流程

这一部分主要是指外部监管机构对于保险公司内部监管的检查制度,它主要包括三个部分:一是一般检查与实验检查流程;二是监管权力的行使;三是检查流程的公开透明。通过对这三部分的监管,可以在一定程度上实现对监管权力的制约作用,以更好地实现监管制度的构建与强化。

3. 偿付资本要求的增加

这一部分中对于偿付资本要求的增加量主要是基于监管执行流程中监管机构的判断得出，而不是基于 Solvency Ⅱ 第一支柱的结果。偿付能力资本要求作为保险业监管的重点，需要进行审慎的监管。在这一部分中可以对第一支柱中利用标准法计算得到的结果进行补充，通过监管流程由监管机构判定保险公司需要增加的资本量来保证保险公司的偿付能力满足监管要求，同时保证保险公司的财务能够稳健发展。

三、第三支柱：监管报告与公开信息披露

第三支柱中主要涉及对保险公司相关信息的披露，不仅包含保险公司定期的监管报告以支持风险导向的保险监管方式，还包括致力于加强市场机制和市场约束的公开披露要求。保险公司应该根据监管部门的要求定期上报公司经营状况、公司治理、偿付能力、承担风险以及资产管理等相关信息以便监管。Solvency Ⅱ 采用有效运用市场规范机制的方法，利用市场与公众的监督和约束来强化监管功能。保险公司的信息披露包括两部分——公开披露与监管报告。对公开披露而言，在《Solvency Ⅱ 法令框架草案》中明确指出，保险机构每年应当发布一份公共报告，简短而主要地披露其偿付能力状况和财务状况，使公众对公司的基本情况有所了解，从而合理地发挥公众监督的作用。而就监管报告而言，Solvency Ⅱ 规定保险公司应定期提交关于公司经营业务及其绩效、公司治理体系、风险暴露、风险集中、风险转移和风险敏感性、偿付能力评估基础和评估方法的相关信息，同时还需要对偿付能力评估报告和财务报告中任何主要差异进行解释，以便监管部门对其进行监督。

Solvency Ⅱ 还弥补了 Solvency Ⅰ 在对保险集团监管上的不足。Solvency Ⅱ 与 Solvency Ⅰ 相比，对集团监管的重视有了一定程度的增加。在 Solvency Ⅱ 中规定，保险集团的资本要求必须与集团内的各个单个实体的资本要求分开进行评估，并且应该反映出针对该集团的多样化效果、集团法律结构和任何集团内部协议的资本含义。在一定情况下，欧洲保险与再保险公司允许使用集团的资产作为补充资金，以支持对公司的偿付能力要求，这可以帮助集团更加有效地在子公司之间分配资产，制定更有效的资金运用策略。将集团监管关键方面的主要责任授予保险集团监管者，这将会建立一套最新型的、更加有效的针对保险集团的监管机制。

7.4.2 Solvency Ⅱ 风险分析

在 Solvency Ⅱ 的第一支柱中，对保险公司面临的风险进行了详细的说明，并提出了相应的度量方法，从而对保险公司面临的风险进行衡量。

一、对于保险准备金的度量

对保险准备金的度量是将最佳估计和风险边际两者进行叠加，其中最佳估计是对未来预期全部有效保单未来现金流量运用精算方法与概率假设进行折现的结果。

假设保险公司 A 未来预期的现金流分别为 X_i,其中各现金流既包括保险业务的给付项目,也包括保证项目的给付项目,它们分别发生在时间 t,无风险利率为 i,则最佳估计值为:

$$\text{Best Estimate} = \sum_{i=1}^{n} X_i e^{-rt_i}$$

风险边际是指保险公司将其合同所有权利义务转移给另一保险企业接手时所需要付出的资本量。将实现未来所有合同所必须具备的偿付能力资本折现乘以资本使用成本所得到的数额即为风险边际的值,即:

$$\text{Risk Margin} = 偿付能力资本折现 \times 资本使用成本$$

所以,总的保险准备金为:

$$\text{Total Reserve} = \text{Best Estmate} + \text{Risk Margin}$$

二、偿付资本要求

利用标准法计算偿付能力资本要求(SCR)时,通常考虑市场风险、信用风险、保险风险以及营运风险等风险因素,然后对其进行汇总。图 7-1 中列出了 QIS3 中所涉及的风险因素。

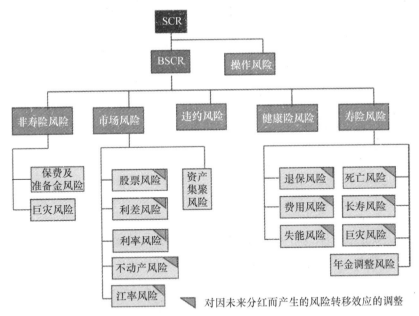

图 7-1　QIS3 中影响 SCR 的风险因素示意图①

下面对各种类型的风险分别进行分析:

(1)市场风险:是指保险公司持有的资产或承担的负债因为市场因素的变化

---

① 参考:赵桂芹,梁庆庆.欧盟保险业 Solvency Ⅱ 项目最新进展及对我国的启示[J].云南财经大学学报,2009(2).

而导致的财务损失,此处的市场因素主要包括股票风险、利差风险、不动产风险等。如保险公司所持有的银行存款或者证券可能会因为市场利率的变化导致保险公司的资产价值下降,以及保险公司的资产与负债不匹配,对保险公司的正常运营产生风险。

(2) 违约风险:指保险公司所持有的证券或者交易对手因为信用问题所产生的风险。如保险公司所持有的金融债券因评级发生变化而导致的价值受损,或者是保险公司所持有的贷款因贷款人无法完全支付而产生的风险。

(3) 保险风险:指保险业务的不确定因素而可能产生的风险,根据保险公司的性质分为非寿险风险、健康险风险和寿险风险。保险公司在设计保险产品时,是根据对未来的现金流进行精算假设并基于概率统计而进行计算的,而一旦当初的精算假设出现变化,则可能会导致保险公司的赔付加大或者收益减小而导致保险公司的资产受损。实务中的利差损、费差损等都属于保险风险。

(4) 操作风险:指保险公司由于公司内部经营管理或者业务流程不当而导致的风险。如保险公司的计算机系统出现故障而导致的风险,不同工作部门由于利益冲突导致效率低下而导致的公司财产的损失,等等。

在计算 SCR 时共计分为三步:

首先将每种类型的风险进行汇总。由于每种风险都包含若干子风险,利用线性相关技术进行汇总可以得到四类风险的汇总值。计算方法如下:

$$\mathrm{SCR}_n = \sqrt{\sum_{i,j} \mathrm{Corr}_{i,j} \times \mathrm{SCR}_i \times \mathrm{SCR}_j}$$

其中 SCR_n 代表四种风险,而 SCR_i、SCR_j 分别为该类风险的子风险,$\mathrm{Corr}_{i,j}$ 为两个子风险之间的相关系数。

然后对于市场风险、信用风险与保险风险进行汇总,从而得到基本偿付能力资本要求(Basic Solvency Capital Requirement, BSCR)。其计算方法如下:

$$\mathrm{BSCR} = \sqrt{\sum_{i,j} \sum \mathrm{Corr}_{i,j} \times \mathrm{SCR}_i \times \mathrm{SCR}_j}$$

其中 SCR_i、SCR_j 分别代表市场风险、信用风险与保险风险,而 $\mathrm{Corr}_{i,j}$ 为两种风险之间的相关系数。

而操作风险已在上文给出,记为 SCR_{op},将操作风险与基本偿付能力资本要求进行加和,即可得到保险公司总的偿付能力资本要求。总的偿付能力资本要求计算方法如下:

$$\mathrm{SCR} = \mathrm{BSCR} + \mathrm{SCR}_{op}$$

7.4.3 基于 Solvency Ⅱ 的保险资金运用风险监管

Solvency Ⅱ 中没有特别指出保险资金运用风险,但对于各项风险的监管都与保险资金运用监管有着密切的联系,可以说对保险资金运用的监管蕴涵在其中。

下面分别说明保险资金运用风险监管在 Solvency Ⅱ 中的体现：

（1）在对市场风险进行监管时，主要考虑的是保险公司现有的资产或负债价值变动产生的风险。保险公司资金运用的主体在于用其进行投资。在我国，保险资金投资于银行存款、债券等利率敏感型产品的比例很高，因而在对市场风险进行监管时也需要对保险资金运用的渠道以及各渠道的比例进行监管。

（2）在对违约风险进行监管时，涉及对用于投资证券等产品的保险资金的监管。在我国，保险资金投资于金融衍生品还未放开，但随着保险业监管的发展，保险资金投资于金融衍生品在未来也不无可能。而期权、期货等金融衍生品交易时间往往在一段时间后，如果交易对方出现违约，则往往会导致保险公司资金运用出现大量损失。因此，违约风险的存在大大增加了保险公司资金运用风险。在对违约风险进行监管时，对于保险资金运用也有着重要的意义。

（3）在对保险风险进行监管时，涉及对保险公司的产品的风险进行监管。保险公司通过销售保险产品获得收入，在提留了充足的准备金后其余部分可用于投资等方面的运用。可以说保险风险直接影响到保险资金运用的来源，如果保险资金足够充足，则其有能力应对较大的风险。反之，如果保险资金在运用时捉襟见肘，则在运用时对于风险更敏感。因此对于保险风险的监管与保险资金运用风险监管密切相关。

（4）在对操作风险进行监管时，也与保险资金运用风险监管有着密不可分的关系。保险公司在进行交易时，需要工作人员手动或利用计算机系统进行相关资金的配置，而一旦工作人员操作不慎或者在进行投资时计算机系统出现问题，则可能导致保险资金运用时遭受巨大的损失。

综上可知，在利用 Solvency Ⅱ 对保险公司进行监管时，虽然没有特别指出保险资金运用风险监管，但在监管时与保险资金运用风险监管实则有着密切的联系。

7.5 基于美国 RBC 角度的保险资金运用风险监管

7.5.1 美国 RBC 方法介绍

风险资本（Risk Based Capital，RBC）是指保险公司在业务经营过程中为应对预期到来的风险而预留的资本数量。RBC 最初来源于银行业，美国保险监督官协会（National Association of Insurance Commissioners，NAIC）将其应用到保险业偿付能力额度监管中。RBC 方法通过将保险公司经营过程中面临的风险进行量化求和，得到保险公司在一定的风险状况下需要具备的最低资本数额。然后将保险公司的资本按照一定规则进行调整后与必备的最低资本数额进行比较，从而判断出保险公司的偿付能力状况并进行分类监管。

7.5.2 RBC 风险因素分析

RBC 最初只适用于寿险及健康险领域,而其更多地被运用于寿险领域。随着 RBC 技术的成熟,它逐渐开始适用于非寿险公司财务状况评估。为合理评估保险公司的风险资本,需要对公司的风险情况进行分类从而系统地计算其风险程度。对于寿险公司与非寿险公司,NAIC 的风险分类情况并不同。就寿险公司而言,风险共计分为四类:(1) 资产风险(C_0);(2) 定价风险(C_1);(3) 利率风险(C_2);(4) 其他风险(C_3)。而非寿险公司的风险共计分为五类:(1) 表外风险(R_0);(2) 资产风险(R_1,R_2);(3) 信用风险(R_3);(4) 准备金风险(R_4);(5) 保费不足风险(R_5)。

资产风险(C_0)是指资产价值的不确定性,它是保险公司在经营过程中面临的最主要风险之一。由于保险公司的资产价值是一个估计值,它是对公司经营风险与行业风险的测度。资产风险广泛存在于寿险公司与非寿险公司中,资产状况对保险公司的偿付能力有着重要的影响,因此资产风险需要保险公司进行重点防范。

下面对寿险公司与非寿险公司各自的风险情况进行逐一说明。

一、寿险公司

定价风险:指保险公司关于死亡率、发病率、续保率、费用率等所做的假设与现实情况不一致所引起的风险。如保险公司对于死亡率的估计过高,则易导致其对于养老金产品的支出情况估计出现偏差。

利率风险:指在利率变动的情况下,由于资产与负债的不匹配而造成保险公司损失的风险。如年金产品对于利率风险的敏感性较高,因此销售年金类产品的保险公司受到利率风险影响很大。

其他风险:这里指保险公司面临的除上述三种风险以外的风险,如因为保险公司内部人员操作失误引起的操作风险、法律法规变化引起的法律风险等。

二、非寿险公司

表外风险:是指非寿险公司在进行资产负债表外的交易活动时产生的风险,如在进行担保类业务或承诺类业务时产生的风险。另外,非寿险公司在进行金融衍生品交易时产生的风险也属于表外风险。

资产风险:指资产价值因债券发行者无法清偿本息,使得债券持有人发生损失的风险,或者因股价下跌造成投票价值损失的风险。

信用风险:指债务人不履约的风险,例如,委托保险代理人招揽业务所收的保费及应收账款能否如期交付保险公司的风险,或再保险金能否回收的风险。

承保风险:指提存的准备金不足以支付发生赔款的风险,或保险公司所收的保费不足以支付未来赔偿及费用的风险。

7.5.3 RBC 风险分析方法

保险公司的风险资本额是将其面临的不同类型的风险进行定量分析后利用公式计算而得。保险监管机构根据风险资本比率(RBC ratio)来判断公司的偿付能力是否充足,从而采取相应的干预措施。风险资本比率是调整后的总资本与授权控制水平对应的资本额之比。其中,调整后的总资本为公司的法定资本与盈余、准备金、保单分红的加权和。而授权控制水平的资本额则为根据监管部门对于法规的严厉程度而确定的一个固定比例,其一般取为50%。

对于寿险公司,其总资本为

$$TAC = C_0 + C_4 + \sqrt{(C_1 + C_3)^2 + (C_2)^2}$$

对于非寿险公司,其总资本为:

$$TAC = R_0 + \sqrt{(R_1)^2 + (R_2)^2 + (0.5R_3 + R_4)^2 + (R_5)^2}$$

则

$$RBC\ ratio = \frac{调整后的资本总和}{风险基础资产总额}$$

监管部门根据保险公司风险资本的比率来确定对公司采取的监管措施。如 NAIC 根据不同的保险公司的 RBC 比率而分类监管方法如表7-4所示。

表7-4 RBC 比率水平分布

风险资本比率	RBC 水平
200% 或更大	适当水平
150%≫199%	公司行动水平
100%≫149%	法定行动水平
70%≫90%	授权控制水平
低于70%	法令控制水平

7.5.4 基于 RBC 的保险资金运用风险监管

根据 RBC 的监管指标,保险资金运用风险影响多项因素,其中最重要的是资产风险。保险公司根据对未来的死亡率、退保率等因素进行估计,从而确定出公司应提取的准备金额度以满足未来赔付的需要。用于投资的保险资金额度直接影响到保险公司资产的总量,进而影响保险公司的整体风险状况。若保险资金运用得当,获得正收益,则保险公司的总资产提高,风险降低;反之,若资金运用不当,则使保险公司总资产价值降低,这会增加保险公司的资产风险。因此保险资金运用风险与保险公司的资产风险密切相关。

同时,保险资金运用风险也会影响到 RBC 规则下的其他因子,如对于寿险公司而言,利率风险同样会对保险资金运用风险产生影响。当保险公司的资金投资于银行存款、债券等与市场利率相关性高的投资渠道时,市场利率的变化会引起保险公司资金运用效益变化。若市场利率向着不利于保险资金运用收益的方向变化,则会导致保险资金价值下降,保险公司的总资产随之降低,保险公司的资产负债匹配出现问题,产生利率风险。

对于非寿险公司而言,在 RBC 对风险因子的定义中,明确指出表外风险 R_1 中包含对金融衍生品投资而产生的风险。金融衍生品存在着高杠杆、高收益的特点,因此金融衍生品投资效益对于保险公司整体风险影响显著。

综上所述,可知基于风险资本法进行偿付能力监管时,保险资金运用风险的变化对保险公司的偿付能力有着显著的影响,保险资金运用的效益影响着保险公司的偿付能力比率;而通过对偿付能力比率的监管可以间接地对保险资金运用风险进行有效监管。

7.6 基于动态财务分析的保险资金运用风险监管

动态财务分析(Dynamic Financial Analysis,DFA)是金融机构通过分析公司在未来可能的情景进行模拟,从而对公司的战略决策进行模拟的分析方法。它被广泛地应用于保险公司内部管理以及市场监管中。如保险公司对资产配置的管理、对主要风险的分析,如利率风险、通货膨胀风险的量度以及再保险策略的评估等。同时,它也被广泛用于偿付能力监管中。通过 DFA 分析,可以分析未来风险因素对公司经营状况的影响,从而针对分析结果对目前的经营战略、投资策略进行调整,保证其资产配置实现流动性、完全性和盈利性的目标。

7.6.1 DFA 风险因素分析

DFA 方法主要考察与企业经营情况以及财务状况相关的风险的量度,如资产风险、负债风险、承保风险以及投资风险等。

一、资产风险

保险公司的资产风险是指其资产的不确定性。在经营过程中,由于外部环境的不确定性,内部人为因素导致出现资产减值的风险。保险公司资产除不动产外,还包含货币资金、证券、股票等流动性资产,它们受到利率波动以及通货膨胀的影响,资产存在着减值的风险。另外,市场政策因素的变化也可能导致保险公司资产发生损失。

二、负债风险

保险公司具有负债经营的特点,其通过承保业务而获得保费收入,而当保险赔付发生时,再进行赔付。因为其经营方式的特殊性,保险公司需要提存合适的准备金来应对赔付要求。当外部条件发生变化时,保险公司的准备金的价值可能受到影响。不充足的准备金会导致保险公司信誉受到损害,被保险人退保甚至保险公司因为无法赔付保单而产生破产的风险。

三、承保风险

保险业务是保险公司的基本业务,保险公司通过对保险客体的风险进行评估从而制定保费水平。承保风险来源于在制定保费时的失误,如对于利差损、死差损、费差损的估计不足等。若保费制定过高,可能会导致保险公司的销售受到影响,从而影响其经营利润;而如果保费制定过低,则易发生资不抵债,即保费收入无力偿还保单赔付的情况。因此,承保风险对于保险公司来说,有较大的影响。

四、投资风险

保险公司利用闲散资金进行投资以使资产得到增值从而在满足偿付要求的同时获得额外的收益。当投资利用资金比例过高时容易导致公司面临流动性风险;而如果投资在高风险领域,容易发生失败,从而导致保险公司的资产价值下降。此时保费收入非但未能得到合理的利用,反而易引起资产风险的发生。

7.6.2 DFA 风险分析方法

利用 DFA 模型度量风险主要采用情景分析法和随机模拟法。情景分析法通过考虑经济系统在未来可能的情景下发生的事件,从而对经济系统未来的走向进行预测;而随机模拟法则是利用计算机软件对真实经济系统进行有条件的模拟,并得出数值解的一种数量分析方法。这两种方法都是通过对公司在未来运作情况下的分析,得到企业未来发展情况的动态结果。

一、情景分析法

由于未来环境变化受多种因素影响,直接预测每种因素对于经济模型的影响显得过于复杂,且各种因素之间可能互相影响,因此单因素分析有时并不有效。运用情景分析方法对于经济系统在一定情景下的经济情况进行测试,可以对未来可能产生的风险做好准备且便于采取相应的预警措施。

情景分析法的主要流程如图 7-2 所示。

情景分析方法有助于对于经济系统在未来的影响进行分析,但当外部环境复杂度高时,情景分析的结果相对于传统的预测而言可信度较差。另外,情景分析是对于经济情景在统计上的预测,它依赖于大数定律及其他的统计定律。情景分析假设的结果只能用于参考,而不能代替实际的决策。

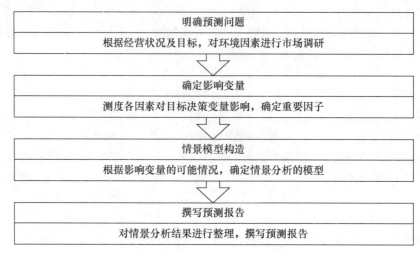

图 7-2 情景分析法流程图

二、随机模拟法

随机模拟方法是指利用计算机对于经济系统基于特定情景的假设下进行模拟实验，并根据数值分析的结果得到经济系统在一定条件下的状态的方法。经济学中往往不可能进行直接实验或者实验成本过大，同时，由于经济环境日益复杂化，用数学方法求得分析解显得太过复杂。根据实际问题，建立合适的模型，并利用模型进行仿真以求得分析解可以大大降低成本，提高经济分析的效率。通过随机模拟法，可以就事件的后果进行分析，进而对经济系统进行动态分析。

随机模拟法作为动态财务分析的方法，与确定性的、静态的财务方法相比，可以更真实地描述经济系统在未来的运行情况，便于对不同的方案进行分析比较，从而为经济决策提供思路。而在保险业监管中，基于保险公司目前的情况，就公司资金运用情况设定相应的模型，并模拟出模型在未来情景下的风险状况。对于未来可能会遭受较大风险的保险公司，保险监管部门可以基于随机模拟的结果而采取相应的预警措施，防止保险公司资金运用出现巨额亏损，实现有效监管。

随机模拟方法对于经济系统的模拟，在一些场合下要优于情景分析，特别在巨额亏损方面。情景分析方法往往只是对特定的情景进行分析，因而只能对特定情况下的风险进行分析，显得不够全面。而随机模拟方法则能够对后果的整个区间进行分析，所以在防范资金运用巨额风险时显得更为有效。

7.6.3 基于 DFA 的保险资金运用监管

动态财务分析方法通过运用情景分析方法或随机模拟方法对保险公司在未来一段时间内的资产风险、负债风险、承保风险、投资风险等风险因素进行模拟，可以对保险公司未来一段时间内的风险状况进行模拟，并由此分析出保险公司在未来一段时间内的风险状况。保险监管部门可以根据分析的结果判断保险公司资金运用风险状况，分别制定相应的预警措施，并对于未来保险资金运用可能出现失败甚至是巨额亏损的公司及时提出警告，对其资金运用进行严格监管。

保险行业由于其行业特殊性，不能直接对其资金运用风险情况进行实验，这给保险业监管带来了一定的困难。而动态财务分析方法则弥补了在监管上的缺陷。动态财务分析方法可以灵活运用资产负债管理中的"久期模型"、"缺口分析模型"等方法对经济情况进行全方位的评估，从而对保险公司的整体风险状况进行度量。

动态财务分析方法对于保险监管部门建立风险预警体系有着重要的作用，但也存在着一定的缺陷。它是对未来的一种模拟，在建立模型的过程中涉及模型建立者的一些主观因素。因为主观因素而带来的误差是需要设法减少的。在运用动态财务分析方法时，需要对保险公司的风险状况进行深入的研究，从而建立合理的模型。在进行情景分析时，需要对情景进行慎重选择，使得所假设的情景能够切合保险公司的实际情况并满足保险业监管的需要。而在进行随机模拟时，更需要对保险公司的历史情况进行深入分析，在合理的模型基础上进行模拟，否则估计出的未来风险状况与实际情况会有着较大的误差，反而会降低保险资金运用监管的效率。动态财务分析方法作为保险资金运用监管的重要方法，对我国保险业监管有着重要的作用。

7.7 我国保险资金运用风险监管前景展望

保险资金运用风险监管作为我国保险业监管的重要组成部分，一直受到保险监管部门的重视。加强保险资金运用监管，有利于对保险公司风险状况进行有效监督，降低保险公司因资金运用失败而导致亏损现象的发生，对于维持保险业稳健发展，保证保单持有人利益有着重要的意义。

随着我国经济社会不断发展，保险资金运用投资渠道也不断增加，对于保险资金运用风险的监管也需要进行相应的改革以适应保险业不断发展的需要。与此同时，保险资金运用监管与偿付能力监管有着密切的联系，两者是密不可分的。随着我国第二代偿付能力监管体系建设的开始，对保险资金运用监管也会有一定的影响。基于我国保险资金运用监管的现状以及对经济社会环境未来的预期，对保险资金运用监管提出如下展望。

7.7.1 保险资金运用渠道增加的监管挑战

根据我国《保险法》《保险资金运用管理暂行办法》等法律法规的规定，我国保险资金运用目前限于银行存款、债券、股票、不动产等风险程度相对较低的保险资金运用渠道，且其投资比例都有着较为严格的限制，可见我国保险资金运用渠道目前并未得到放开。未来随着我国保险业的发展，保险公司风险管控能力的提高，对于保险资金运用的渠道会逐渐拓宽。针对新的保险资金运用渠道的监管会成为保险资金运用监管新的挑战。下面以对金融衍生品投资的监管来说明。

金融衍生品由于其高风险性、高杠杆性,一时投资失败则可能导致巨大的风险甚至会导致灾难性的后果,因而受到保险监管部门的限制。我国保险监管部门对于金融衍生品投资的许可目前仅限于投资利率互换产品。但金融衍生品也有其优势所在,如对冲式期权投资可以有效地规避风险。国际上对于金融衍生的投资并未加以严格限制,而对于金融衍生品投资的逐步放开是我国保险资金运用的必然趋势。

美国国际集团(American International Group,AIG)在金融危机中出现了巨额亏损,导致这家历史悠久的保险集团公司一度濒临破产,而旗下的美国国际集团金融产品公司(AIG Financial Products Corporation,AIGFP)在信贷违约掉期(credit default swap,CDS)投资上的失败被广泛认为是 AIG 公司出现财务困境的主要原因。AIGFP 成立于 1987 年,总部设在伦敦,其成立不久后便广泛涉足于金融衍生品投资市场,对 CDS 业务更是大量投入。在投资初期给公司带来巨大收益的同时,CDS 金融衍生工具的性质也使得公司的财务情况具有巨大的潜在风险。受 2008 年次贷危机的影响,CDS 业务出现了巨额亏损,导致 AIG 公司股价接连暴跌,出现严重困境。

综上可见,金融衍生品投资的风险程度非常高,对保险公司整体运营影响也非常剧烈。如何建立行之有效的对保险资金运用于金融衍生品投资风险的监管是对保险监管部门在研究拓宽保险资金运用投资渠道问题时的新挑战。

7.7.2 保险资金运用风险监管与偿付能力监管相结合

保险资金运用监管与保险公司偿付能力监管有着密切的联系。随着我国保险业第二代偿付能力体系建立过程的开始,对保险公司资金运用监管也提出了相应的要求。

我国现行的偿付能力监管体系主要是借鉴 Solvency Ⅰ 体系而建立的。而近年来,国际和国内的金融形势都发生了巨大变化。金融危机的出现使得国际金融体系改革成为必然,对于金融监管体系的改革步伐逐渐加快。无论是国际保险监督官协会(IAIS)、美国保险监管官协会(NAIS)还是欧盟监管委员会都在加快对偿付能力监管体系的改革。而我国保监会也于 2012 年 4 月成立了第二代偿付能力监管制度体系建设领导小组,保监会项俊波主席亲自担任组长,提出要在三至五年时间内,建立一套既与国际接轨,又与我国保险业发展阶段相适应的偿付能力监管制度。

根据《中国第二代偿付能力监管制度体系建设规划》的说明,我国第二代偿付能力监管体系将参照国际保险监督官协会(IAIS)、Solvency Ⅱ、巴塞尔协议中三支柱的框架建立切合我国保险业偿付能力监管实际的监管体系。由于偿付能力监管是我国保险业监管的核心所在,因而在对保险资金运用风险进行监管时,需要符合偿付能力监管的需要,并能够与偿付能力监管相互促进,相辅相成。

在第二代偿付能力监管体系下,保险资金运用风险需要进行进一步的细化,对于风险的分类、风险计量模型的设计与选择以及对资产负债评估的方法都需要切合第二代偿付能力监管的相关规定。另一方面,保险资金运用监管也需要对保险集团整体资金运用风险的监管进行深入研究,找出目前对保险集团资金运用监管存在的问题,完善保险集团资金运用风险状况的监管。

7.7.3 保险资金运用风险实时监控的实施

保险资金运用的非现场监管可以有效地提高保险资金运用监管的科学性、针对性,提高保险资金运用监管的效率。但对于风险较大的保险资金运用进行实时监控也是必要的。

在保险公司进行重大投资时,除在其投资进行严格审批外,对投资项目的风险情况进行实行监管。如要求保险公司对于重大投资项目的风险状况进行定期报告,如出现投资项目风险状况发生重大变化或资产出现大幅缩水时,需要对投资项目进行相应的止损措施,防止大规模损失的出现。同时,对资金运用过程中的相关操作进行监管,避免出现因违规操作而使得保险公司资金运用出现亏损的情况,从而进一步保证其资金运用的安全性。

随着保险资金运用渠道的进一步拓宽,对其进行实时监管的难度也在逐渐增大。如对于每一个重大项目都进行实时监控,虽然可以有效地降低风险的发生概率,但其成本在不断上升。在进行实时监管时,也需要平衡控制监管成本的需要,从而更加有效地对保险资金运用风险进行管控。在保险公司进行重大投资时,除对其投资进行严格审批外,还需要对其投资情况实行监管。如要求保险公司对重大投资项目的风险状况进行定期报告,在出现投资项目风险状况发生重大变化或资产出现大幅缩水时,需要对投资项目进行相应的止损措施,防止大规模损失的出现。同时,对资金运用过程中的相关操作进行监管,避免出现因违规操作而使得保险公司资金运用出现亏损的情况,从而进一步保证其资金运用的安全性。

8　长周期视角下的保险资金运用研究

保险公司的承保业务和投资业务是影响保险公司利润的两个主要因素。随着保险市场竞争的日趋激烈,保险公司面临越来越大的竞争压力。拓宽投资渠道、提高投资收益就成为维持保险公司持续经营的关键。2004年以来,保险业投资收益率一直在稳定快速提高,得益于2007年宏观经济及资本市场的良好表现,投资收益率在2007年达到最高,为12.17%。2008年由于受到金融危机的影响,保险业的投资收益率出现了大幅下滑,仅为1.91%。2011年非常罕见地出现了"股债双熊"的局面,保险资金的投资收益率下滑严重。通过近年来的保险资金运用表现可以发现,保险资金运用风险极大程度上受到宏观经济波动的影响。不论在宏观经济领域还是在保险领域,"周期"都无疑是过去二三十年来最热门的研究话题之一。

经济周期影响保险风险主要有两个渠道:产品定价渠道和资产价格渠道,必须重视经济周期对保险业经营带来的风险。目前国内对保险周期的影响主要集中在承保周期方面,对资产价格渠道,即投资收益周期风险的研究尚不多。孙祁祥、郑伟(2011)提出了保险周期的概念,但概念仍然基于中短期,国内外的研究中,针对宏观经济长周期背景下保险资金运用风险的研究尚不多。因而,研究本课题至少可以在以下几个方面对我们提供帮助:

首先,有助于我们明确经济周期与保险资金运用的关系,从而定量地分析经济的周期性波动给保险资金运用带来的风险。国内外的研究中,对于承保周期的研究已经相对成熟,但是,随着竞争的加剧,承保利润已经被逐渐压低,以英美等国的情况看,承保利润甚至为负值,保险公司利润的主要来源是投资收益。因而经济周期给投资带来的风险越来越重要。

其次,有助于我们梳理发达国家保险业在长周期视角下的资金运用风险的变动情况。中国的保险业发展时间很短,即便是宏观经济,自改革开放至今也不过三十多年,短期的数据不足以支撑我们进行长周期的观察。梳理发达国家的历史数据,以此为借鉴,对于我国保险资金运用中的风险控制非常有意义。

最后,本研究的最重要目的是尝试建立中国保险业资金运用风险管理的长周期视角。中国保险业的发展时间短,经营尚显粗放,对周期性风险的研究不足,现存的大部分研究也是基于中短周期的承保利润风险研究,本研究对于长周期下的保险资金风险管理具有积极意义。

8.1 文献回顾

在宏观经济领域和保险领域,对周期研究关注的方面似乎遵循着截然不同的方向。对于前者,宏观经济学家对经济周期的关注主要围绕产出变量的长期增长趋势反复出现的波动,以及各经济变量之间的联动关系,系统地描述、划分和测量经济周期已经成为经济周期实证研究的重要任务。对于保险学者而言,大部分的注意力则集中于对承保周期(underwriting cycle)的研究,即"坚挺市场"和"疲软市场"的交替出现。这一现象被认为是市场主体对市场份额和利润权衡选择的结果:在"坚挺市场"时期,保险公司主要关注利润率,从而提高保险费率,使得保险覆盖率和综合赔付率都降低;与此相反,在"疲软市场"时期,保险公司则更倾向于维持其市场份额,因此保单的可获得性和综合赔付率都将随价格的下降而上升,从而综合赔付率、承保利润、产品价格和可获得性成为最常用的衡量承保周期的指标。总的来说,与宏观经济领域中关于经济周期的研究主要关注的是经济增长在长期增长趋势中的周期性波动不同,保险领域中关于承保周期的研究则主要关注的是保险业自身经营规律的周期性变化,并主要考察承保周期是否存在、产生原因和基本特征等,特别是关于美国财产和责任保险领域的研究。

Juglar(1860)将经济周期定义为"重复发生的,虽然不一定是完全相同的经济波动形式";Hayek(1929)认为经济波动是对均衡状态的偏离,而经济周期则是这种偏离状态的反复出现;Mitchell 在 1927 年出版的《商业循环问题及其调整》(*Business Cycles:The Problem and Its Setting*)一书中将经济周期定义为"经济变量水平的扩张和收缩的系列",这是被经常引用的古典经济周期定义。Lucas(1977)对经济周期的定义是:"经济周期是经济变量对平稳增长趋势的偏离",它的含义是,经济周期是经济增长率的上升和下降的交替过程;Mitchell 和 Burns 在 1946 年出版的《衡量经济周期》(*Measuring Business Cycles*)一书中将经济周期界定如下:"经济周期是在主要以工商企业形式组织其活动的波动形态。一个周期包含许多经济领域在差不多相同的时间所发生的扩张,跟随其后的是相似的总衰退、收缩和复苏,后者又与下一个周期的扩展阶段相结合;这种变化的序列是反复发生的,但不是定期的;经济周期的长度从一年以上到十年、十二年不等;它们不能再分为性质相似的、振幅与其接近的更短的周期",这个定义是西方经济学界公认的非常经典的定义。

根据波动持续时间的长短,可以将经济周期分为长周期、中周期和短周期,常见的经济周期长短划分主要包括基钦短周期、朱格拉中周期、库兹涅茨中长周期、康德拉季耶夫长周期以及熊彼特长周期。

（1）2—4年的基钦周期。基钦（Joseph Kitchin,1923）提出了因存货变动而引发的经济短期波动从而形成周期,该周期也被称为存货周期。

（2）9—10年的朱格拉周期。朱格拉（Clement Juglar,1860）提出了由固定资本的大规模更新引发的周期。

（3）15—20年的库兹涅茨周期。库兹涅茨（Simon S. Kuznets,1930）从人口、劳动力数量、货币供给、资本贮存等增长率变化现象出发,提出了15—20年的周期。

（4）40—60年的康德拉季耶夫周期。康德拉季耶夫（N. D. Kondratieff,1939）从生产、利率、工资、外贸与价格运动关系变化现象出发,提出了50年左右长周期的存在。

（5）同时存在的40—60年的长周期、9—10年的中周期、2—4年的短周期。熊彼特（Joseph A. Sheumpeter,1912,1939）提出了技术创新与经济周期的密切联系,并把康德拉季耶夫周期、朱格拉周期与基钦周期糅合在一起,建立了熊彼特周期模型。

宏观经济周期对保险业的发展具有重要影响。Taub（1989）最早研究了保险发展与经济增长之间的关系,他认为个体在经济增长过程中受到异质性随机生产力的冲击。在不完全信息的情况下,鼓励投资的收入补贴是有效的并促进经济增长,但是补贴扩大了贫富差距。Arestis and Demetriades（1997）、Demetriades and Hussein（1996）、Pesaran et al.（2000）以及 Ward and Zurbruegg（2000）检验了保险发展与经济增长之间的短期和长期的因果关系,指出不同国家金融业与宏观经济增长之间的相互影响不同,一些国家保险发展促进经济增长,而另一些国家则得到了相反的结论。

林宝清（1996）认为在外部条件基本相近的情况下,保费收入与国民生产总值（GNP）、人均保费收入与人均GNP具有高度的正相关关系,GNP与保费收入增长呈同步相关关系。孙祁祥、贲奔（1997）认为我国保险业的发展规模受社会经济发展水平的制约。肖文、谢文武（2000）提出保费收入与国内生产总值（GDP）存在着正相关关系,保险业的超常规发展完全取决于GDP的增长。卓志（2001）认为经济快速增长是影响我国寿险消费的重要因素,且收入弹性较大。吴江鸣、林宝清（2003）提出GDP对于总保费收入和财险保费收入以及加权个人可支配收入对于寿险保费收入均具有十分重要的影响,且均呈正相关关系。栾存存（2004）利用基本面分析和动态模型分析,研究我国保险业增长的状况、路线和动力,并从消费角度建立了保险业和宏观经济因素之间的长期和短期模型,得出我国保险业正处于加速增长期阶段,特别是1993年之后凸显了我国保险业的增长优势和市场潜力。饶晓辉、钟正生（2005）对我国实际GDP和总保费收入的因果关系进行了检验,发现保险发展并不是经济增长的原因,反而经济增长是保险发展的原因。曹乾、何建敏（2006）分别采用1980—2004年和1991—2002年两个时间段的GDP的名义值和实际值,检验 GDP 和保费收入之间的关系。结果表明 GDP 与保费收入之间存在明显的协整关系,其中 1980—2004 年经济增长是保费增长的 Granger 原因,反之则不成立;1991—2002 年二者之间不存在 Granger 因果关系。胡宏兵(2007)利用协整技术并构建误差修正模型研究经济增长和保险增长之间的关系,结果表明不论是短期还是长期,GDP 是保险增长的 Granger 因果关系,但是从长期来看保险发展不是经济增长的 Granger 因果关系,短期内保险发展对经济增长的促进作用较弱。

在对保险业经营的周期性研究方面,国内外的研究大部分集中在承保周期的研究上。1979 年,美国 Conning & Company 公司发布了对财产保险市场调查的行业研究报告(A Study of Why Underwriting Cycles Occur),首次出现"承保周期"(underwriting cycle)一词,用来指财产险市场承包业务利润的周期波动。后来国际上一致公认,承保周期研究就是考察承保利润周期波动状况。承保周期最简单的定义可见于《经济保险词典》(Risques, 1994),保险承保周期是指保费和利润随着时间的推移而产生波动。Harrington and Danzon(1994)认为承保周期是指保险市场周期性地交替出现"硬市场"和"软市场"的现象。

Venezian(1985)从理论上进行了分析并进行了实证分析得出美国承保周期的长度大约为 6 年。Cummins and Outreville(1987)发现美国和其他国家在 1957 年至 1979 年期间有类似的结果。但是,对于 20 世纪 80 年代中期的美国责任危机是否是造成承保周期的原因以及此次危机之后是否就不存在承保周期的问题存在着广泛的争议(Lonkevich, 1995; Stewart et al., 1991)。Chen et al.(1999)研究了日本、新加坡、马来西亚、韩国等亚洲国家的保险业,发现新加坡、马来西亚和日本分别存在 7.79 年、12.01 年和 13.86 年的承保周期,而中国台湾和韩国等新兴保险市场不存在明显的承保周期现象。在实证方面,Meier(2000)采用美国损失率数据进行回归分析时发现 1985 年存在结构性突变。Leng et al.(2002, 2004)采用综合赔付率指标度量美国承保利润时发现 1981 年存在结构转变。Leng and Meier(2006)分析了瑞士、德国、美国和日本的保险业的承保周期,发现存在结构性突变。Haley(2007)研究发现保险利润波动与利率之间存在长期的均衡关系,Kleffner and Lee(2009)对加拿大财产-责任保险业的研究发现,通过度量企业的盈利能力和资产收益率可以有效地预测保险企业偿付能力不足而导致的破产。

我国保险业是否存在明显的承保周期,国内有少数学者对我国保险业承保周期波动规律进行了研究。李谦(1996)和蔡秋杰(2005)对于保险行业的承保周期现象从保险需求和供给的角度进行了理论分析。王波、史安娜(2006)使用 1983 年至 2004 年我国非寿险的赔付率年度数据,利用二阶自回归模型进行实证检验,结果说明我国非寿险市场承保周期规律不明显,机动车辆保险的承保周期约为 6 年。张琳、朱园丽(2007)采用 1984 年至 2004 年我国人保、太保产险和平安产险三家公司的赔付率数据,也得出我国机动车辆保险市场存在明显承保周期现象的结论。

蔡华、杨晓(2007)推断我国财产—责任保险业周期正运行于波峰到波谷的轨迹上。胡三明、吴洪(2007)采用二阶自回归模型进行实证检验,结果表明我国非寿险大多险类并没有出现承保周期现象,市场化程度有待进一步提高,在我国非寿险的四大类业务中,仅仅车险业务存在承保周期。孙祁祥、郑伟等(2011)提出了保险周期的概念,将"围绕保险业长期增长趋势重复出现的周期性波动"称为"保险周期",以使其区别于传统的承保周期的概念。熊海帆(2011)也使用了类似的概念。

目前的研究中,尚存在以下问题:

承保周期的研究主要发生在工业化国家。这些国家的保险市场相对已经比较成熟,长期的增长趋势已趋于稳定,因此其周期性的波动主要源于保险业自身经营策略的改变等市场自身的因素。对于新兴市场国家而言,情况却并不一样。这些国家的保险市场正处于高速发展时期,保险市场尚不成熟,在这个快速增长的过程中,其保险市场可能面临相对更为剧烈的波动。进一步来看,与发达市场相比,新兴市场保险业的周期性波动产生的原因也可能截然不同,可能主要源于经济增长波动等宏观环境因素,而非取决于市场微观环境的变化。因而,对保险业经营周期的研究仅仅局限在承保周期上是不足够的。

另外,新近提出的"保险周期"概念,仍然是基于中短期的概念,并没有建立一个长周期下的视角,目前国内甚至国际上的研究并未充分重视长周期视角下保险资金运用过程中可能存在哪些风险,在中长期中应该采取哪些措施以应对这种风险。

8.2 我国保险资金运用的现状

8.2.1 保险资金运用的监管

保险行业的主要作用在于风险的转移与分散,保费就是对这种分散化的补偿。但随着保险市场竞争的日趋激烈,承保费率进一步被压低,保费往往不够弥补转移的成本。从国际经验来看,保险行业的发展将越来越依赖资金运用。如表8-1所示,二十年左右的时间内,只有日本和德国的承保利润率为正,即便如此,这种正利润的空间也非常有限,而其他几个国家的承保利润大大低于零,保险业经营的主要利润来自资金运用业务。资金运用的收益率直接决定了保险业的经营利润率。摩根士丹利对此趋势的评价是:投资是保险行业的核心任务,没有投资就等于没有保险行业,没有保险投资,整个保险行业的经营是不能维持下去的。[①] 保险资金运用与保费收入共同成为保险业经营的两大支柱。

---

① 转引自:叶晓凌,黄卫华.关于扩大保险投资领域的新思路[J].云南财贸学院学报,2003(2):61—62.

表 8-1　1975—1992 年部分国家承保利润及资金运用利润平均水平　　（单位:%）

	美国	日本	德国	法国	英国	瑞士
承保盈亏率	-8.20	0.33	0.51	-11.62	-8.82	-8.48
投资收益率	14.44	8.48	8.72	13.01	13.29	11.55

资料来源:王绪瑾.海外保险投资方式比较研究[J].金融研究,1995(5).

在我国,中国保监会依法对保险资金运用活动进行监督管理。保监会规定,保险资金运用必须稳健,遵循安全性原则,符合偿付能力监管要求,根据保险资金性质实行资产负债管理和全面风险管理,实现集约化、专业化、规范化和市场化。在具体投资形式上,保监会规定,保险资金运用限于下列形式:银行存款;买卖债券、股票、证券投资基金份额等有价证券;投资不动产;国务院规定的其他资金运用形式。

关于投资比例,保监会也做了具体的规定。目前我国保险资金对于风险较大的几个渠道的投资比例还是有比较严格的限制,如股票、不动产等。在我国,保险资金投资于银行活期存款、政府债券、中央银行票据、政策性银行债券和货币市场基金等资产的账面余额,合计不低于本公司上季末总资产的5%;投资于无担保企业(公司)债券和非金融企业债务融资工具的账面余额,合计不高于本公司上季末总资产的20%;投资于股票和股票型基金的账面余额,合计不高于本公司上季末总资产的20%;投资于未上市企业股权的账面余额,不高于本公司上季末总资产的5%;投资于未上市企业股权相关金融产品的账面余额,不高于本公司上季末总资产的4%,两项合计不高于本公司上季末总资产的5%;投资于不动产的账面余额,不高于本公司上季末总资产的10%;投资于不动产相关金融产品的账面余额,不高于本公司上季末总资产的3%,两项合计不高于本公司上季末总资产的10%;投资于基础设施等债权投资计划的账面余额不高于本公司上季末总资产的10%;保险集团(控股)公司、保险公司对其他企业实现控股的股权投资,累计投资成本不得超过其净资产。[①]

保监会认为,财产险公司保险资金运用的收益率的正常范围是不低于3%。[②] 我们可以以此作为衡量保险业投资收益率变动情况的标准。

8.2.2　中国保险业资金运用现状

截至 2011 年年底,保险业总资产达 60 138.10 亿元,保险资金运用余额达 37 736.67 亿元。2011 年保险行业投资收益率为 3.60%。

从投资收益率上看,如图 8-1 所示,2001 年以来,保险业投资收益率一直在稳定提高,得益于 2007 年宏观经济及资本市场的良好表现,投资收益率在 2007 年达

---

① 《保险资金运用管理暂行办法》,中国保险监督管理委员会令 2010 年第 9 号,2010 年 7 月 30 日。
② 《保险公司偿付能力额度及监管指标管理规定》,保监会令 2003 年第 1 号,2003 年 3 月 24 日。

到最高,为12.17%。2008年由于受到金融危机的影响,保险业的投资收益率出现了大幅下滑,仅有1.91%。2009年投资情况出现好转,达到了6.41%。2010年以来,由于资本市场的低迷,收益率一直在下滑,特别是在2011年,"股债双熊"的局面导致概念投资收益率仅为3.60%,为金融危机以来的最低值。

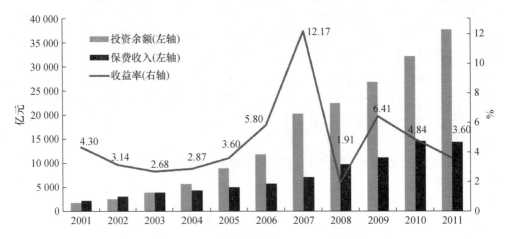

图 8-1　2001—2011 年保险业资金规模及收益率变化情况
资料来源:中国保险监督管理委员会网站,http://www.circ.gov.cn/web/site0/。

由于监管限制的存在,保险业资金运用渠道一直有限,长期以来以银行存款和债券为主。如图 8-2 所示,从近几年的趋势看,存款比重有所下降,债券比重逐渐

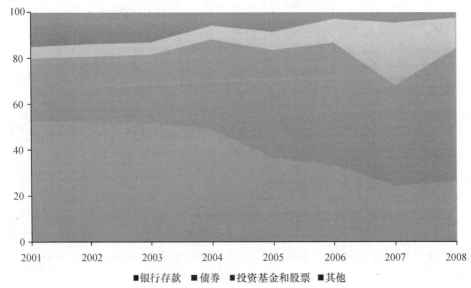

图 8-2　2001—2008 年保险资金运用结构
资料来源:中国保险监督管理委员会网站,http://www.circ.gov.cn/web/site0/。

上升。2005年开始,投资于基金和股票的比重开始逐步增加,并在2007年一度达到了27.12%。目前债券与银行存款仍然是中国保险资金投资的主要方式。2009年10月1日前,保险资金尚不能直接投资于不动产市场。2009年10月1日开始实施的新《保险法》第一百零六条规定,保险公司可以从事不动产投资。不过从保险公司的报表看,业内投资不动产等领域的比重仍然较低,以中国人寿为例,存款、债券占比为80%左右,股票、基金约为13%,不动产等其他方式比重只有7%(见图8-3)。

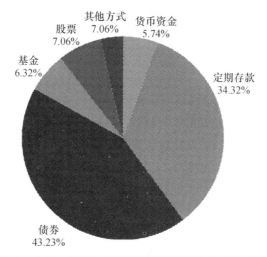

图8-3　中国人寿资金运用渠道比例(2011年6月30日)
资料来源:公司中期报告。

目前的保险资金在运用中主要存在以下几个问题:

保险资金的投资收益率偏低,稳定性差。保险资金的运用很大程度上依赖于金融市场的发育程度,完善的资本市场是保险投资的必要条件。我国资本市场不完善,机构投资者少,中介机构不健全,市场法规制度有待完善,这些导致市场中投机行为较多,市场存在较大的系统风险。发达国家的资本市场由于发展得比较完善,波动性较小,保险资金可以通过长线投资获得较为稳定的收益。我国保险业发展时间不长,保险公司的主要力量集中在承保业务上,保险投资业务没有得到足够重视,加上我国金融环境不成熟、投资渠道有限,我国保险资金收益率与发达国家相比,一直非常低(见图8-4)。

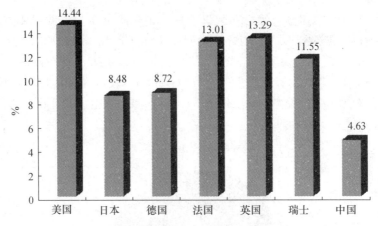

图 8-4 各国保险资金投资收益率对比(1975—1992)①

保险资金的投资结构不合理。截至目前,保险资金的主要运用渠道有银行存款、债券、证券投资基金、股票、基础设施建设、境外投资等,2009年10月1日之后,可以投资于不动产。但由于我国资本市场体系尚不健全,投资产品较少,保险资金的运用渠道较为狭窄。保险投资要求具有稳定性和长期性,银行存款和安全性较好的国债等债券投资在我国保险投资中占有很大的比重。② 我国保险资金中有80%以上投资于利率很低的国债、金融债券和银行定期存款,而发达国家投资股票和高收益的公司债的比重往往占其可运用总资产的80%以上。

保险投资行为短期化,期限匹配问题极为严重。由于我国资本市场尚不完善,可供保险公司投资的、收益率较高的中长期金融资产规模小、品种过少,直接限制了我国寿险公司进行较好的资产与负债匹配,使我国寿险业面临很高的资产负债匹配风险(见表8-2)。我国的保险资金不管来源如何,基本都用于短期投资。这种资金来源和运用的不匹配,严重地影响了保险资金的良性循环和资金使用效果。我国寿险公司中长期资产与负债的不匹配程度已超过50%,且期限越长,不匹配程度越高。③

---

① 转引自:周爱玲.我国保险资金运用存在的主要问题和对策[J].职业时空,2009(9).其中,除中国以外的六国数据源自 *Sigma* 杂志1995年的调查。中国的收益率数据是笔者通过2000年到2011年的收益率计算,具体方法为 $(1+R)^n = \Pi(1+r_t)$,求出 R 为4.72%。

② 郭金龙等.我国保险资金运用现状、问题及策略研究[J].保险研究,2009(9).

③ 同上。

表 8-2　亚洲各国(地区)寿险业资产负债期限匹配情况对照

	中国大陆	中国台湾	韩国	日本
负债的平均期限	15—20	14.5	10	15
资产的平均期限	5	10.5	4	7
平均期限之差	10—15	4	6	8

资料来源:德意志银行 2003 年专题报告,转引自:郭金龙等.我国保险资金运用现状、问题及策略研究[J].保险研究,2009(9).

经济周期对保险资金运用的影响主要体现在对资产价格的影响上。经济上行周期,资产价格趋于上涨,风险容易被掩盖起来,在经济下行周期,资产价格趋于下跌,保险公司容易出现大量投资亏损,这对公司的偿付能力和现金流都将产生严重的负面影响。与发达国家相比,我国保险投资的收益率较低、稳定性差;保险投资行为短期化,期限匹配问题极为严重。这些问题在经济周期中就会体现得格外明显:在经济周期的上行阶段,全社会的保险需求不断增长,带动保险市场规模的快速扩张,由于我国保险业资产平均年限短,投资行为短期化,可以非常好地利用投资机会,提高投资收益率。在经济繁荣时可以实现非常高的投资收益,如 2007 年的情况。在经济周期的下行阶段,保险市场和资本市场普遍出现消极预期,对资金运用会带来负面影响,隐藏的风险可能暴露,新的风险不断产生。由于利率下降、资本市场表现低迷,保险资金的收益率可能会很低,如 2008 年的情况(见图 8-5)。[①] 从 2007 年的峰值到 2008 年的谷值只有一年的时间,收益率波动过大,对于以分散风险为目标的保险公司来说,这是对其经营稳定性的严重威胁。

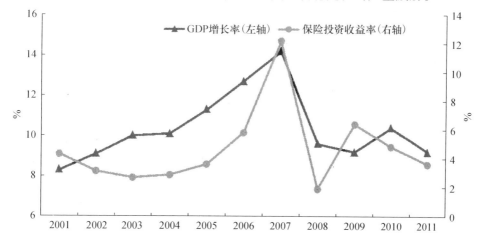

图 8-5　GDP 增长率与保险投资收益率走势(2001—2011)
资料来源:国家统计局及保监会网站。

---

① 吴定富.经济周期背景下的保险业发展与监管[C].保险、金融与经济周期——北大赛瑟论坛文集 2010,2010 年 5 月.

从目前的情况看,中国的保险业经营仍显粗放,在保险资金运用方面,短期化趋势导致长期规划的缺乏,因而在面对经济周期时,抵御风险的能力较低。尝试分析长周期、建立基于长周期视角下的保险资金运用的风险管理体系,这是中国保险业在资金运用方面亟待改进的方面。只有基于长周期视角构建的投资计划才能做到在经济周期的剧烈波动来临时,尽可能地维持经营的稳定性。因而,对中国经济长周期的分析是非常必要的。

8.3 保险资金运用的国际经验——日本

8.3.1 日本保险资金运用监管的变迁

根据日本《保险业法》的规定,大藏省是日本进行保险监管的最高行政机构。1998年日本设立金融监督厅,将金融监督权从大藏省中分离出来。2000年,金融监督厅更名为金融服务局(Financial Service Agency)。截至2010年年底,日本寿险公司的总资产规模达到了320.691万亿日元,较前一个年度上涨了0.7%。在资产组合中,证券类的资产项目在总资产中的比重为77.3%,为247.98万亿日元,较上一个年度增长了0.6%;其次是贷款的比重为13.7%,为43.877万亿日元,较上一个年度下降了6.4%。日本非寿险公司的资产规模在2010年表现出下降的趋势。2010年度非寿险公司的总资产(total assets)规模为296 733亿日元,较前一个年度下降了5.8%;运营资产(working assets)规模为265 331亿日元,较前一个年度下降了7.3%。2010年,证券类别的资产在总体资产组合中占到了68.9%,为204 374亿日元。在证券类别的资产项目中,比重最高的是股票,其次是政府债券、海外证券和公司债券。

日本在经济起步的20世纪50年代,对保险资金运用的限制进行了调整,下调了股票投资、外国国债的上限,上调了公司债、存款投资的上限(见表8-3)。50年代到70年代是日本经济高速发展的时期,在60年代末,日本逐步放宽了保险资金运用的限制。例如,1971年,日本就已经允许保险公司进行海外投资,并且规定海外证券占总资产的比重上限为10%。日本监管机构在1986年将保险公司持有海外证券占总资产比重的限制提高到30%。1996年修订的日本《保险业法》增加新的规定,保险公司在经过保险监管机构的批准后可以突破上述限制比例。[①] 目前,日本对保险资金运用的比重上限的详细规定为:购买股票占30%;购买不动产占20%;购买同一公司的公司债券和股票以及以此为抵押的放款为20%;对同一人的放款为10%;对同一银行的存款或对同一信托公司的资金占20%;以同一物体为抵押的放款占5%。但因实际需要,经过批准的不在此限。日本的保险资金运用

---

① 倪琦珉.保险资金运用国际比较及中国的选择[D].浙江大学博士论文,2003.

监管有一个明显的从严到宽的过程。

表 8-3　日本保险资金投资比重监管的变迁

	1947 年	1956 年	1958 年	1969 年	1986 年 3 月	1986 年 8 月	1987 年	1998 年
存款	33%	35%		废除				无限制
拆借贷款	5%	5%	20%	废除				无限制
国债	无限制							无限制
地方债		20%		废除				无限制
公司债	20%	70%		50%			废除	无限制
股票	66%	30%						30%
外国国债	30%	20%						
外国公司债	10%	10%						
不动产	5%	5%						20%
贷款	20%	20%						无限制
外国地方债	20%			10%	25%	30%		30%

资料来源：裘光.中国保险业监督研究[M].北京：中国金融出版社,2001.

20 世纪 90 年代,日本金融机构投资状况恶化,监管政策对竞争的限制及国际化对策的落后受到了很大的指责。日本在此期间实施了一系列的金融改革。1999 年东南亚金融危机和日本几大世界知名寿险公司的破产,更使相对封闭的保险监管国家大受震动,而改革力度最大的当数日本,不仅通过立法确立了"经营信息公开"原则,还通过《经营信息公开标准》和每年需修改补充的《经营信息公开纲要模式》量化了保险公司信息的公开时间、公开方式和公开内容。[①]

8.3.2　长周期视角下的日本保险资金运用

日本经济出现比较明显的增速下滑的时期有三个:1969—1974 年左右;1989—1999 年左右;2005—2009 年左右。如图 8-6 所示,20 世纪 70 年代之前,日本经济保持了高速的增长,这导致了日本的利率水平一路走高。70 年代初的石油危机引发的全球经济增速放缓对能源严重依赖进口的日本影响巨大。GDP 急速下滑,与此对应,利率在 1973 年左右出现了较大的降低(见图 8-7)。房地产价格和股票市场持续上升的态势也一度中断。但这种外生性的能源冲击并未持久,在 70 年代后期,日本经济增速逐渐恢复。1989 年左右开始的第二次经济增速下滑的影响更加严重。房地产泡沫破灭,地产价格下滑,日经 225 指数大幅下挫,利率水平连续降低,这些集中出现在 90 年代初。日本经济结束了高速增长的阶段,开始了持续的低迷。亚洲金融危机之后,日本的经济有所起色,但增长依然乏力。2008 年全球金融危机的打击令日本的经济雪上加霜。2009 年甚至出现了 6% 以上的负增长。

---

① 孟昭亿.保险资金运用的国际比较[M].北京：中国金融出版社,2005:170—172.

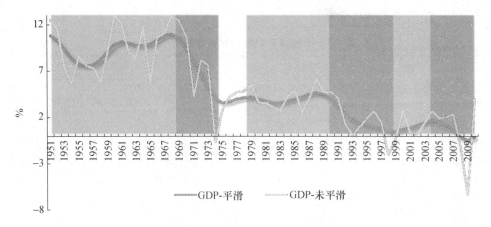

图 8-6　日本 GDP 增长率变动情况

资料来源：世界银行 WDI 数据库，使用 2000 年美元计算，平滑方法为 HP 滤波，$\lambda = 25$。

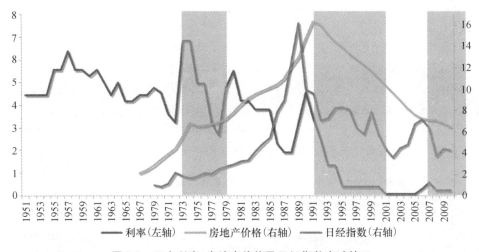

图 8-7　日本利率、房地产价格及日经指数变动情况

资料来源：房地产价格数据来源于 Japan Real Estate Institute，以 1967 年数据为基数，表示为 1967 年数据的倍数；利率为日本 1 年期基准贴现率和贷款利率，来源于日本银行；日经指数来源于 Wind，以 1979 年指数为基数，表示为 1979 年数据的倍数。

收益率与 GDP 增长率的相关系数接近 0.8，说明日本的保险资金运用深刻地受到经济周期的影响。通过表 8-4 我们可以发现，债券投资比重、现金和通知贷款的投资比重与 GDP 增长率的相关系数为负，而股票、贷款和房地产的比重与 GDP 增长率的相关性为正。在经济繁荣时，股票、房地产、贷款投资能产生更高的收益率，保险公司会减少对债券、现金、通知贷款的投资。而经济萧条时，债券、通知贷款的稳定性将会吸引保险公司加大上述资产的配置。

表 8-4　投资比重、投资收益率与 GDP 增长率的相关系数表

	债券	股票	贷款	现金、通知贷款	房地产	收益率	GDP
债券	1.0000						
股票	-0.7779	1.0000					
贷款	-0.9668	0.5959	1.0000				
现金、通知贷款	-0.0753	0.4330	-0.1121	1.0000			
房地产	-0.9525	0.7082	0.9298	-0.0571	1.0000		
收益率	-0.9215	0.6509	0.9281	-0.1016	0.8626	1.0000	
GDP	-0.7634	0.5723	0.7490	-0.1338	0.8123	0.7896	1.0000

结合经济波动的情况，我们来具体考察日本保险资金运用的相应变动。如图 8-8 所示，在 20 世纪 80 年代之前，贷款在日本寿险资金运用中占的比重最大，占 60% 以上的比重。股票次之，债券等占比较少。这一时期，房地产投资所占比重也较高。这是因为该阶段是日本经济高速发展的时期，经济发展对资金有非常强烈的需求。随着经济的崛起，中小企业发展迅速，贷款和不动产投资可以为保险投资带来稳定丰厚的回报。证券市场受益于经济繁荣，也实现了高速发展与高投资回报率，日本保险公司对股票等的投资比重也较之前有了很大提高。

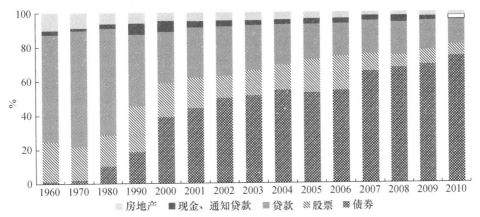

图 8-8　日本寿险公司投资结构变动

资料来源：日本寿险协会（LIAJ）。

为了获得高投资收益率，加上对资本市场发展的乐观预期，日本保险公司积极提高股票、房地产等的投资比重，在 1990 年，股票投资达到了 27.33%，房地产投资比重已经有了大幅下降，仍然有 6.01% 的比例。考虑到抵押贷款等与房地产相关的投资，该数值会非常惊人。日本资本市场的繁荣进入 20 世纪 90 年代就结束了。房地产价格剧烈下跌，日经指数下滑，利率下调，这三种巨大的消极冲击几乎在同一年出现并在几年内得以延续，这对日本的保险公司产生了重大的负面影响。由于保险公司将很大比重的资金投资在股票和不动产市场上，这在经济繁荣时助

长了泡沫。当一种资产的价格泡沫破灭，会对整个资本市场带来连锁反应。对房地产的需求降低、房地产价格下滑产生了大量不良资产，股市的低迷使得保险公司的股票投资损失惨重。日本保险资金的投资收益率降到了非常低的水平。

经济的低迷导致企业对资金的需求不再那么强烈，同时，保险公司对与房地产有关的抵押贷款的投资也在降低，这些导致了20世纪90年代之后，贷款占比逐渐下降，而债券（主要是政府债和公司债）占比持续上升。由于日本在90年代之后一直处于低利率时代，债券并不会产生很高的收益，因而日本保险资金的投资收益率在90年代之后一直在低位徘徊，整个90年代一直维持在不足3%的水平上，进入21世纪之后，只有在经济短暂复苏、股票市场稍有回升的2003—2006年，投资收益率才有小幅改善（见图8-9）。2008年金融危机对日本保险资金运用的冲击似乎并不太大，2008年收益率下滑之后，在2009年即出现了回升。这是因为投资收益率已经非常低，金融危机的冲击影响终归有限。

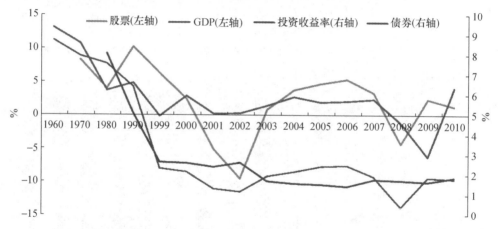

图 8-9　日本保险资金投资收益率及 GDP 增长率
资料来源：日本寿险协会（LIAJ）和世界银行。

20世纪80年代到20世纪90年代末，这一期间的日本资金运用的经验教训对我国具有很强的借鉴意义。保险市场的启动与快速发展通常始于一国经济高速增长的时期，这一时期由于经济繁荣、融资需求强劲，利率水平都会较高，例如20世纪50—70年代的日本。寿险合同一般都是一种长期契约，经济从高速增长到增速减缓进而陷入低迷，资本市场及利率水平都会发生相应的变化，这对签订长期合同的保险公司而言存在着巨大的风险。

如表8-5所示，日本保险业的预定利率在1946年只有3%，低于同期利率水平。随着经济的高速增长，利率水平提高，预定利率也逐渐提高，直至70年代末，预定利率仍然低于同期利率水平。在经历了长期的高速经济增长之后，日本保险

表 8-5 日本保险业预定利率与市场利率 （单位：%）

	年份	1946	1952	1976	1981	1985	1990	1993	1994	1996	1999	2001	2002
保单期限	10年以下	3.00	4.00	5.5	6.0	6.3	5.8	4.80	3.80	2.8	2.0	1.5	1.50
	10—20年	3.00	4.00	5.5	5.5	6.0	5.5	4.80	3.80	2.8	2.0	1.5	0.75
	20年以上	3.00	4.00	5.0	5.0	5.5	5.5	4.80	3.80	2.8	2.0	1.5	0.75
利率		3.65	5.84	6.5	5.5	5.0	6.0	1.75	1.75	0.5	0.5	0.1	0.10

资料来源：周刊朝日，2003年2月。

业对未来经济增长的预期过于乐观，10年以下保单的预定利率竟然达到了6.3%。随着80年代末房地产泡沫的破灭，日本经济增速开始下滑，1996年签订的保单的预定利率只有2.8%，而同期利率水平低至0.5%。1985年的对应水平是6.3%和5.0%。缺乏前瞻性、对经济增长过于乐观，这是日本承担如此重大的预定利率风险的原因所在。在经济繁荣时期，保险公司会因为市场的繁荣忽略了对风险的控制，在高风险的投资渠道配置了过多的资金。经济衰退通常会导致整个资本市场的低迷。激进的投资组合在经济繁荣期会取得高收益，但在经济低迷时同样会带来巨大的风险。长期的低利率导致日本保险公司出现了巨额的利差损，经济增长未见好转、低利率持续，导致利差损逐渐累积，最终导致了一批保险公司在20世纪90年代末的破产（见表8-6）。

表 8-6 20世纪90年代末日本破产保险公司情况总结

	日产生命	东邦生命	第百生命	大正生命	千代田生命	协荣生命	东京生命
成立时间	1909	1898	1915	1914	1904	1935	1895
倒闭时间	1997	1996	2005	2000	2000	2000	2000
破产前预定利率	3.75—5.50	4.79	4.46	4.05	3.70	4.00	4.20
破产后预定利率	2.70	1.50	1.00	1.00	1.50	1.75	2.60

资料来源：申万研究。

8.4 保险资金运用的国际经验——美国

8.4.1 美国保险资金运用监管变迁

美国的保险监管及保险资金运用的监管经历了复杂的变迁。美国早期对保险资金运用的监管并不严格，保险企业的投资自由而混乱。1905年纽约州成立了由参议员阿姆斯特朗（Armstrong）为首的委员会，开展对保险业的调查。1906年该委员会完成了调查，公布了著名的《阿姆斯特朗调查报告》。调查使得许多人身保险公司的不合理现象被揭露出来。① 1906 年通过了著名的 Armstrong 法案,对保险业经营、投资、信息披露等方面做出了严格的监管限制。1929—1933 年大危机之后美国保险监管更加严格,Glass-Steagall Banking 法案确认了分业经营的理念。随着经济的发展、资本市场的逐步完善,对于不动产和股票市场的投资限制在 20 世纪 40 年代和 50 年代先后得到了放松。表 8-7 列示了 1945 年以前美国保险监管法案的变更情况。

表 8-7　美国保险监管法案的重要变更(1945 年以前)

年份	法案	主要内容或影响
1869	保罗诉弗吉尼亚州案	确立了各州对保险业具有独立的监管权力
1906	Armstrong 法案	禁止所有保险公司投资股票、房地产;寿险公司只能投资政府债券、有充足担保的公司债、抵押贷款;强化保险公司的报告和信息披露义务
1933	Glass-Steagall Banking 法案	银行、证券、保险分业经营
1944	联邦政府诉东南保险者协会案	联邦政府试图确认对保险费率的制定权以及对保险业的监管权
1945	McCarran-Ferguson 法案	各州保险监管机构可以对自己州的保险市场进行监管,在各州不进行管理的领域,联邦政府可以进行管理

图 8-10 显示了美国经济在 20 世纪 50 年代以来的增长态势。20 世纪 60 年代是美国保险资金运用监管真正意义上的第一次自由化。50 年代中后期开始,美国

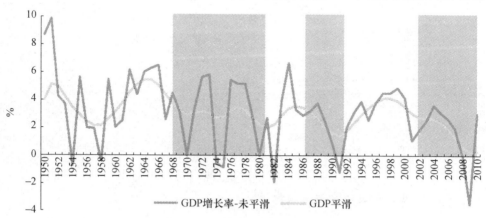

图 8-10　美国 GDP 增长率及趋势(1950—2010)

资料来源:世界银行 WDI 数据库,使用的是 2000 年美元,平滑方法为 HP 滤波,$\lambda = 25$。

---

①　杨明生.重温阿姆斯特朗调查对我国保险业发展和监管的启示——中美保险业跨世纪比较[J].保险研究,2010(12).

的经济开始了快速发展,但是,Armstrong法案对保险业的严格限制越来越成为保险公司提升竞争力的阻碍。1969年,美国保险监督官协会通过了《保险控股公司体系监管法》,保险公司可以通过设立子公司和持股公司进入共同基金、信托、证券等业务。70年代,石油危机引发的经济危机使得美国经济陷入低迷。同时期的通胀率高企、利率自由化深化,保险公司在原有的投资监管规定下与其他金融机构的竞争中处于劣势。80年代,针对保险投资监管的自由化改革再次深化。1982年,新设立的关于保险业监管改革的行政咨询委员会发布了一份报告,其中的重要内容是放宽保险公司的投资范围和对子公司的投资限制。这一主张在随后的保险法修改中得到了体现。[①] 到了20世纪80年代末和90年代初,美国经济陷入低迷,资本市场的动荡使得保险公司破产案例不断增加,保险监管者的目标开始转向如何有效预防并及时识别保险公司丧失偿付能力的情况。NAIC在1991年颁布了《投资模式法》,并在1996年进行了修订。该法规对保险公司的投资提出了新的要求。[②] 90年代中后期,美国经济迎来了新一轮的繁荣。在这个背景下,NAIC实施了风险资本标准(Risk-Based Capital Standards,RBC),偿付能力监管开始逐步取代单纯的严格监管。1999年,美国颁布了《金融服务现代化法案》(GLB法案),旨在取消保险业、银行业和证券业分业经营的限制。

但是好景不长,进入21世纪后,次贷危机的爆发迫使美国政府对监管问题进行反思并颁布了新的政策。2008年3月,布什政府颁布了《现代金融监管结构蓝皮书》,认为监管机构不需要严格控制金融市场,而是在适应市场波动的前提下尽量放松对企业和企业家的管制,以便促进企业更好地竞争。2009年6月17日,奥巴马政府公布的金融改革白皮书《金管改革:新基础》则改变了观点。白皮书认为,单一的市场监管或者偿付能力监管已经不再适应保险市场快速发展的需要,多种因素打包组合的监管方式将成为美国保险监管的主要内容。

从最初保险业成立时监管的混乱,到后期对投资比例、投资渠道的严格限制,进而在经济好转时放松监管,随后在经济低迷时改变监管目标,在遭遇经济危机之后再次加强监管,美国的保险业监管及资金运用监管的变迁深刻地受到经济形势的影响。

目前,美国各州对保险公司资金运用的监管规定不尽相同。一般而言,美国的保险资金可以投资于债券、不动产、股票、保单贷款、抵押贷款、现金存款等渠道。在债券方面,主要是政府债和公司债,根据纽约州的规定,寿险公司对每一公司债券的投资不得超过其认可资产的5%。对每一抵押贷款公司债券的投资不得超过其允许资产的0.1%,其投资总额不得超过认可资产的0.5%。对于每一企业普通

---

① 孟昭亿.保险资金运用的国际比较[M].北京:中国金融出版社,2005:141—145.
② 倪琦珉.保险资金运用国际比较及中国的选择[D].浙江大学博士论文,2003.

股的投资金额,纽约州规定为不得超过1%,也不得超过该企业发行股票总额的5%。各州对于普通股的全部投资额,规定为不得超过其资产的10%至20%。房地产投资的风险较大,纽约州规定,一笔对土地的投资,包括改良费和开发费在内,不得超过保险人资产的1%,对于这类土地的总投资,连同改良费或开发费,不得超过保险人资产的10%。由于抵押贷款多以不动产为抵押,美国各州都对此做出了详细的规定。纽约州规定,贷款的担保必须是不动产第一顺位抵押,不动产没有任何负担,贷款额不能超过不动产价值的2/3。表8-8列示了NAIC对各州保险公司建议的资产投资比例。

表8-8 NAIC对各州保险公司建议的最大投资比例

资产	寿险	产险
美国政府债券	100%	100%
股票	10%	5%
抵押贷款	30%	10%
不动产	15%	5%
外国债券	10%	15%
衍生工具	1%	1%

资料来源:张建军.美国政府对保险业的监管[J].深圳金融,1997(6).

近年来,美国的寿险公司的资产一直保持着较高的增长率,资产总量迅速增长。尽管遭受了金融危机的打击,但是从1990年到2010年的20年间,美国寿险公司的总资产年平均增长率仍然达到了7.24%。截至2010年年底,美国寿险公司的总资产规模已经达到了5.3万亿美元,较上一个年度增长7%。一般情况下,寿险公司将其所拥有的资产配置到两个特征截然不同的账户:普通账户(general account)和独立账户(separate account)。图8-11显示了两个账户资产配置情况的一个示例。普通账户主要用以应对传统保单中寿险公司所要履行的赔付义务,这样的赔付往往较为固定。独立账户则主要用以应对需要承担投资风险的保险业务,这些业务主要是一些新型寿险产品,例如变额年金和养老金相关的保险产品。

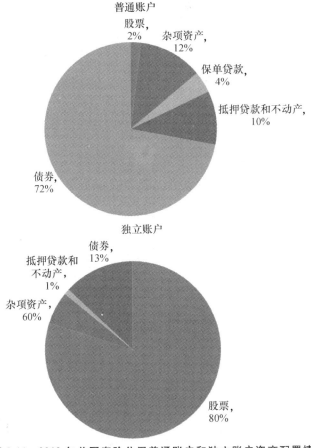

图 8-11 2010 年美国寿险公司普通账户和独立账户资产配置情况

资料来源：ACLI（American Council of Life Insurers）Life Insurers Fact Book 2011。

美国非寿险市场是全球最重要的非寿险市场之一。美国非寿险保险公司 2009 年保费收入为 6 474.01 亿美元，较前一年下降了 2.1%。2009 年，美国非寿险市场保费收入占全球市场的份额为 37.32%。美国非寿险公司的资产规模在经历持续多年的增长之后，在近年有所下滑。截至 2008 年年底，美国非寿险资产规模为 14 054 亿美元，较前一个年度下降 4.65%。

美国非寿险公司投资组合中占据重要地位的是各类债券，其比重接近 65%。普通股票在美国非寿险公司投资组合中的比重一般少于 20%。总体来说，美国非寿险公司的资产质量较高。存在信用风险的债券仅占总债券价值的 0.1%。

8.4.2 长周期视角下的美国保险资金运用

美国保险资金的投资收益率虽然受到经济增长的影响，但是其波动性远小于 GDP 增长率的波动（见图 8-12）。美国的保险投资收益率具有非常强的稳定性。另外，保险投资收益率在 1970 年以后明显高于 GDP 增长率，这与中国目前的情况是很不一样的。

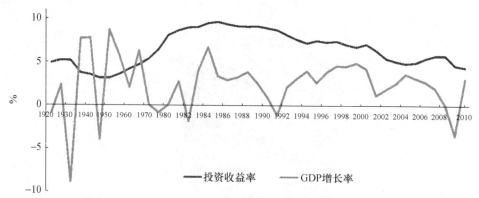

图 8-12 美国保险资金投资收益率与 GDP 增长率的变动情况

资料来源：ACLI（American Council of Life Insurers）；世界银行；麦迪森（Maddison）.世界经济二百年回顾[M].北京：改革出版社，1997：102—104.

美国的利率、资本市场及房屋价格会因宏观经济的波动而波动（见图 8-13）。

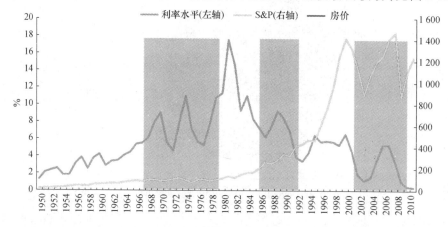

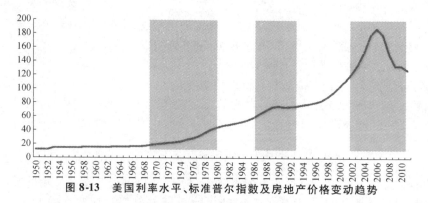

图 8-13 美国利率水平、标准普尔指数及房地产价格变动趋势

资料来源：ONLINE DATA ROBERT SHILLER，http://www.econ.yale.edu/~shiller/data.htm

例如2008年的次债危机引发的房地产市场的下滑;股票市场的几次大的波动也与宏观经济的低迷有深刻的联系。但1950年以来,除了少数时期,这种波动的幅度并没有日本那么严重。美国的市场非常成熟,波动性较小。成熟的市场为美国保险业提供了广泛的投资渠道,这使得美国的保险资金运用效率高,收益稳定。

美国的保险投资中比重最大的是债券投资,该部分占比一直较为稳定。股票投资占比在20世纪70年代之后在稳定提高,而抵押贷款的占比则在逐步降低。保单贷款、房地产的规模不大,90年代之后占比一直较为稳定(见图8-14)。

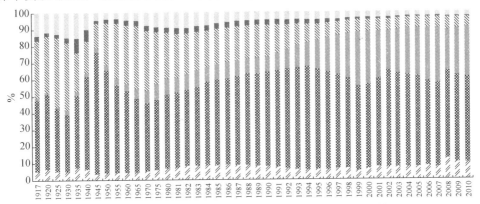

图 8-14　美国保险资金投资渠道比例历史变动情况

资料来源:NAIC。

从表8-9中可以看出,GDP与债券比重变动的相关系数为负,这意味着,在经济繁荣时,保险公司会降低债券、贷款的投资比重,而在经济萧条时,这一比重会提高。值得注意的是,经济波动与债券投资比重、保单贷款的相关度非常低,说明美国保险资金在投资时,债券、保单贷款部分是相对稳定的,受经济周期的影响不大。GDP与股票比重的相关系数为正,与房地产投资比重的相关系数为正。经济繁荣引发的投资需求扩张带来了资本市场的繁荣。股票市场、房地产市场相对于债券、贷款等有较高的相对收益,保险公司倾向于将资金从债券、贷款配置到股票市场、房地产市场。受经济周期影响最大的投资渠道是股票、房地产以及抵押贷款,债券投资和保单贷款与经济周期的相关性较弱。投资收益率与宏观经济存在正相关,且相关程度较高。

表 8-9　美国保险投资比重的相关系数表

	债券	股票	抵押贷款	房地产	保单贷款	投资收益率	GDP
债券	1.0000						
股票	-0.7297	1.0000					
抵押贷款	-0.2367	-0.2867	1.0000				

（续表）

	债券	股票	抵押贷款	房地产	保单贷款	投资收益率	GDP
房地产	0.4107	-0.4636	-0.0004	1.0000			
保单贷款	-0.0062	-0.2558	-0.0977	0.2196	1.0000		
投资收益率	-0.0668	-0.0213	-0.3188	0.1618	0.1213	1.0000	
GDP	-0.0125	0.1111	-0.1603	0.1393	-0.0200	0.0704	1.0000

观察美国的寿险投资比重及经济增速变化可以发现,随着经济增速的放缓,美国进入了平稳发展的时期之后,在资金需求降低的背景下,利率也会结束之前持续上行的态势。保险公司将投资的重点放在了具有较高收益的长期性公司债券上。经济在高速发展时期,融资需求的扩张会催生高利率的宏观环境,股票市场、房地产市场会相应繁荣,保险公司会适当扩大对股票和房地产的投资比重。

美国保险业资金运用的特点是收益率高且稳定,这种稳定的收益率在遭遇到重大系统风险事件时,如金融危机,将会如何变化? 我们可以通过考察美国大都会人寿保险公司(MetLife)最近十年的投资收益率的情况得到各渠道收益率的变动情况。

大都会的投资收益率一直较为稳定,在2007年以前维持在6.5%以上的高水平。2008年金融危机的爆发导致收益率下降,2009年达到最低,但仍然高于4.5%,该水平显著优于中国保险公司的投资收益率水平。不同的投资渠道的收益率波动性不同:固定期限证券、抵押贷款、保单贷款的收益率较为稳定,而房地产、股权投资、现金及短期投资等的波动性就非常大(见图8-15和图8-16)。

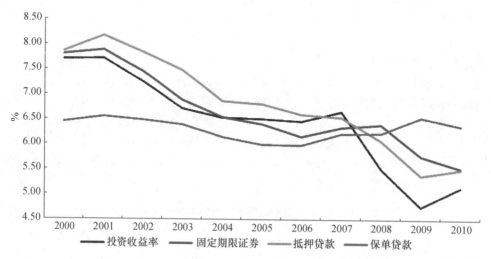

图8-15 美国大都会投资收益率表现:贷款及固定收益类
资料来源:公司年报。

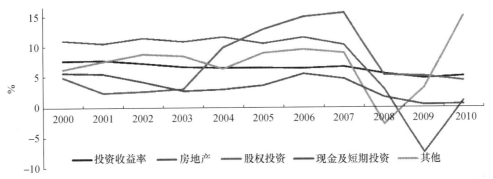

图 8-16　美国大都会投资收益率表现：其他

资料来源：公司年报。

房地产投资、股权投资、衍生工具及其他短期投资在所有投资中占比比较小。在 2008 年金融危机之前，收益率相对稳定，但 2008 年次债危机爆发，房地产价格大幅下挫，股票市场也遭受重创，美国实施了低息政策，短期投资的收益率剧烈下调。上述几种投资收益率一度低于总投资收益率，2009 年之后才有起色。值得注意的是，2008 年虽然其他投资部分也出现了下滑，但在情况最糟糕的 2009 年，房地产投资收益率一度为负的情况下，其他投资（主要是金融衍生工具等）的收益率出现了大幅上升，这对冲掉了房地产投资的部分损失。在总收益率上，2007 年之前的投资收益率平均值为 6.94%，2009 年的情况最为糟糕，也有 4.76% 的收益率，高于同期的 GDP 增长率，与平均值相比，下降幅度有限。

之所以固定收益类的投资收益率非常高，是因为美国的保险公司持有较高的公司债比重，在普通账户中，该比重高达 46.60%，长期债券的比重高达 72.40%（见表 8-10）。收益率高的长期资产比重大，波动性强的股票、房地产和收益率低的现金及现金等价物占比少，这使得美国的保险资金运用可以获得较高的收益率，同时受短期经济波动的影响较小。

表 8-10　2010 年美国寿险公司资产分布情况　　（单位：百万美元）

项目		普通账户		独立账户		联合账户	
		金额	比重（%）	金额	比重（%）	金额	比重（%）
政府债券	美国	294 489	8.50	43 790	2.40	338 279	6.40
	国外	71 211	2.10	3 955	0.20	75 166	1.40
政府债券合计		365 700	10.60	47 745	2.60	413 445	7.80
公司债券		1 611 217	46.60	89 144	4.80	1 700 360	32.00
抵押贷款支持证券		526 877	15.20	104 075	5.60	630 952	11.90
长期债券合计		2 503 794	72.40	240 964	1.30	2 744 758	51.70

（续表）

项目		普通账户		独立账户		联合账户	
		金额	比重(%)	金额	比重(%)	金额	比重(%)
股票	普通股	73 026	2.10	1 487 111	80.20	1 560 138	29.40
	优先股	9 484	0.30	603	0.00	10 087	0.20
股票合计		82 510	2.40	1 487 714	80.30	1 570 225	29.60
抵押贷款		317 273	9.20	9 715	0.50	32 6988	6.20
不动产		20 026	0.60	7 826	0.40	27 851	0.50
保单贷款		126 273	3.70	549	0.00	126 821	2.40
短期投资		63 688	1.80	19 745	1.10	83 432	1.60
现金及现金等价物		33 892	1.00	19 316	1.00	53 208	1.00
其他投资资产		149 940	4.30	37 384	2.00	187 324	3.50
非投资资产		160 549	4.60	30 048	1.60	190 597	3.60
合计		3 457 944	100.00	1 853 260	100.00	5 311 204	100.00

资料来源：ACLI（American Council of Life Insurers）Life Insurers Fact Book 2011.

在完善的资本市场中，坚持以长期且稳定的固定收益类资产为主要配置对象，适当调整股票、房地产及衍生工具等的投资比重，在资产配置时，注意利用衍生工具对冲风险，这是美国保险公司能够在长期中稳定地取得较高的保险资金投资收益率的原因所在。

8.5 中国经济的长周期分析

8.5.1 熊彼特创新理论简介

对于经济长周期的分析，我们认为，应该关注的是供给层面，对于生产函数产生重大影响的要素，如劳动力、资本存量及技术进步。要实现经济的长期增长，技术进步无疑是最为关键的生产要素。我们在该部分引入熊彼特对于技术进步及创新的论述，作为分析长周期经济走势的理论支撑。

熊彼特认为，市场经济本身具有繁荣和萧条的周期性特征，经济学的中心问题不是均衡，而是结构性变化。经济的变动是一个不断趋向均衡，但是永远无法达到理想均衡的过程。危机是使得经济适应新环境的过程。[①]

熊彼特认为，只有当经济吸收了变化的结果，永远改变了它的结构时，经济才能发展，这就是熊彼特定义的"创新"：经济建立了新的生产函数，企业家重新组合

---

① 熊彼特.经济周期循环论[M].叶华编译.北京：中国长安出版社，2009：7—10.

了生产要素。企业家扮演着动态经济中的英雄角色,他们是利润的来源。每一次萧条都包含着技术革新的可能,而生产技术的革新和生产方法的变革在其中起着至高无上的作用。① 熊彼特认为,由于我们可以观察到繁荣与萧条的变化,那就说明,在经济中发挥重要作用的企业家和技术创新并不是均匀分布的。② 创新需要先驱,这种先驱一般出现在经济的停滞阶段。先驱的出现,会带动很多追随者,从而克服障碍,形成潮流,最终使创新成为普遍的事情。③ 经济可以借此摆脱困境,实现繁荣。在经济繁荣时,依靠之前的创新成果,资本可以获得良好的收益,不愿意从事高风险的创新投资,因此,创新活动就会削弱。随着创新活动的减弱,投资需求降低,企业家数量减少,就会过渡到萧条。缺乏创新是萧条的主要原因。当利用殆尽的技术所带来的利润低得令人不堪忍受时,资本才能克服对承担风险的厌恶,并依赖于可能会获得的资本创新。④ 基本创新将在萧条阶段成群出现。

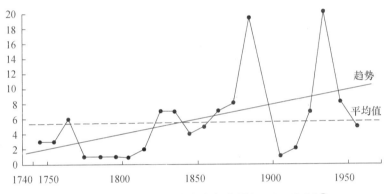

图8-17　经济萧条与基本创新频率图(1740—1960)⑤

8.5.2　英国与美国的历史经验

GDP增长率代表经济增长情况,高增长率意味着经济繁荣,低增长率意味着经济衰退。使用授权的专利数量增长率代表技术创新活动的活跃度,增长率高意味着技术创新高涨,反之则说明创新处于低潮期。由于中国历史数据记录较差,使用历史数据记录较好的英国和美国经济增长及专利授权数量的年度数据,并进行一定处理,可以得到图8-18。

---

① 熊彼特.经济周期循环论[M].叶华编译.北京:中国长安出版社,2009:7—10.
② 同上,第12—14页.
③ 同上,第17—18页.
④ 门斯(G. Mensch,1975).技术的僵局.转引自:杜因(Van Duijn).经济长波与创新[M].刘宇英等译.上海:上海译文出版社,1993:121.
⑤ 同上.

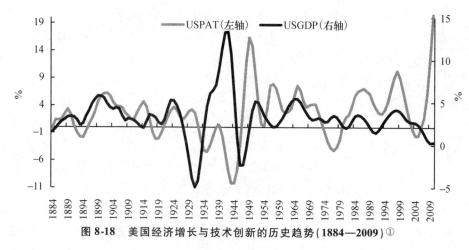

图 8-18　美国经济增长与技术创新的历史趋势（1884—2009）①

从图中我们可以直观地看到技术创新与经济增长之间的关系。经济增长与技术创新之间是互相作用的：经济繁荣时，创新活动增速会下降，而当经济处于低谷阶段时，技术创新会大量涌现，并为新一轮经济增长奠定基础。宏观经济就是在这样一种相互作用中循环。有研究为该结果寻找了统计上的证据，并总结为：一项创新活动从发明到授权到应用直至最后产生经济效益，大约需要 5 年的时间，经济会在创新达到峰值后的一段时间出现繁荣期。②

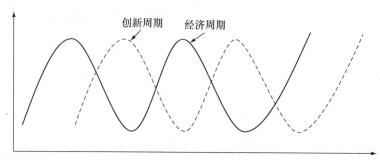

图 8-19　经济增长与创新周期示意图

8.5.3　中国目前的创新周期及经济周期分析

1978 年以来，中国经济维持了平均接近 10% 的高速增长。2011 年，中国 GDP 更是达到了 47 万亿元人民币。持续三十多年如此高的经济增长速度世所罕见。

---

① 转引自：周游，翟建辉. 长波理论、创新与中国经济周期分析[J]. 经济理论与经济管理，2012（5）. 数据来源：1887—1994 年英国 GDP 数据来自：麦迪森（Maddison）. 世界经济二百年回顾[M]. 北京：改革出版社，1997：102—104. 该统计使用的是 1990 年美元. 1995—2010 年数据来自世界银行 WDI 数据库，使用的是 2000 年美元. 授权专利的历史数据来自 WIPO Statistics Database，December 2011。

② 周游，翟建辉. 长波理论、创新与中国经济周期分析[J]. 经济理论与经济管理，2012（5）。

然而,自 2008 年金融危机以来,中国经济发展遭遇了前所未有的严峻局面,外围市场的不断恶化使得对外贸易增速大幅下滑,在短期内为经济增长蒙上了严重的阴影(见图 8-20)。

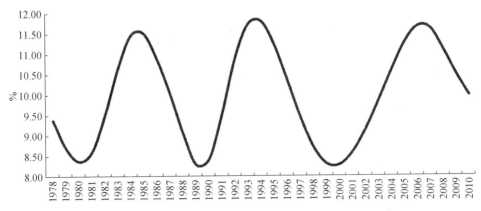

图 8-20　HP 滤波分解下的中国潜在增长率(1978—2010)①

总需求由消费、投资和出口三驾马车拉动。如图 8-21 所示,回顾改革开放以来三驾马车对经济增长的贡献,发现它们充当的角色大不相同。改革开放初期的 GDP 增长主要贡献力量来自消费。随着中国经济的发展,生产能力得到提高,我国从短缺型经济过渡到供给充分型经济,从 90 年代中后期开始,消费的贡献率就较为稳定,影响经济短期波动的主要是来自外部的冲击,体现在出口上;来自政府的调控,体现在投资上。投资和出口有非常明显的负相关关系。当外部需求下降时,中国政府通常会通过扩大投资来平衡出口下滑带来的经济降速。投资具有很强的逆周期性。从近年来的数据看,投资和出口的波动性已经降低,但中国政府并未改

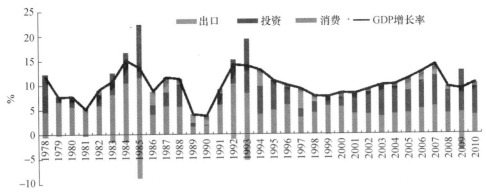

图 8-21　出口、投资、消费对 GDP 的贡献率

资料来源:中经网数据库。

---

①　$\lambda = 25$,使用的是 OECD 计算方法。

变对投资这一工具的依赖,这一点在 2008—2009 年体现得特别明显。外围市场一旦出现预期外的严重下滑,国内固定资产投资会大幅提高,以确保经济不会出现衰退。

2008 年全球金融危机之后,中国经济增速逐步下滑,从原来的两位数平滑回落至 7% 左右。实体经济的诸多行业存在着严重的产能过剩、利用率低、利润率低等问题,出口受制于全球经济的低迷而压力倍增。对中国经济增长前景的悲观观点显著增加。

由于中国的人口红利正在逐步消失,而资本的边际投资收益也在下降,如同我们在前文中所分析的,在长期中探寻经济增长的动力,必然要以技术进步和创新为依据。在中国经济主要由投资驱动的时期,技术的因素或许并不是最重要的。但在新常态的大背景下,技术创新的角色将日益重要。

经济增长与创新活动存在着一定的负相关。分析中国的数据,这一逻辑同样适用。通过图 8-22 可以发现,中国经济在 20 世纪 90 年代初增速高达 10% 以上,创新活动增速较低;同样,在加入 WTO 之后,中国经济迎来了繁荣期,但创新活动在 2000—2005 年间一直在谷底徘徊。在这两大经济繁荣的时期内,驱动中国经济增长的主要动力是投资和出口:当资本积累不足时,投资的边际收益率高,对经济的拉动作用最为明显;人口红利导致中国制造的成本优势明显,中国依靠加入 WTO 一举发展成为世界工厂。但从 2006 年开始,中国的创新活动已经开始重拾升势。

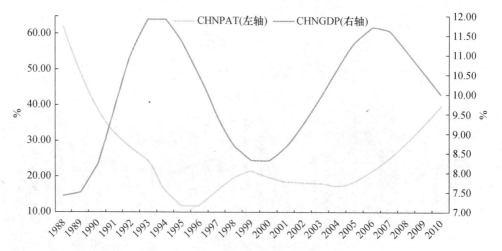

图 8-22 中国潜在生产率与授权专利数量变动趋势图(1988—2010)
资料来源:世界银行 WDI 数据库。

不可否认,投资在过去几十年一直是决定中国经济增长的最重要因素,但改变经济增长模式已经迫在眉睫。李克强总理在 2013 年达沃斯论坛上的演讲主题即为"创新:势在必行",他强调,创新不仅能够直接转化为生产力,而且具有乘数作用,可以放大各生产要素的效应,从而提升全社会综合竞争力,提高经济发展的质量和效益,促进转型升级。① 我们认为,2007年以来的中国经济,在宏观层面,积极弱化对投资的依赖,寻找新的经济增长路径,在微观上,以企业为主体,自发地通过技术创新转变经济增长模式,从而在新领域中获得高额利润,其中的典型代表是近年来高歌猛进的移动互联网等"新经济"形式。经济增速逐步下台阶,潜在增长率在下滑,这是我们分析中国经济走势时必须重视的,但同时也应该看到正在迅速积累力量的创新活动,中国经济增长的质量在提高,这是未来中国经济增长的动力。

到目前为止,中国的利率市场化水平较低,但从历史数据来看,中国的利率水平变动与GDP潜在增长率密切相关,如图8-23所示,在1978—1987年潜在增长率上行的阶段,利率水平也在不断提高。1996年之后,因为亚洲金融危机的影响,中国的潜在增长率出现下滑,这一时期出现了利率水平的大幅下调。在这之后,利率水平一直相对稳定,但在2002年到2007年这段时间,随着GDP潜在增长率再次上行,利率水平也持续提高。总的来看,当经济繁荣时,投资扩张会导致利率水平相应得到提高。在经济增长率下滑时,投资下滑导致对资金需求降低,同时也是出于刺激经济的需要,利率水平会有相应的下调。基于对未来5—10年中国经济增长情况的判断,我们认为利率水平在短期内下行,但长期中维持在较高水平的可能性很大。值得注意的是,利率市场化过程在这一阶段会加快,这对利率波动性以及债券市场的影响将会扩大。

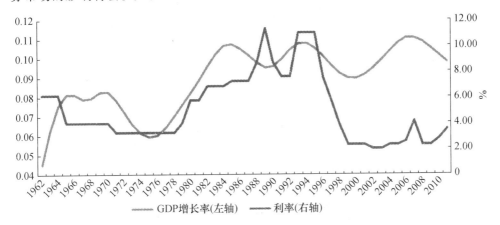

图8-23 中国的潜在GDP增长率与一年期存款利率变动

资料来源:GDP数据为使用世界银行数据进行平滑后的结果,利率数据来源于Wind。

---

① 李克强强调:以改革创新促进经济转型升级,http://www.gov.cn/ldhd/2013-09/17/content_2490255.htm

中国的资本市场起步较晚，但发展非常迅速。就股市来说，沪深两家交易所成立的时候，中国只有13只股票，13家上市公司，截至2012年，境内上市公司已经达到2364家，A、B股总市值为238810.52亿元。① 但是，资本市场的快速发展不能掩盖其存在的严重问题。以上证综指为例，如图8-27所示，上证综指在近年间的波动是非常大的，2007年一度超过了6000点，保险投资收益率也在这一年达到了最高的12.17%。但是在2008年，上证综指大幅下滑，最低时甚至不足2000点。我们从图中可以看出，证券市场的波动虽然与宏观经济走势有联系，但是这种联系似乎不是非常明显。这是因为中国的资本市场发展历史仍然较短，目前仍然存在着诸多问题，比如，上市公司的质量不高，操纵市场行为比较严重，政策性风险依然较大等。中国资本市场的问题在于，在经济高速增长的时期，并没有给投资者带来比经济增速更高的收益。随着转型期的来临，资本市场的波动性仍然会维持在较高的水平。

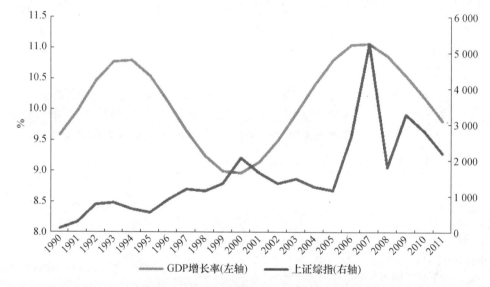

图 8-24　GDP 增长率与上证指数变动情况

资料来源：GDP 数据为使用世界银行数据进行平滑后的结果，上证指数数据来源于 Wind。

在房地产市场方面，如图8-25所示，2008年金融危机暂时改变了房地产价格上升的趋势，2009年之后房价恢复了上涨。2011年以来严厉的房地产调控措施使得房价上涨趋势得到了缓和，但这种缓和的持续性值得观察。不可否认的是，中国的房地产市场起步晚，虽然近年来发展较快，但它严重地受到宏观政策的影响，政策风险非常大。从日本、美国的经验看，在最近几次潜在增长率下滑的过程中，都伴随着房地产价格的下滑，日本在20世纪80年代末90年代初尤其明显。预计房

---

① 资料来源：中国证监会。

地产价格增速在短期内会随着经济潜在增长率的下滑而放缓,但长期中仍然会有较高的增长率。

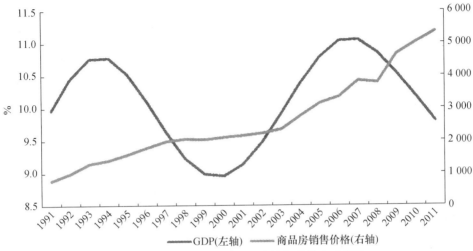

图 8-25 GDP 增长率与商品房销售价格变动情况

资料来源:GDP 数据为使用世界银行数据进行平滑后的结果,商品房销售价格数据来自国家统计局。

8.6 长周期视角下美、日经验对中国的启示

8.6.1 美日保险资金运用模式的总结

表 8-11 总结了 20 世纪 90 年代以来美日两国保险资金的运用情况。

表 8-11 美日两国保险资金运用模式的总结

	美国	日本
投资理念	比较积极,完善的投资管理体系,兼顾保险投资的收益性、安全性、流动性原则	比较传统,投资策略相对不积极,更注重安全性、流动性原则
投资监管	严格	较为严格
投资结构	以债券为主,其次为股票	以债券为主,其次为贷款
收益性	高	低
稳定性	高	较高

日本在经济高速发展的 20 世纪 50 年代到 70 年代,保险资金以贷款为主,股票投资占比也较高,在 80 年代经济增速放缓之后,债券比重逐渐提高,贷款、股票占比相对下降。在 20 世纪 90 年代因为预定利率风险而导致一批大型保险公司破产,日本监管机构加强了对保险公司资金运用的监管,日本的保险资金运用的投资理念不如之前积极,更注重投资的安全性和流动性原则,债券在投资结构中占了最

大的比重。在投资收益率方面,进入20世纪90年代以来,由于日本的低利率政策以及经济的不景气,债券投资等的回报率较低,日本的保险资金投资收益率一直在低位徘徊。

美国保险资金运用的效果是最理想的:投资收益率的稳定性高,收益率也高。虽然2008年金融危机给美国经济带来了严重影响,但美国的保险资金投资收益率并未出现大幅下滑,且一直高于GDP增长率。这是因为美国拥有非常成熟的资本市场,特别是债券市场。保险资金可以大量投资于收益率相对较高的公司债,而且资产负债的期限匹配良好,即便在低利率环境下,这种投资的安全性、收益性仍然可以得到保证。

从中国的实际情况看,我们目前正处在一个短期中潜在增长率下滑的阶段,虽然从长期看,我们仍然对中国的经济增长偏乐观,但短期的下滑对利率及投资收益率的不利影响正在显现。同时,中国经济也处在深刻的转型与变革之中,市场经济制度仍需要完善,资本市场仍不完善,美国和日本的经验可以给我们有益的启示。

8.6.2 经济增速放缓背景下的预定利率风险

中国计划推进利率市场化改革,这可能加大保险公司面临的利率风险。中国的工业化战略被称作"赶超战略"。[①] 要保证赶超战略的成功,必须建立相应的经济体制,这种经济体制就是林毅夫(1999)定义的三位一体的经济体制。宏观政策环境方面的低利率、低汇率以及低能源、低原材料价格政策压低了工业经济的资本形成门槛,降低了生产成本,从而企业可以产生大量的利润,这是中国传统的经济体制的重要组成部分。中国目前的问题在于,渐进式改革使得我们继承了赶超战略时期的体制,国有企业和非国有企业在获取信贷等资源时仍然存在区别。在低利率政策环境下,非国有经济与国有企业相比,在争夺资金方面有较强的竞争力。[②] 1993年,中共十四大《关于金融体制改革的决定》提出,我国利率改革的长远目标是:建立以市场资金供求为基础,以中央银行基准利率为调控核心,由市场资金供求决定各种利率水平的市场利率管理体系。近期,政府关于利率市场化的表述是"深化金融体制改革。构建逆周期的金融宏观审慎管理制度框架。稳步推进

[①] 之所以称之为赶超,是因为这种战略所确定的产业目标与资源禀赋所要求的产业结构之间存在巨大的差异在一个开放的竞争性市场经济中,一个资本有机构成结构和资源禀赋结构相距甚远的产业,在市场竞争中是无法获得社会可接受的利润水平的,甚或发生大量的亏损,因而是没有自生能力的。参见:Lin Justin Yifu and Guofu Tan. Policy Burden, Accountability and Soft Budget Constraint[J]. American Economic Review, 1999(2).

[②] 一些主管机关往往在支持产业发展的名义下,将这些生产要素规定偏低的价格,人为压低了外延增长实际付出的成本,鼓励了紧缺资源的浪费以及实际效益很差的产业的扩张,参见:吴敬琏.中国增长模式抉择(修订版)[M].上海:远东出版社,2005:114—115.

利率市场化改革"①。央行也连续表态,将有规划、有步骤、坚定不移地推进利率市场化改革。② 利率机制改革期间无疑会加大保险产品的预定利率风险。

另一方面,从日本的经验看,在经济繁荣时,因为市场竞争的需要,保险公司的预定利率较高。由于保险合同的长期性,一旦经济陷入低迷,这种长期的高利率产品对保险公司的打击是沉重的。在中国也发生过类似的情况。1996 年以来,央行连续降息,中国的利率水平有了巨幅下调。1997 年以前我国保险公司承保的大量业务的预定利率为 7%—9%(见表 8-12),保单一旦生效,预定利率就固定不变。1997 年利率下调时,保险公司的资金运用仍然被限制在银行存款、购买国债、购买金融债等有限渠道,利率下调导致保险公司的投资收益同时下滑,这对保险公司的经营带来了极大风险。

表 8-12 预定利率与 1 年期存款利率对照表 （单位:%）

调整时间	1996.05.01	1996.08.23	1997.10.23	1998.03.25	1998.07.01	1998.12.07	1999.06.10
1 年期存款利率	9.18	7.47	5.67	5.22	4.77	3.78	2.25
保单预定利率	8.8		6.5		5.0		2.5

资料来源:刘建强.我国寿险公司利差损实证研究[J].烟台大学学报,2005,18(1).

在宏观经济增长速度短期内下滑的趋势下,利率水平难以维持在高水平。虽然目前保险公司的预定利率仍然高于 1 年期定期存款利率,但低预定利率导致保险公司的产品在市场上没有竞争力,适当提高预定利率的呼声渐高。2007 年年初,保监会批准中国人寿在河北、江苏和河南省试行的新简易人身两全保险的预定利率为 3.3%,突破了 2.5% 的上限规定。2010 年,保监会又下发了《关于人身保险预定利率有关事项的通知(征求意见稿)》,考虑由保险公司自行决定传统产品的预定利率。这意味着,关于预定利率的监管规定可能会放松,在目前的竞争态势下,该规定一旦放开,极有可能出现保险公司争相提高预定利率的情况。考虑到目前的宏观经济环境,我们认为应该密切关注预定利率水平及其可能对保险公司经营带来的风险。

8.6.3 经济转型期的资金运用渠道风险

经济增速的暂时下滑并不意味着保险投资收益率的下滑。从美国的情况看,美国的保险资金投资收益率长期高于 GDP 增长率,即便进入了经济增速下滑的阶段,保险资金仍然可以取得较高的投资收益率,在 2008 年发生金融危机的条件下,该收益率的下滑幅度有限,稳定性非常好。美国的保险资金运用中,固定收益类占

---

① 中共十七大五中全会《中共中央关于制定国民经济和社会发展第十二个五年规划的建议》,2010 年 10 月 18 日。
② 周小川,《关于推进利率市场化改革的若干思考》,http://www.pbc.gov.cn。

大部分的比重,企业债的比重高,股票次之。房地产投资等的比重并不高。以大都会的情况看,房地产投资具有较大的不稳定性,尤其是在经济低迷时。

美国的保险资金运用之所以能够取得比较理想的投资效果,主要是因为美国的资本市场相对比较成熟,可以为保险公司提供多种投资渠道,比如,在债券投资中,保险公司可以投资安全性较好的国债,也可以将较大比重的资金投向收益相对较高且期限较长的公司债,从而获得较高的收益。虽然房地产投资不稳定,但REITs等投资工具的存在可以让美国的保险公司在房地产投资中保持较好的流动性,配合对冲工具,保险公司可以将这种风险降低。

由于中国资本市场发展时间较短,投资渠道有限,暂时无法提供如此多的投资渠道供保险公司选择。例如,中国市场上目前尚没有期权,REITs等房地产投资工具也尚未产生。以中国太平洋保险2009年年报的数据看,如图8-26所示,公司有25.8%的银行存款,8.9%的国债,19.9%的金融债,企业债仅占25.8%。在资产匹配方面,由于长期投资工具的匮乏,导致公司的长期资产占比少,短期资产占比大,债券类产品中高收益的企业债占比较少,这是中国目前的保险资金运用收益率低、波动性大的原因。

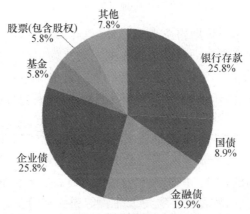

图 8-26　太平洋保险 2009 年保险资金运用结构

资料来源:公司年报。

中国保险资金目前的主要债券投资仍然集中在国债、金融债,即便有企业债的投资,其投资期限也较短,不足以匹配长期的保险公司负债。中国目前的企业债券市场结构单一,企业债券产品品种少、规模小、交易不活跃。2007年以前,中国的债券市场中,国债、金融债、企业债的比例分别占51%、44%、5%,企业债占债券市场的比例是最低的。2011年公司债发行数为83只,共募集资金1 291.20亿元。发行总额占债券融资总额的比重从2007年的0.14%,增长到2011年的1.65%,但公司债发行总额占比依然偏小。

困扰中国企业债券市场的最大问题就是多头管理。发行企业债由国家发改委审批,利率由央行管理,企业债上市又由证监会负责。这种分级及多部门审批的架构,导致发行主体申请时间过长、效率低下,加上准入限制过多,制约了中国债券市场发挥其应有的为企业融资的作用(见表8-13)。由于企业债在发展初期存在着大量违约事件,加上股改之前的股市百病缠身,可能经不起因债市发展而导致的资金分流冲击,因此政府对企业债一直持谨慎态度。

表8-13　2007—2012年公司债发行主体评级分布情况

主体评级	发行只数	占比(%)	发行金额(亿元)	占比(%)	单只平均发行额(亿元)
AAA	37	20.0	1196.0	39.3	32.2
AAA -	1	0.5	11.0	0.4	11.0
AA +	31	16.8	659.0	21.7	21.3
AA	78	42.2	841.0	27.7	10.8
AA -	30	16.2	291.1	9.6	9.7
A +	6	3.2	33.0	1.1	5.5
A	2	1.1	9.8	0.3	4.9

资料来源:Wind。

在期限结构方面,2007年债券市场发行的公司债的期限结构只有5年期、7年期和10年期。经过几年的发展,公司债的期限结构日趋多样化。2008年债券市场新发行了3年期和8年期公司债,2009年债券市场首次出现6年期公司债,2010年和2011年分别推出15年和2年期公司债。2012年2月债券市场又发行了4年期债券,公司债的期限结构日趋完善。截至2012年2月末,债券市场上公司债的期限结构分布相对集中,主要以5年期、7年期和10年期为主,分别占公司债发行总额的47.5%、16.5%和20.3%(见图8-27)。10年以上的长期债券比重仍然偏低。

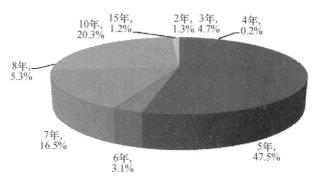

图8-27　公司债期限结构分布

资料来源:Wind。

2007年全国金融工作会议做出了"加快发展债券市场"的部署,温家宝总理明确提出要"扩大企业债的发行规模,大力发展公司债"。2007年8月14日中国证监会正式颁布了《公司债券发行试点办法》。近年来企业债发行总额有了较大提高。在中国经济转型的大背景下,改善长期以来困扰中国经济发展的融资制度问题已经被提上日程。借鉴美国的经验,公司债市场如果能够在规范、合理的前提下得到健康发展,我们相信,这将是提高保险公司的资金运用效率、匹配资产负债结构的一个重要突破点,对中国保险业的发展意义巨大。

8.7 本章结论

随着保险市场竞争的日趋激烈,保险公司面临越来越大的竞争压力。拓宽投资渠道、提高投资收益就成为维持保险公司持续经营的关键。与发达国家相比,我国保险投资的收益率较低、稳定性差;保险投资行为短期化,期限匹配问题极为严重。在长周期视角下,关于我国的保险资金运用可能遇到什么样的风险,如何去处理这些风险,美国和日本的经验可以给我们有益的启示。

从日本的经验看,在经济繁荣时,因为市场竞争的需要,保险公司的预定利率较高,由于保险合同的长期性,一旦经济陷入低迷,这种长期的高利率产品对保险公司的打击是沉重的。在宏观经济增长速度短期内下滑的趋势下,我国的利率水平难以维持在高水平。虽然目前保险公司的预定利率仍然高于 1 年期定期存款利率,但目前市场上已经开始出现突破 2.5% 的预定利率水平的产品。考虑到目前的宏观经济环境,我们认为应该密切关注预定利率水平及其可能对保险公司经营带来的风险。

从美国的情况看,美国的保险资金投资收益率长期高于 GDP 增长率,即便进入了经济增速下滑的阶段,保险资金仍然可以取得较高的投资收益率,在 2008 年发生金融危机的条件下,该收益率的下滑幅度有限,稳定性非常好。美国的保险资金运用之所以能够取得比较理想的投资效果,主要是因为美国的资本市场相对比较成熟,可以为保险公司提供多种投资渠道。在中国经济转型的大背景下,改善长期以来困扰中国经济发展的融资制度问题已经被提上日程,借鉴美国的经验,公司债市场如果能够在规范、合理的前提下得到健康发展,我们相信,这将是提高保险公司的资金运用效率、匹配资产负债结构的一个重要突破点,对中国保险业的发展意义巨大。

9 政策建议与结论

9.1 保险公司

9.1.1 投资领域和保险资金的安排

在运用保险资金的风险防范过程中,保险公司对于保险资金的控制主要体现在投资领域和资金管理的模式选择上。而好的风险管理的原则、理念是依托于保险投资的完整的风险防范框架和组织体系来实现的,也就是说,为保证保险资金运行过程中风险防范的严密性、完善性与连续性,在保险公司资金进入市场之前,就应当在投资领域的选择和投资资金量的管理上做出先决的设计和安排。

一、探索与公司发展目标一致的资产管理系统

2011年9月3日,保监会发布《保险资金投资股权暂行办法》和《保险资金投资不动产暂行办法》(以下简称"两个办法"),允许保险资金投资未上市企业股权和不动产[1],这标志着我国保险资产的运用方式已经发展到银行存款、股票、政府债券、证券投资基金份额等有价证券、不动产、未上市企业股权等多个领域。在这样的大背景下,建立符合公司发展目标的资产管理系统,根据保险公司自身的产品特点、资金发展目标和投资理念选择最合适的投资领域,是保险资金运用"准入"控制的重点和前提。

二、模式选择:保险资产管理公司

在2012年美国《财富》杂志最新公布的全球500强榜单上的30多家保险公司里,有超过80%的保险公司选择了专业化保险资产管理机构的模式来管理保险资产。2011年,我国由9家保险资产管理公司管理着保险行业80%以上的资产,超过70%的保险公司设立了独立的资产管理部门,其中有十多家公司采取资产管理

---

[1] 保监会网站,http://www.circ.gov.cn/tabid/106/InfoID/140307/frtid/3871/Default.aspx。

中心模式。①

目前,除了中国平安、中国人寿和中国人保等少数大型保险集团公司建立了独立而专业的保险资产管理公司外,更多的中小型保险公司仍然是采取内设投资部门的方式来管理保险资金的运用。不可否认,现阶段内设投资部门的保险资金运用管理方式有其合理性,但是对于业务规模急剧成长的更多中小型保险公司而言,设立独立而专业的资产管理公司应该成为将来保险资金运用管理方式的主流。

专业化的投资组合管理对于保险资金运用的收益和安全而言非常重要,按照国际保险资金运用的大势所趋,独立而专业的保险资产管理公司能够有效提高保险资产管理水平,增强保险资金运用风险管控水平。首先,保险资产管理公司有利于保险公司加强对投资业务的管理。投资和承保、理赔部门是决定保险公司利润的关键所在。由于很多保险公司管理水平低下,投资部门的投资决策容易受到承保和理赔等部门的干预,投资决策往往不能反映最大化公司利润的整体目标。独立而专业的保险资产管理公司能够使得保险公司加强对投资管理的考核,促进公司整体利润目标的实现。其次,设立保险资产管理公司有利于保险公司发挥重要机构投资者的作用,增加利润空间。保险公司一直以来都是金融市场上的重要机构投资者,能够实现投资的规模优势,保险资产管理公司可以为第三方提供资产管理服务,增加保险公司的利润空间。最后,设立保险资产管理公司有利于保险公司适应金融混业经营趋势。从国际上看,混业经营是不可避免的大趋势,它将给金融业带来更多投融资方式,促进金融业的全面繁荣。保险公司可以利用资产管理公司积累混业经营经验,提升发展潜力。

因此,我们应当采取专业化的资产管理中心的模式,引入市场竞争,提高投资收益,建立保险公司和资产管理公司双层风险监控体系,通过资产管理公司专业人员和机构的设置使得投资组合的设计更为合理,实现降低投资的市场和管理风险的目的。

9.1.2 在公司内部构建风险管理制度

在保险资金运用的风险防范过程中,好的风险管理的原则、理念是依托于保险投资的风险防范的制度框架与组织体系来实现的。② 因此,良好的风险管理制度,将直接关系到保险公司的投资决策,也将直接影响到战略层面和操作层面的风险控制。所谓良好的风险管理机制,包括以下几个方面:一是成熟、权责明确、独立制衡的保险公司组织结构;二是可操作性强、效率高、作用周期短的保险资金运用流程中的风险控制。

---

① 保监会网站,http://www.circ.gov.cn/tabid/106/InfoID/142221/frtid/3871/Default.aspx。
② 张洪涛主编.保险资金管理[M].北京:中国人民大学出版社,2005:90.

一、组织结构——制度保障

保险公司的组织结构设计将直接关系到保险资金运用的风险控制,组织结构中是否设立了独立于财务、精算、资产管理等其他部门的风险管理部门,是否在投资研究、资产组合选择、业绩评估等环节贯彻了风险管理意识,设置了风险管理标准,是否拥有完备的风险识别系统,并在此基础上构建了准确度高、可行性强的风险预警系统,资产管理的运作效率如何,等等,都与保险公司的组织结构息息相关,因此,保险公司应当构建合理、科学、高效的风险管理组织结构,以便提供制度方面的保障。从决策层、监督层、管理层、操作层四个层面来看,完善的保险资金运用管理的组织结构如图 9-1 所示。

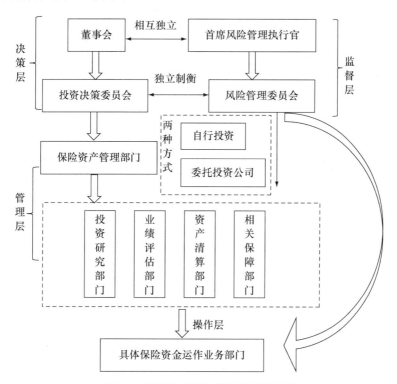

图 9-1 保险资金风险管理组织结构图

1. 决策层面

决策层面的风险防范参与者包括董事会、风险管理委员会、投资决策委员会和首席风险管理执行官。董事会负责承担资产配置和投资策略、风险控制和问题的最终责任;资产管理委员会负责决定公司资金运作方式,自行运作或者委托投资,若是自行运作则作为资产管理部门的上游机构;风险管理委员会负责对保险资金运用的战略、决策等各方面进行独立的风险评估。资产管理委员会不仅负责保险资产管理部门的策略审批工作,还负责协调保险资金运用与财务、精算、产品和风险管理等各部门之间的问题。在投资决策过程中,应当控制风险,及时提出资产战略配置的调整方案,使得保险资金运营符合公司的风险预警系统的要求。

2. 监督层面

监督层面的主要职能是风险预警和控制,监督层面的参与者主要是公司的首席风险管理执行官和风险管理委员会及其下属的风险管理相关部门。监督层面需要达到的目标是使得保险公司拥有完整的风险控制战略决策体系和完善的风险控制程序及具体执行办法,并实时预测、监督、评估和控制各种风险,对资金运行过程中暴露出来的风险、问题进行及时的研究,并提出切实可行的解决方案以防范未来的风险。

3. 管理层面

管理层面的风险控制主要是建立在决策层和监督层的基础之上。管理层面的风险控制目标是实现保险资金运用管理制度的科学化,制定安全、稳健的资产配置规划和年度配置策略,同时在监督层的要求下有效地在管理中融入风险管理措施,保证投资研究、业绩评估、资产清算及相关保障部门的专业化、规范化、程序化运作。

4. 操作层面

操作层面的风险控制并不局限于操作具体业务过程中的风险控制,还应当与决策层面结合起来考虑。应当成立独立的风险管理部门对各业务部门的投资风险进行评估和监控,集中统一管理和控制公司保险资金的总体风险,定期向管理层、决策层汇报当前风险情况,并对各项业务的开展进行风险绩效评估,不断提升业务人员的职业能力和职业道德水平。而决策层需要牢记的是将安全、稳健的投资理念始终如一地坚持和贯彻到具体的业务中去,避免发生追求高回报率的投资事故,保持投资策略的连贯性。

二、保险公司资金运用中的风险控制

保险公司应当建立完善的资金运用管理制度和内部控制机制,分清职责,定期检查并评估投资决策的执行情况,保证各个环节的顺畅衔接和协调,使资金管理部门和风险管理部门相互独立制衡。受我国证券市场发展特征、保险资金投资结构等影响,当前保险资金运用面临的最大风险是决策失误风险、市场价格风险以及利率风险。保险公司资金运用中最重要的风险控制即资产负债管理,同时需要交易和结算管理制度、信息管理体系和绩效评估体系的配合支撑。

1. 资产负债管理——现金流测试

保险资产的负债特性决定其管理过程中不能如一般资本只追求资本的利益最大化,而应该注重考虑资产负债的匹配,以免公司产生财务危机。如刚过去的金融危机中,AIG、日本大和生命都偏于通过冒险性的投资策略提高公司的同业竞争力,将较大比例的资金投资于信用风险较大的次贷相关债券,从而导致当违约率增加时两大资本雄厚的保险巨头破产。

因此,保险公司应注意承保业务与投资业务的协调发展(从某种程度上讲,就是资产负债匹配管理),在保单设计和投资策略之间要形成一个闭合循环,保单设计要考虑当前及未来投资表现,投资表现又应反映在保单负债调整中,如根据投资收益率调整寿险责任准备金折算率等。特别是,销售时要注意对保险保障功能的宣传,以便培养理性消费者,保证保费收入现金流的稳定。

在数十年的发展过程中,资产负债管理的方法和技术取得了快速发展,其中现金流匹配技术、久期匹配技术和缺口模型技术在理论和实践上都得到了广泛的认可。现金流测试是一种灵活、有效的动态资产负债匹配方法,其前提是对风险把握较为全面,对未来预测大致准确。在此基础上,它能够提供较为精确的数据和应对不利事件较完善的处理方案。但这种方法要求公司有良好的信息记录系统,对专业人才的要求也很高,目前在我国还没有被推广。但这种方法灵活性强,能够综合管理各种可能对资产负债产生影响的风险,随着资本市场和保险行业的发展,应当在保险公司中大力推广此项资产负债管理的技术。

2. 交易和结算管理制度

交易和结算制度应该包括资产隔离制度、公平交易机制。保险公司应对不同保险资金根据其来源、结构和流动性要求进行分类,用不同的账户独立运作并单独核算,在不同类型的账户之间应当保持独立性。公平交易机制是有效控制相关人员操作风险和道德风险的重要因素,应当实行公平公正的投资操作,确保交易行为的合规性、公平性和有效性,在完善的信息技术系统的支持下,集中监测交易过程,设立预警和反馈系统,做好交易记录,以确保保险资金安全、稳健运行。

3. 信息管理体系和绩效评估体系

保险公司应当建立安全性高的信息系统管理体系,对信息数据进行严格的管理,保证信息在安全、完整、实时的前提下及时反馈给会计、风险管理等相关部门,同时及时掌握风险状况,将风险监控的合规风险、风险指标等融入到信息软件的设计和操作过程之中,使得人为因素产生的影响降到最低。在此基础上,保险公司应当以资产负债管理为核心,定期开展保险资金运用的绩效评估,同时在公司总体目标的基础上推进长期投资策略。

9.2 监管部门

9.2.1 放宽准入限制

监管部门关于保险资金运用"准入"的风险控制,考虑到资金运用监管的重点应当是定规则、定标准、抓教育、搞检查,因此,关于"准入"标准的科学制定是监管部门监管能力和监管水平的集中体现。目前,我国保监会关于保险资金运用的最新规定是2010年2月1日正式公布、2010年8月31日起正式实行的《保险资金运用管理暂行办法》,其中关于"准入"标准的制定主要体现在以下两个方面:一是对资金运用范围的限制,其中规定了可以投资的范围和明令禁止的资金运用手段;二是分别对保险公司投资股票、债券等渠道做出了账面余额的规定,限制了保险公司的投资比例,其中关于保险公司能否进行保险资金运用的前提是"应当满足有关偿付能力监管规定"。[①]

监管部门应该对保险资金运用实施有效监管,同时也要兼顾保险资金运用的合理空间,充分考虑监管成本。一般而言,为确保保险资金得到安全运用,各国都设置了严格的保险资金运用渠道和比例限制,以将资金运用风险水平控制到一定范围之内。但是,过度的保险资金运用监管实际上有可能损害保险公司的投资绩效和压缩保险公司的利润空间。随着中国金融市场的逐步发展,市场效率将得到有效提升,监管机构应该充分鼓励保险公司积极捕捉投资机遇,而不是通过严格的渠道和比例标准来限制保险公司在资金运用中的能动性。

根据保险资金运用安全性、流动性和收益性的原则,结合我国保险资金运用的具体情况和投资环境并适当借鉴国外保险资金运用的经验,应该拓宽适应我国投资环境特点的保险资金运用方式,实施多元化的投资策略。保险资金的运用方式应该适当集中于长期债券、股票和不动产投资,同时拓展海外投资途径,将海外投资作为新的利润增长点,在实现保险资金有效保值增值的同时,降低资金运用风险。

一、允许保险公司加大企业债的投资比重

借鉴美国和日本的经验,保险资金运用风险应对的一个重要因素就是投资渠道的拓展。而目前保险资金投资表现良好的国家中,至少30%的可运用保险资金应该运用于债券投资,尤其是信誉极高的政府债券和高质量的公司债券。债券能够保证长时间内稳定的高收益,可以帮助保险公司尤其是寿险公司实现资产负债的有效匹配。

2007年8月14日证监会发布《公司债券发行试点办法》以来,公司债发行总额有了一定程度的提高,但是在经济转型的大背景下,作为提高保险资金运用效率、提高保险公司资产负债结构的重要突破点,应当进一步健全公司债运作机制,丰富公司债品种,特别是增加5年和10年期以上长期公司债以满足保险资金投资需要。此外,还要充分利用信用评级机构等市场主体来促进公司债券质量的提升,扩大保险资金对于公司债券的投资比重。

二、放宽对股权投资的限制

2010年9月中国保监会印发了《保险资金投资股权暂行办法》(以下简称《办法》),对保险公司投资股权做出了一些原则性的规定,如对投资股权的比例做了严格限制,门槛设置过高,并且封死了投资创业、风险基金,不允许投资设立或参股

---

① 保监会网站,http://www.circ.gov.cn/tabid/106/InfoID/137280/frtid/3871/Default.aspx。

私募股权投资管理机构,还对投资项目做出了原则性的限制,但是相关细则的讨论和制定还在进行中。《办法》对直接投资进行了较大限制,

可以说《办法》的正式颁布给了各大保险公司一个将直接投资的业务筹备思路向直接投资为主、间接投资为辅转变的良机,但是《办法》的相关规定以及保监会后续对保险公司获取股权投资"牌照"的驻场调查和资格审查的繁琐性与长期性在一定程度上抑制了其参与股权投资的冲动与实际操作能力。

前文分析的各国保险资金投资方式中,不乏风险投资基金、并购基金甚至是对冲基金的身影,虽然海外的创业投资环境相对成熟和安全,但是不可否认的是,创业投资基金作为私募股权投资最为典型和核心的投资类别,也应当得到监管部门的关注和考虑。

因此,监管部门应当在充分考察保险公司自身优势的特征的基础上,考虑扩大对股权投资的范围限制,在金融市场发展日益成熟之时,考虑放宽对投资方式的限制,以丰富保险公司的投资组合模式,构建相对科学的投资组合和理性的回报预期,以实现预期财务和战略发展目标。

三、放宽对海外投资的限制

海外投资是保险资金实现有效保值增值的重要手段之一,在日本、英国、中国台湾的保险资金运用过程中,海外投资都在保险公司投资组合中占据30%左右的比重,也为保险资金运用做出了卓越的贡献。反观中国大陆,海外投资起于2004年保监会出台《保险外汇资金境外运营管理暂行办法》,投资品种仅限定为银行存款、高信用级别债券、银行票据等固定收益类产品,一年以后出台该办法的实施细则,再到2007年出台《保险资金境外投资管理暂行办法》,对投资比例、投资形式和产品范围都有所放宽,主要限于商业票据、货币市场基金等货币市场产品,银行存款、债券、信托型产品等固定收益类产品,其中提到了股票、股权等权益类产品,将境外投资余额限制在上年年末总资产的15%以下,采用委托代理的信托管理模式。

由目前我国保险资金运用的海外投资比例及其收益率来看,都与前文所述几个国家和地区的比重和水平有一定差距,随着国际金融行业发展的逐渐成熟,我国保险资金运用的精算人才、法律人才、投资管理人才等储备日益丰富,监管部门可以考虑适当放宽海外投资的限制,为我国保险公司分散投资风险、争取在固定风险控制水平下的利润最大化提供政策上的支持。

值得注意的是,随着保险市场竞争程度的加剧和金融环境的不断深化,保险公司的资金运用环境已经发生了巨大的变化。保险公司的资金运用风险管理已经成为公司风险管理的有机组成部分,保险公司在激烈的市场竞争面前会主动加强风险管理,事前的资金运用限制已经显得不合时宜。金融环境的深刻变化为保险资金运用创造了越来越多的潜在渠道和方式,法律法规的限制必然有时效滞后的特点,过度的限制将极大地约束保险公司的投资能力。监管部门可以简化监管目标,

通过偿付能力充足率来控制保险资金运用风险,同样可以实现有效监管。

四、做好不动产投资的数据累计和经验总结

随着社会经济的持续发展,不动产的需求呈现刚性增长的趋势,但是土地等资源却是日益稀缺的,不动产也具有不可转移和更新周期长的特点,所以不动产投资能够在长期内实现保值增值。需要特别指出的是,在中国现阶段的经济发展中,不动产投资的价值与日俱增。但由于不动产投资渠道刚刚开放不久,房地产市场的数据较少,在这方面的历史数据尤其匮乏。因而,做好数据积累并注意总结投资经验,在将来不动产投资发挥长期保值增值作用时提供必要的支持。

9.2.2 完善监管机制

目前,我国保险资金配置的空间基本接近国际成熟保险市场的水平,但是新的投资渠道也意味着新的风险因素。流动性风险、市场风险和管理风险相对突出,无担保债券、不动产、非上市股权等新的保险资产投资渠道都是风险相对较高的领域,这一事实客观上对保险资金运用的监管提出了更高的要求,也决定了进一步加强保险资金监管的重要性。

一、推进中国第二代偿付能力监管制度体系建设

偿付能力监管一直是保险监管的重中之重,近几年来,国际保险监督官协会(IAIS)、欧盟、美国保险监督官协会(NAIC)等机构都对第二代偿付能力监管的原则、框架和实施进程进行了充分的讨论,并相继推出未来几年内实现第二代偿付能力监管体系建设的计划,由此可见,未来几年是重塑国际保险监管格局的关键时期,中国能否在这几年的关键期内实现第二代偿付能力监管的转变,有待监管部门与整个保险行业共同参与、共同努力。

中国保监会主席项俊波于2012年3月19日主持召开主席办公会上指出,第二代偿付能力监管制度体系建设是一项影响深远的系统工程,要争取用三至五年时间建成既与国际接轨,又符合国情的中国第二代偿付能力监管制度体系,准确识别和量化风险,提高行业防范和化解风险能力,促进我国保险业科学发展。[①] 4月8日,保监会发布了《中国第二代偿付能力监管制度体系建设规划》的通知。通知中确定了"三支柱"的整体框架[②],制定了建设工作的五个主要步骤,并对第二代偿付能力监管体系的工作机制做出了简要的原则性规定。

接下来工作的难点在于充分调动全行业的力量,形成监管部门、保险机构、中

---

① 中国政府网,http://www.gov.cn/gzdt/2012-03/20/content_2095770.htm,2012年3月20日。
② 第一支柱:资本充足要求。主要是定量监管要求,包括资产负债评估标准、实际资本标准、最低资本标准、资本充足率标准和监管措施等。第二支柱:风险管理要求。主要是与偿付能力相关的定性监管要求,包括公司全面风险管理要求,监管部门对公司资本计量和风险管理的监督检查等。第三支柱:信息披露要求。主要是与偿付能力相关的透明度监管要求,包括对监管部门的报告要求和对社会公众的信息公开披露要求。

介机构等部门通力合作的工作机制，将调查、研究、测试工作落到实处，关键在于充分度量和平衡监管部门、保险公司对偿付能力监管的意见和诉求，保证体系建设的科学性和有效性，最终目标是在充分考察、借鉴国际经验的基础上，提升我国保险行业监管的科学性以及保险公司的经营管理水平和风险防范水平，提升我国偿付能力监管制度体系的国际影响力。

二、完善信息披露制度，加强预警功能

信息披露机制利用市场自身的力量来实现保险资金运用风险管控，可以有效地避免保险监管真空地带的出现。信息披露机制的执行既是保险监管机构监管力量的体现，也是市场自由选择的应有之义。

一个完善的保险资金风险预警指标体系需要同时具备代表性和可操作性，对长期、中期、短期风险都能进行控制和预警等特点，准入标准就是风险管理体系的重要组成部分。监管部门在制定准入标准之时，应当充分了解当时国内资本市场及保险公司的可运用资金情况，在构建偿付能力监管的基础之上，结合当前的法律法规环境及金融环境，以长期风险控制为目标，以安全、稳健为原则，与证券等相关监管机构配合，在理论研究与实证调研的基础之上，科学制定准入标准。其标准不仅包括保险公司运用保险资金的条件，还应结合国际国内形势，对保险投资范畴做出及时的反应，同时督促保险公司做好信息披露工作，鼓励保险资金创新投资组合形式，加强预警功能。

但是在制定信息披露规定的同时，要注意将监管部门的风险控制水平、保险公司偿付能力定位相匹配，把握信息披露的度，避免财务稳健的保险公司提供过度的、不成比例的信息披露，降低公司信息披露成本。

保险资金的运用是当前社会的热点问题，也是事关民生的重大问题。尤其是在目前保险资金规模快速增长、渠道日益拓宽的形势下，保险资金的运用面临诸多新问题，巨额的保险资金如果使用不当所引发的社会后果是不堪设想的。要有效地实现保险资金运用风险管控，必须依靠整个市场力量的共同支持，而信息披露机制就是体现共同力量的最佳平台。

三、构建专业信用评级机构，加强市场监督能力

构建专业信用评级机构的目的不仅能为保险资金投资提供市场依据和指导，更是监督保险公司自身运营情况的重要指标。专业信用评级机构对保险公司及其他金融公司的评级对公司的运营起到至关重要的作用。如果拥有较高的信用评级，那就意味着市场对该公司运营情况及发展潜力的认可，将直接关系到公司在市场竞争中的地位。

虽然中国证监会2007年9月1日实施的《证券市场资信评级业务管理暂行办法》对评级机构从事证券信用评级业务的准入条件做出了一些规定，对信用评级机构在证券市场从事信用评级业务实行许可制管理。但是，我国目前从事信用评级业务的专职和兼职机构虽然达到近百家，但规模各异、良莠不齐，缺乏足够权威的

信用评级机构,企业信用等级的含金量不够,普遍存在高估的现象。但是随着金融市场的发展与成熟,无担保公司债和各类金融衍生品的发展要求市场能够有独立、专业的信用评级机构来平衡金融市场、控制金融风险。

构建专业的信用评级机构,首先需要法律法规的支持,在信用评级机构资格认定、日常监管、市场退出等方面做出统一的规定。其次需要健全我国企业财务制度和会计信息披露制度,财务资料是评级机构进行分析的根本,如果社会信用状况不佳,信息披露不完全,那么在核实财务资料、评级分析的过程中不仅要耗费大量的时间和精力,还可能直接影响评估结果的准确性。再次需要结合我国金融业分业经营、分业监管的现实情况,采用由一个监管部门统一评级机构的认可和监管要求,其他监管部门分别认可各自监管领域评级结果的方式,以免出现重复评级、重复认可的现象。

四、降低监管成本,提升非现场监督水平

保险资金运用监管的一个重要事实是保险公司面临的是自由的市场机制,如果监管部门的行政权力制度过于庞大和复杂,对保险资金的行政审批、审核流程、备案管理等各方面的监督过于繁琐,可能将限制保险资金运用的自由度,增大运用的时间成本,反而会造成不必要的损失。因此,监管部门首先应当明确监管重点,即制定监管策略、制定指标体系、营造风险防范氛围、做好现场(非现场)检查和分析,在保证市场稳定的基础上,尽量减少行政干预带来的负外部性,充分发挥市场机制的作用。同时,监管部门应当顺应国际保险监管大趋势,努力提升非现场监管的水平,充分运用保险资金的监管体系和信息披露体系,透彻分析保险公司的风险因素,对违规行为的处罚也应严守监管纪律,确保处罚的严格执行。

五、做好引导工作,实施全面监管

监管部门应当改进保险资金运用监管的基础工作和技术,根据市场需要和监管需要,在充分调查研究、配合当前法律和市场环境的基础上制定并且发布监管办法,对保险资产配置、投资范围、风险管理、交易、风险控制成果评估等各个方面进行规定。在规定的基础上加大培训力度,做好规定的解释、教育、沟通工作,引导保险公司理解、落实监管制度。此外,监管部门不应将保险资金监管通过投资能力建设、偿付能力监管、投资托管监管等环节割裂开来,应当对保险公司的投资行为实施全程监督管理和全面的风险监测。

9.3 政　府

9.3.1 加强金融监管合作,逐步营造统一监管的大格局

目前我国的分业金融监管体制是由现阶段发展需要决定的,是出于银行、证券、保险业专业水平,拓宽金融业服务领域与服务深度的考量。然而金融混业经营

的趋势不可逆转,大型综合性金融集团也相继出现,国际金融监管出现了由机构型的分业监管转向功能型的统一监管的新趋势。[①] 从此次金融危机中各国的表现来看,日本和韩国作为统一监管的代表国在此次危机中损失程度较轻,而美国、欧盟等实施分业监管的国家金融业遭受了更为沉重的打击。

从前文的分析中也可以看到分业监管带来的一些问题,以公司债券市场的发展为例,公司债的审批机构是发改委,利率管理机构是中国人民银行,上市审批是证监会,这种分级别多部门审批的架构,导致限制过多、重复监管的情况,这也是我国公司债迟迟未能发展起来的重要原因之一。

由此可见,加强我国"一行三会"各监管部门之间的合作迫在眉睫,逐步营造统一监管的大格局也将成为我国金融监管的长期目标。各监管机构应当共同研究和探讨混业经营趋势下即将出现的新监管课题,更新监管内容,改善监管方法,不仅将分工、合作体现在各项政策中,更要落到实处。

当然,由分业监管的格局直接过渡到统一监管会引发巨大的转换成本,因此这个过程必须是一个分阶段的逐步实现的过程。现阶段构建监管主体间的备忘录来协调部门之间利益,信息沟通和协同监管还未能实现,"三会"与央行、发改委、财政部、外汇管理局等多个行政机关的协同合作机制仍需进一步探索,不过构建统一金融监管大格局可以作为长期监管目标渗透到金融监管合作的框架设计、政策安排和具体实施中去。

9.3.2 发展企业债与金融衍生品市场

保险资金运用于资本市场,投资范围包括股票、债券等产品,并在随着保险业和资本市场的发展成熟而扩大,这就要求资本市场投资环境的安全性、规范性和稳定性来保证投资的安全和收益。保险资金和投资环境密不可分,虽然目前我国资本市场还存在市场效率比较低、稳定性不高、系统性风险比较大的情况,证券市场的短期投资炒作带来的波动性和投机性较强都是现实的问题。因此,如果不能保证良好的投资环境,不仅将影响保险资金的运用效率和风险控制,还将影响保险业的健康发展。

从前文对国际保险资金运用的经验总结来看,企业债是提升保险资金运用效率的可行办法,而金融衍生品是对冲风险的手段之一,而由于我国资本市场发展不成熟,企业债和金融衍生品市场都存在很大的发展空间,这种不成熟也是直接导致了我国保险资金运用效率不高的原因之一。以金融衍生品为例,2010年保监会颁布的《保险资金运用管理暂行办法》中明确规定,保险资金可购买金融衍生品对冲风险,目前保险公司参与的衍生品业务主要有融资融券、远期外汇合同以及利率互换。但是金融衍生品领域的投资起到的对冲风险的作用微乎其微,因此,金融衍生

---

① 祁欣.金融危机后国际金融监管变化趋势分析[J].国际贸易,2011(5).

品市场的规范发展是当前需要重点考虑和解决的问题之一。

营造良好的投资环境,不仅需要健全的法律法规保证,还需要资本市场参与者自身的交易行为规范,还有可能受到国家经济发展大环境的影响,这不是保险公司、监管部门、法律部门等任何一方凭一己之力可以实现的,而是需要各方面通力合作,共同努力,这是一个长期、缓慢、持续的改善过程。

9.3.3 控制保险资金运用中的法律风险

不可否认,我国保险业的保险资金规模快速增长、运用渠道不断拓宽将成为近期或将来相当长一段时间内的显著特征,我国的立法机构、保监会和同业机构也对保险资金的运用更为重视,然而由于种种原因,保险资金运用中的法律风险却未能得到有效控制,甚至没有引起足够的重视。[①]

这主要表现在以下几个方面:一是立法层级较低,目前大部分涉及保险资金运用的具体实施细则都是以保监会发布的规范、通知形式为标准的,这类文件仅具有行政监管的权利,可能会与《合同法》等大部头法律产生内部矛盾;二是目前发布的相关规定之间存在一定冲突,这种冲突可能导致保险资金运用法律后果难以确定,从而影响到操作层面,造成不必要的损失,目前保险公司及其投资机构组建的合规管理部门主要防范的是合规风险,将合规风险直接等同于法律风险。

鉴于此,监管部门首先应当重视、强调保险资金运用中的法律风险,在出台规范性政策、通知时注重专业性,注重与当前法律规定及其他配套规定的衔接,同时加大法律风险研究力度和人才培养,将法律风险投资过程中的操作风险、市场风险等结合起来研究,尤其注意海外投资的法律风险防控,以免造成不必要的损失。

9.3.4 培养复合型人才

从长期来看,保险资金运用的效率和风险控制的成果,一方面取决于当时风险管理的制度构建和规则保障,另一方面在很大程度上取决于保险资金运用和监管人才的综合素质的提升。

刚刚出台的《中国第二代偿付能力监管制度体系建设规划》中提出保险公司要重新设计风险计量模型和资产负债评估方法,体现了对精算人才和会计人才的需求;保监会对法律风险的重视必然要求具有金融、法律背景的复合型人才;保险公司资金运用的海外投资比例的扩大必然要求具有国际视野、熟悉国际法律甚至是监管理念和要求的复合型人才;随着资本市场的发展,对投资者专业素质的要求越来越高,债券市场、股票市场、房地产市场之间存在较大的跨度,特别是房地产市场,这对保险公司来说相对陌生,保险公司在房地产投资上并没有专业优势,保险公司需要逐渐培养专业的投资队伍。

---

① 詹昊.当前保险资金运用中的法律风险及其调控.http://www.lawsive.com/user/blog/view/id/4496.

因此，应当加大保险资金运用和监管领域复合型人才的培养力度，从高校到保险公司培训再到监管部门发挥教育培训功能，从管理哲学、经济、法律、风险管理、投资管理等多个角度拓展人才培养的空间，全面提升复合型人才的综合能力，不能让人才短缺成为保险资金运用发展中的短板。

此外，人才培养应当与人力资源管理制度结合起来。在长期发展进程中，保险公司风险控制的关键还是在人，科学的人力资源管理制度包括合理的激励和惩罚机制、兼具流动性和专业性的岗位设置、完善的职工薪酬体系与职位晋升系统，在此基础上能够保障资金运用管理人员的诚信和职业道德操守，能够提升监管人员的专业能力，同时科学的岗位任用和提升制度也将对复合型人才的培养和发展起到制度上的保障，从而为保险资金的长期风险控制夯实基础。

9.4 结 论

保险资金具有负债性、稳定性、增值性、敏感性和社会性等特点，决定了保险资金运用必须遵循安全性、流动性、收益性和多样性等原则。受我国证券市场发展特征、保险资金投资结构等影响，当前保险资金运用面临的最大风险是决策失误风险、市场价格风险以及利率风险。

从普遍的国际保险市场经验来看，保险资金都以较大比例投向债券，尤其是低风险的政府债券和信用评级优良的公司债券。寿险公司更多地选择配置贷款和固定收益工具在内的长周期投资项目；非寿险公司则以更大的比例持有现金和股票等流动性较高的资产项目。

虽然我国保险资金运用的效率水平及风险管理能力在不断提高，但当前保险资金运用的风险管控中仍存在一些问题，主要表现在四个方面：一是投资收益率平均水平较低且波动性大，二是资产负债管理不成熟，三是保险公司风险管理有待加强，四是资本市场使资金运用存在较多限制，缺乏管理风险的衍生金融工具、风险和收益适中的投资工具以及中长期投资工具。此外，不得不提的是我国资本市场中投机行为较多，存在较大的系统风险。

通过实证研究发现，发展企业债市场、提高保险公司在企业债方面的投资有助于改善投资效率，降低保险资金运用风险。而对于房地产投资，则应该加大资产证券化，重视房地产投资的流动性，现阶段应该控制投资的比重。在整个投资组合方面，保险公司在进行风险测度时，要基于整个投资组合的角度，将市场的联动反应引入模型，并采用相对精确的波动率预测方法来估计未来可能发生的损失。

通过分析保险资金运用监管与偿付能力监管之间的关系，我们发现，两者存在着过程和结果的关系。在对保险资金运用风险进行监管时也需要考虑保险偿付能力监管的要求，从而在偿付能力监管的框架下对资金运用风险进行有效监管。因此，在借鉴国际经验的基础上，我国的保险资金运用监管也应该与第二代偿付能力体系的发展方向相符合,保证两者之间协调发展。此外,保险资金运用监管应该对保险公司的重大投资进行实时监控,除在其投资时进行严格审批外,还应对投资项目的风险情况实行监管。

从长周期的角度分析宏观经济的周期性变动,是本课题的创新之处,也是最大的难点。从日、美两国历史上的宏观经济分析与保险资金运用情况来看,日本在经济繁荣时期,保险公司对未来的经济增速放缓没有充分的认识,过分乐观地估计了未来的投资收益率,这是在经济放缓时日本保险业经营遇到严重困难的主要原因。而美国的资本市场非常完善,在严格保险监管之下,美国的保险公司可以投资于收益率高、安全性相对较好的公司债,同时可以用一系列衍生工具对冲部分风险,这是美国保险资金运用稳定且高效的原因所在。

结合中国目前的潜在增长率状况,我们发现中国的潜在增长率下滑趋势尚未结束,估计潜在增长率在短期内仍然会下滑。但是考虑到技术进步的影响,这种下滑可能并不像市场预计的那么严重。因而,预计在未来一段时间,利率水平会有小幅下滑,房地产市场、以股票市场为代表的资本市场由于受到转型期的政策影响,其波动性会加大。

本书从保险公司、监管部门和政府三个角度分别提出政策建议:在保险公司方面,从组织架构、资金运用流程这两个方面进行风险控制,在构建科学组织结构的基础上,分别就资产负债匹配、交易和结算制度、信息管理体系和绩效评估体系三个角度注重对保险资金运用的流程风险进行控制;在监管部门方面,应当加大企业债比重,放宽股权投资、海外投资比例,并重视不动产投资的长期保值作用,建立与第二代偿付能力监管体系相协调的保险资金运用风险管控体系;在政府层面,建议大力推进金融监管合作,营造统一的监管格局,同时加强对法律风险的重视,注重复合型人才培养,完善人力资源管理制度。

在结题之际,我们总结了本研究的一些局限,主要在于:针对中国保险资金运用风险管控缺乏"长期的"实证研究,这主要是因为以下两个方面的原因:一是中国保险公司的投资渠道仍然不够宽(这种情况在结题的时候已经有所改观);二是长期以来限于信息披露方面的原因,中国保险公司资金运用的数据依然难以获取。这两方面的原因给课题组对于针对中国保险资金运用风险的实证分析带来了难度。然而未来值得期盼的是,随着保险公司信息披露制度的进一步完善和保险资金运用渠道的进一步拓宽,上述研究障碍有望在今后的研究中消除。课题组也期盼今后能够在政府、业界、学界同仁的批评与鞭策中进行更加深入的研究。

参 考 文 献

[1] A. M. Best Company 2011. U. S. Life/Health:1976—2010 Impairment Review. Oldwick, N. J.
[2] A. M. Best Company 2011. U. S. Property/Casualty: 1976—2010 Impairment Review. Oldwick, N. J. http://www.ambest.com/
[3] American Council of Life Insurers. Life Insurers Fact Book 2011[R]. Washington, D. C.: ACLI, 2011.
[4] American Internationl Group, Inc. Annual Report(2002—2008). http://www.aig.com/
[5] Association of British Insurers. UK Insurance—Key Facts[R]. London: ABI, 2011.
[6] Autorité de Contrôle Prudentiel. The French Banking and Insurance Market in Figures 2010[R]. Paris: ACP, 2011.
[7] Baxter, M. and King, R. G. Measuring Business Cycles: Approximate Band-pass Filters for Economic Time Series[J]. Review of Economics and Statistics, 1999, 81(4):575—593.
[8] Beder. VaR: Seductive But Dangerous[J]. Financial Analysis Journal, 1995(9—10):12—24.
[9] Bollerslev. Generalized Autoregressive Conditional Heteroskedasticity[J]. Journal of Econometrics, 1986(3):307—327.
[10] Bollerslev, T., M. Gibson and H. Zhou. Dynamic Estimation of Volatility Risk Premia and Investor Risk Aversion from Option—Implied and Realized Volatilities, Working Paper, Duke University, 2004.
[11] Brewer, Elijah III, Mondschean, Thomas H. Life Insurance Company Risk Exposure: Market Evidence and Policy Implications[J]. Contemporary Economic Policy, 1993, 11(4):56—69.
[12] Bromiley P. Testing a Causal Model of Corporate Risk Taking and Performance[J]. Academy of Management Journal, 1991, 34: 37—59.
[13] Brown, William H. Innovation in the Machine Tool Industry[J]. Quarterly Journal of Economics, 1957(17):406—425.
[14] Burns, A. F. and Mitchell, W. C. Measuring Business Cycles[M]. New York: NBER Books, 1946.
[15] CEA. Annual Report 2010—2011[R]. Brussels: CEA, 2011.
[16] CEA. European Insurance in Figures[R]. Brussels: CEA, 2011.
[17] CEA. European Insurance—Key Facts[R]. Brussels: CEA, 2011.

[18] Chen. Underwriting Cycles in Asia[J]. Journal of Risk and Insurance,1999(66):29.

[19] Cummins, J. D. and Outreville, J. F. An International Analysis of Underwriting Cycles in Property-Liability Insurance [J]. Journal of Risk and Insurance, 1987(54): 246—262.

[20] Cummins,J. &P. Danzon. Price Shocks and Capital Flows in Liability Insurance [R]. Working Paper, University of Pennsylvania, 1992.

[21] Dinopolous, E., and F. Sener. New Directions in Schumpeterian Growth Theory[A]. in Hanusch,H.,and A. Pyka. Elgar Companion to Neo-Schumpeterian Economics[M]. Edward Elgar: Cheltenham,2007.

[22] Doherty,N. and Kang,H. B. Interest Rates and Insurance Price Cycles [J]. Journal of Banking and Finance, 1988(12): 199—214.

[23] Elderfield, Matthew. Solvency II: Setting the Pace for Regulatory Change[J]. Geneva Papers on Risk and Insurance—Issues and Practice, 2008(35).

[24] Engle. Autoregressive Conditional Heteroskedasticity with Estimates of the Variance of U. K. Inflation[J]. Econometrica, 1982(4):987—1007.

[25] Engle, Lilien, Robins. Estimating Time Varying Risk Premia in the Term Structure: The ARCH-M Model[J]. Econometrica, 1987(2):391—407.

[26] Engle, R. and K. Sheppard. Evaluating the Specification of Covariance Models for Large Portfolios, Working Paper, NYU, 2005.

[27] Fama, Eugene. Portfolio Analysis in a Stable Paretian Market[J]. Management Science,1965(3):404—419.

[28] Fédération Française des Sociétés d'Assurances. Annual report 2008[R]. Paris: FFSA, 2009.

[29] Fédération Française des Sociétés d'Assurances. Annual report 2009[R]. Paris: FFSA, 2010.

[30] Fédération Française des Sociétés d'Assurances. Annual report 2010[R]. Paris: FFSA, 2011.

[31] Grace, M. F. and Hotchkiss, J. L. External Impacts on the Property-Liability Insurance Cycle [J]. Journal of Risk and Insurance, 1995, 62(4): 738—775.

[32] Grenadier, S. R. Risk-based Capital Standards and the Riskiness of Bank Portfolios: Credit and Factor Risks[J]. Regional Science and Urban Economics, 1996(26).

[33] Gron,Anne. Capacity Constraints and Cycles in Property-Casualty Insurance Markets [J]. Rand Journal of Economics,1994(25):111.

[34] Haley,J. A. Cointegration Analysis of the Relationship between Underwriting Margins and Interest Rate:1930—1989[J]. Journal of Risk and Insurance,1993(60):480—493.

[35] Hendricks. Evaluation of Value at Risk Models Using Historical Data[J]. FRBNY Economic Policy Review, 1996(4):39—70.

[36] Hodrick, R. and Prescott, E. C. Post-war U. S. Business Cycles: An Empirical Investigation [J]. Journal of Money, Credit and Banking, 1997, 29:1—16.

[37] Hoering, Dirk, Gruendl, Helmut. Investigating Risk Disclosure Practices in the European Insurance Industry[J], Geneva Papers on Risk and Insurance—Issues and Practice, 2011(13).

[38] Holzmueller, Ines. The United States RBC Standards, Solvency II and the Swiss Solvency Test: A Comparative Assessment[J]. Geneva Papers on Rick and Insurance—Issues and Practice,

2008(43).

[39] J. P. Morgan/Reuters, Risk Metrics TM—Technical Document[R]. Fourth Edition, New York, 1996.

[40] King, R. G. ,Plosser,C. I. and Rebelo,S. T. Production, Growth and Business Cycles: I. The Basic Neoclassical Model[J]. Journal of Monetary Economics, 1988, 21:195—232.

[41] Klein, Robert W. Principles for Insurance Regulation: An Evaluation of Current Practices and Potential Reforms[J]. Geneva Papers on Risk and Insurance—Issues and Practice, 2011(9).

[42] Lamm-Tennan and Weiss. International Insurance Cycles: Rational Expectations/Institutional Intervention [J]. Journal of Risk and Insurance, 1997, 64(3): 415—439.

[43] Mack, Ruth. The Flow of Business Funds and Consumer Purchasing Powe[M]. New York: Columbia,1941.

[44] March, J. G. , Shapira, Z. Variable Risk Preferences and the Focus of Attention[J]. Psychological Review, 1999 (1): 1722—1783.

[45] Markowitz H. M. Portfolio Selection[J]. Journal of Finance, 1952, 7:77—91.

[46] Monkiewicz, Jan. The Future of Insurance Supervision in the EU: National Authorities, Lead Supervisors or EU Supranational Institution? [J]. Geneva Papers on Risk and Insurance—Issues and Practice, 2007(32).

[47] N. D. Kondratieff. The Long Waves in Economic Life[J]. The Review of Economic Statistics, 1935(6).

[48] O'Brien, Christophe. Insurance Regulation and the Global Financial Crisis: A Problem of Low Probability Events[J]. Geneva Papers on Risk and Insurance—Issues and Practice, 2009(36).

[49] Paul Krugman. The Myth of Asia's Miracle[J]. Foreign Affairs, 1994(6).

[50] Pennacchi, G. G. Risk-based Capital Standards, Deposit Insurance, and Procyclicality[J]. Journal of Financial Intermediation, 2004(9).

[51] Philippe Jorion. 风险价值[M]. 北京:中信出版社,2005.

[52] P. M. Vasudev. Default Swaps and Director Oversight:Lessons from AIG[J]. Journal of Corporation Law,2010,35(4):757—797.

[53] Schmookler J. Invention and Economic Growth [M]. Harvard University Press, 1966: 122—123.

[54] Schumpeter. Business Cycles:A Theoretical, Historical and Statistical Analysis of the Capital Process[M]. New York and London:McGraw-Hill,1939.

[55] Scott E. Harrington, Gregory R. Niehaus. Risk Management and Insurance [M]. 北京:清华大学出版社,2005.

[56] Sharpe W. Capital Asset Prices: A Theory of Market Equilibrium Under Conditions of Risk[J]. Journal of Finance, 1964, 19: 425—442.

[57] Simon S. Kuznets. Secular Movements in Production and Prices[M]. Boston: Houghton Mifflin, 1930.

[58] Stricker, M. Dynamic Financial Analysis—A Probabilistic Basis for Comprehensive Risk Management[J]. PSAM 5: Probabilistic Safety Assessment and Management, 2000(34).

[59] Swiss Reinsurance Company Ltd. Asset-liability Management for Insurers[R]. Zurich: Swiss Re Sigma, 2000(6).

[60] Swiss Reinsurance Company Ltd. Insurance Investment in a Challenging Global Environment[R]. Zurich: Swiss Re Sigma, 2010(5).

[61] Swiss Reinsurance Company Ltd. Regulatory Issues in Insurance[R]. Zurich: Swiss Re Sigma, 2010(3).

[62] Swiss Reinsurance Company Ltd. Solvency II: An Integrated Risk Approach for European Insurers[R]. Zurich: Swiss Re Sigma, 2006(4).

[63] Swiss Reinsurance Company Ltd. World Insurance in 2009[R]. Zurich: Swiss Re Sigma, 2010(2).

[64] The General Insurance Association of Japan. General Insurance in Japan Fact Book 2010—2011[R]. Tokyo: GIAJ, 2011.

[65] The Life Insurance Association of Japan. Life Insurance Business in Japan 2010—2011[R]. Tokyo: LIAJ, 2011.

[66] Thomas Linsmeier, Neil Pearson. Value at Risk[J]. Financial Analysis Journal, 2000(2): 47—67.

[67] Tim Bollerslev. Modelling the Coherence in Short-Run Nominal Exchange Rates: A Multivariate Generalized ARCH Model[J]. The Review of Economics and Statistics, 1990(3):498—505.

[68] Tim Bollerslev, Ray Y. Chou, Kenneth F. Kroner. ARCH Modeling in Finance: A Review of the Theory and Empirical Evidence[J]. Journal of Econometrics, 1992(52):5—59.

[69] Venezian, E. C. Ratemaking Methods and Profit Cycles in Property and Liability Insurance[J]. Journal of Risk and Insurance, 1985, 52: 477—500.

[70] von Bomhard, Nikolaus. The Advantages of a Global Solvency Standard[J]. Geneva Papers on Risk and Insurance-Issues and Practice, 2009(31).

[71] Walter Hoffmann. Growth of Industrial Economics[M]. Manchester: Manchester University Press, 1958.

[72] 保监会考察团. 美国加拿大保险监管和相关情况的考察与思考[J]. 保险研究, 2003(1).

[73] 宾静. 我国财产保险公司偿付能力监管研究[D]. 成都:西南财经大学, 2009.

[74] 曹维洋. 论我国保险资金运用发展现状和问题浅析[J]. 时代金融, 2011(10):146.

[75] 柴瑞娟. 变革与现状:法国金融监管体制研究[J]. 证券法苑, 2011(1):460—487.

[76] 陈超,李文华. 金融监管目标新趋势:金融消费者保护——兼论我国金融监管目标的改革[J]. 法制与经济, 2011(11):81—82.

[77] 陈冬飞,梁利君. 浅谈中国资本市场与保险资金[J]. 商场现代化(学术版), 2005(3):43.

[78] 陈建华. 浅析我国保险业税收政策[N]. 中国保险报, 2011-9-23. http://finance.people.com.cn/insurance/h/2011/0923/c227929-1897657434.html

[79] 陈洁. 保险资金运用渠道拓展及其风险防范[J]. 上海保险, 2010(6).

[80] 陈昆亭,周炎,龚六堂. 中国经济周期波动特征分析:滤波方法的应用[J]. 世界经济, 2004(10).

[81] 陈浪南,刘宏伟. 我国经济周期波动的非对称性和持续性研究[J]. 经济研究, 2007(4).

[82] 陈璐,徐南南.美国保险公司破产研究及对我国的启示[J].保险研究,2011(10):111—121.
[83] 陈元燮.保险业偿付能力监管的意义和方法[J].财经问题研究,2003(1).
[84] 程盈.我国保险公司偿付能力的法律监管研究[D].济南:山东大学,2011.
[85] 池晶.论日本保险业的危机、对策及启示[J].东北亚论坛,2001(4):69—72.
[86] 迟国泰.投资风险管理[M].北京:清华大学出版社,2010.
[87] 崔冬初.美国保险监管制度研究[D].吉林:吉林大学,2010.
[88] 崔惠贤.发达国家的保险监管制度对我国的借鉴意义[J].浙江金融,1999(5).
[89] 戴维·F.巴贝尔,弗兰克·J.法博兹.保险公司投资管理[M].北京:经济科学出版社,2010.
[90] 戴稳胜,易丹辉.欧美保险业偿付能力监管的比较研究[J].中国人民大学学报,2001(3).
[91] 丁爱华.国外保险公司偿付能力监管的主要模式及其借鉴[J].南京审计学院学报,2008(3).
[92] 丁元昊.AIG濒临破产给我国保险业带来的警示[J].西南金融,2008(12):61—62.
[93] 杜宏鹰.我国金融监管的现状及其未来发展趋势[J].现代营销(学苑版),2011(5):80—81.
[94] 杜因.经济长波与创新[M].刘宇英等译.上海:上海译文出版社,1993.
[95] 段吉超.我国债券市场发展中存在的问题及对策[J].金融天地,2011(4):159.
[96] 段玉平,刘洪波.欧洲偿付能力Ⅱ监管制度及对我国保险公司经营的启示[J].金融会计,2011(12).
[97] 樊帆.论动态财务分析在非寿险公司的应用.社会科学家,2005(5):313—314.
[98] 房海滨.保险公司资产负债管理问题研究[D].天津:天津大学,2007:27.
[99] 傅伟力.关于我国保险资金运用问题的探析[J].时代金融,2011(6):197.
[100] 傅文惠.风险资本法在我国寿险公司偿付能力监管中的运用研究[D].成都:西南财经大学,2005.
[101] 高志强.基于风险的保险公司偿付能力框架研究[J].保险研究,2008(9).
[102] 关国亮.论保险资金运用与资产负债管理[J].保险研究,2003(5).
[103] 郭庆旺,贾俊雪.中国全要素生产率的估算:1979—2004[J].经济研究,2005(4).
[104] 郭晓亭,蒲勇健,林略.风险概念及其数量刻画[J].数量经济技术经济研究,2004(2):111—115.
[105] 郭艳,胡波.保险公司偿付能力监管:国际趋势及其对我国的启示[J].经济问题,2008(6).
[106] 韩猛.欧盟保险业偿付能力监管Ⅱ及其对我国的启示[J].未来与发展,2012(4).
[107] 韩世群.谈保险资金运用现状及风险管理[J].现代管理科学,2004(2):98—99.
[108] 何绍慰.借鉴美国经验构建我国保险信用评级制度[J].上海保险,2006(5):55—57.
[109] 何勇生.保险监管的国际比较与我国保险监管的法律研究[D].大连:大连海事大学,2010.

[110] 胡宏兵,郭金龙.我国保险资金运用问题研究:基于资产负债匹配管理的视角[J].宏观经济研究,2009(11):51—58.

[111] 胡坤.日本保险业的危机与启示[J].亚太经济,2000(06):15—19.

[112] 胡庆康,叶明华.保险监管模式比较[J].商业时代,2006(8).

[113] 胡颖等.美国保险业偿付能力研究的评价及借鉴[J].现代管理科学,2007(2).

[114] 胡月辉,叶俊.因子 GARCH-M 模型在 VaR 中的应用[J].理论新探,2004(8):29—31.

[115] 华金辉.动态财务分析模型在非寿险行业精算中的运用与分析[D].厦门:厦门大学,2006.

[116] 黄为,钟春平.保险公司偿付能力监管法规国际比较[J].当代财经,2000(9).

[117] 黄亚锋.论保险公司偿付能力监管体系的构建[J].保险研究,2001(6).

[118] John C. Hull. 风险管理与金融机构[M].王勇译.北京:机械工业出版社,2010.

[119] 家和.外管局副局长马德伦表示:积极推进保险资金海外投资[N].证券日报,2004-6-24(3).

[120] 江先学.欧盟偿付能力Ⅱ对完善我国偿付能力监管制度的启示[J].中国金融,2010(23).

[121] 姜波,陶燃.欧盟保险偿付能力Ⅱ监管体系改革最新进展[J].中国金融,2010(23).

[122] 姜寒.金融危机后国际金融监管新趋势及我国应对策略[J].山东广播电视大学学报,2011(4):66—68.

[123] 解强.我国保险资金运用风险分析[J].福建金融管理干部学院学报,2008(3):32.

[124] 敬永康等.通用风险值模型(VaR)衡量保险业之风险基础额(RBC)[J].货币观测与信用评等,2001(9).

[125] 科埃利.效率与生产率分析引论[M].第二版.王忠玉译.北京:中国人民大学出版社,2008.

[126] 克利斯·弗里曼,罗克·苏特.工业创新经济学[M].北京:北京大学出版社,2004.

[127] 库兹涅茨.现代经济增长[M].戴睿译.北京:北京经济学院出版社,1991.

[128] 蓝新天.保险资金海外投资的新视野[N].中国证券报,2007-7-26(A02).

[129] 冷煜.保险监管国际比较及发展趋势研究[J].保险研究,2009(3).

[130] 李宾,曾志雄.中国全要素生产率变动的再测算:1978—2007[J].数量经济技术经济研究,2009(3).

[131] 李冰清.保险投资[M].天津:南开大学出版社,2007.

[132] 李钢,胡坤.论建立竞争性的保险市场体系[J].保险研究,2000(12).

[133] 李建英,刘婷婷.保险偿付能力监管的国际比较与启示[J].江西财经大学学报,2004(6).

[134] 李强.我国保险资金投资股票市场问题研究[D].苏州:苏州大学,2009:23.

[135] 李瑞南.对我国现阶段保险投资监管的思考[J].洛阳理工学院学报(社会科学版),2008(1).

[136] 李润敏.中国保险资金运用风险分析[J].东方企业文化,2011(6):20.

[137] 李亚敏.中国保险资金投资资本市场的收益与风险研究[M].北京:知识产权出版社,2010.

[138] 梁昭铭.保险业资金运用规范之妥适性——以中寿投资开发金衍生之争议为例[D].台北:政治大学,2006.

[139] 林宝清.保险需求与GNP增长同步相关验证[J].发展研究,1996(7).

[140] 林宝清,施建祥.论西方保险监管模式变革与我国保险监管模式选择[J].金融研究,2003(6).

[141] 林毅夫,蔡昉,李周.中国的奇迹:发展战略与经济改革[M].增订版.上海:上海人民出版社,1999.

[142] 刘建强.我国寿险公司利差损实证研究[J].烟台大学学报,2005,18(1):73—76.

[143] 刘金全,范剑青.中国经济周期的非对称性和相关性研究[J].经济研究,2001(5).

[144] 刘金全,刘志刚.我国经济周期波动中实际产出波动性的动态模式与成因分析[J].经济研究,2005(3).

[145] 刘瑾.基于ARCH类模型的VaR方法在外汇风险计量中的应用[D].北京:北京大学,2007.

[146] 刘晶,胡馨月.对化解我国寿险利差损的思考[J].甘肃农业,2006(1):61.

[147] 刘连生.保险公司预警指标体系的建立与偿付能力指标的量化[J].现代财经—天津财经学院学报,2001(12).

[148] 刘铭.我国保险资金运用风险管理研究[D].北京:北京工商大学,2006:3.

[149] 刘铭.我国保险资金运用风险管理研究[D].北京:北京工商大学,2006:10.

[150] 刘喜华.保险资金运用的风险限额管理[J].保险研究,2003(8):38.

[151] 刘新立.风险管理[M].北京:北京大学出版社,2009.

[152] 刘新立.风险管理学[M].北京:北京大学出版社,2006.

[153] 刘新立.论我国保险公司的整合风险管理[J].保险研究,2007(2):31—32.

[154] 刘新立.我国保险资金运用渠道的拓宽及风险管理[J].财经研究,2004(9).

[155] 刘遵义.东亚经济增长的源泉与展望[J].数量经济技术经济研究,1997(10).

[156] 鲁国强.论金融监管的未来趋势[J].价值工程,2012(1):141—143.

[157] 吕晨.欧盟偿付能力监管体系改革及启示[J].中国保险,2008(7).

[158] 马敏.保险公司偿付能力监管有效性和效率性的经济学分析[J].经济科学,2001(2).

[159] 麦迪森.世界经济二百年回顾[M].北京:改革出版社,1997.

[160] 孟飞.保险资金运用风险控制研究[J].法制与经济(下半月),2008(1).

[161] 孟惠丽.我国保险资金运用的风险及其管理[D].甘肃:兰州大学,2005.

[162] 孟生旺.论非寿险公司的偿付能力监管[J].现代财经—天津财经学院学报,2001(6).

[163] 孟宪康.巴塞尔协议的发展对保险监管的启示[D].对外经济贸易大学,2007.

[164] 孟昭亿.保险资金运用的国际比较[M].北京:中国金融出版社,2005.

[165] 孟昭亿.保险资金运用国际比较[M].北京:中国金融出版社,2005:16,188.

[166] 孟昭亿.中国保险监管制度研究[M].北京:中国财政经济出版社,2002.

[167] 米切尔编.帕尔格雷夫世界历史统计(欧洲卷)1750—1993[M].贺力平译.北京:经济科学出版社,2002.

[168] 明洪盛.银行金融风险指标体系构成研究[J].企业导报,2011(6):102—103.

[169] 那广辉.人寿保险公司风险管理研究[D].北京:对外经济贸易大学,2010.

[170] 倪红霞.中国寿险业利差损规模测算与分析[J].统计与决策,2011(17):49—52.

[171] 倪琦珉.保险资金运用国际比较及中国的选择[D].杭州:浙江大学,2003.

[172] 欧卫萍.浅谈欧盟 Solvency Ⅰ 到 Solvency Ⅱ 对我国的影响[J].知识经济,2010(2).

[173] 潘力,王向南.构建保险监管新体系——浅谈欧盟 Solvency Ⅱ 草案[J].现代商业,2008(20).

[174] 潘力.我国保险公司偿付能力监管体系探讨[D].成都:西南财经大学,2010.

[175] 彭雪梅.论我国保险监管模式的选择方向[J].金融研究,2000(1).

[176] 彭宇松.美欧信用评级监管体制改革及启示[J].中国金融,2009(14):60—61.

[177] 皮埃特罗·潘泽,维普·K.班塞尔.用 VaR 度量市场风险[M].北京:机械工业出版社,2001.

[178] 祁欣.金融危机后国际金融监管变化趋势分析[J].国际贸易,2011(5):55—56.

[179] 秦香军.美国保险公司偿付能力监管及其借鉴[J].西南金融,2003(2).

[180] 邱沛光.GARCH 模型在 VaR 计量中的应用[J],陕西农业科学,2004(3):52—55.

[181] 阮连法,温海珍,崔新明.基于在险价值的杭州市房地产市场风险分析[J].浙江大学学报,2006(11).

[182] 尚昀.保险资金的运用及风险管理研究[D].北京:对外经济贸易大学,2006:18.

[183] 速水佑次郎.发展经济学——从贫困到富裕[M].李周译.北京:社会科学文献出版社,2003.

[184] 粟芳.美国对保险公司偿付力的监管[J].外国经济与管理,2000(9).

[185] 隋学深,奚冬梅.中外保险资金运用相关监管制度比较及其启示[J].经济研究导刊,2011(5):124.

[186] 孙浩.保险资金运用风险研究[D].长春:吉林大学,2007.

[187] 孙祁祥.保险学[M].北京:北京大学出版社,2005.

[188] 孙祁祥,贲奔.中国保险产业发展的供需规模分析[J].经济研究,1997(3).

[189] 孙祁祥等.欧盟偿付能力监管Ⅱ及对中国的启示[M].北京:经济科学出版社,2008.

[190] 孙祁祥,郑伟,肖志光.经济周期与保险周期——中国案例与国际比较[J].数量经济技术经济研究,2011(3).

[191] 孙荣,彭雪梅.中国保险业风险管理战略研究[M].北京:中国金融出版社,2006:273.

[192] 孙同舟.国际视野下的保险投资监管法律制度研究[D].大连:大连海事大学,2008.

[193] 孙执中.荣衰论——战后日本经济史(1945—2004)[M].北京:人民出版社,2006.

[194] 太平洋保险公司.2010 年度信息披露报告[R].http://www.cpic.com.cn/cpic/cn/investor/companynote/index.shtml

[195] 唐小童,黄皓骥.次贷危机中 AIG 亏损原因分析[J].时代经贸,2009(3):98.

[196] 王安.保险中国 200 年[M].北京:中国言实出版社,2008:161—162.

[197] 王波,史安娜.非寿险市场的承保周期研究及在中国的检验[J].上海金融,2006(7).

[198] 王朝晖,吴亭.保险公司的资产负债匹配管理[J].中国保险研究,2009(01):51—53.

[199] 王建,马学平,陈杰.论加强保险业偿付能力的监管[J].保险研究,1998(8).

[200] 王丽梅.房地产投资风险分析方法的比较研究[J].经济研究导刊,2007(1).

[201] 王利利.我国保险投资风险分析与管理研究[D].上海:华东师范大学,2006.

[202] 王佩.中国保险资金运用的风险管控研究[D].武汉:武汉科技大学,2009.

[203] 王倩.后金融危机时代我国保险资金运用的思考[J].南方金融,2011(1):66—68.

[204] 王瑞田.论中国保险监管法律制度的变迁与发展[J].商品与质量,2010(12):51—53.

[205] 王永兵.我国保险资金运用渠道研究[D].北京:北京交通大学,2011.

[206] 魏华林,刘娜,保险市场与资本市场融合发展的经济学分析[J].经济评论,2006(6).

[207] 魏巧琴.保险投资风险管理的国际比较与中国实践[M].上海:同济大学出版社,2004:61—86.

[208] 魏巧琴.保险投资学[M].上海:上海财经大学出版社,2008.

[209] 魏巧琴.发达国家保险偿付能力的动态监管及其借鉴[J].上海保险,2002(11).

[210] 魏巧琴.发达国家保险偿付能力监管的风险资本要求法[J].上海保险,2001(10).

[211] 吴敬琏.中国增长模式抉择(修订版)[M].上海:远东出版社,2005.

[212] 吴世农,陈斌.风险度量方法与金融资产配置模型的理论和实证研究[J].经济研究,1999(9).

[213] 吴贤.动态财务分析模型在非寿险公司中的应用[D].厦门:厦门大学,2008.

[214] 吴焰.中国非寿险市场发展研究报告(2008)[R].北京:中国经济出版社,2009.

[215] 吴钰.我国保险资金运用刍议[J].保险研究,2008(1):74—76.

[216] 夏汛汛.我国保险资金运用的风险管理[J].宏观经济观察,2010(4):29—30.

[217] 夏媛媛.保险资金运用风险管理问题研究[D].济南:山东大学,2011.

[218] 肖瑞婷.国外信用评级机构认可制度的经验及启示[J].西部金融,2008(2):45—46.

[219] 肖文.欧美保险偿付能力监管研究及对我国的借鉴[J].浙江社会科学,2004(6).

[220] 谢宪.保险竞争新论[M].深圳:海天出版社,2005:137—138.

[221] 邢彬,黄俊星.国际保险业偿付能力监管制度比较及发展趋势研究[J].保险研究,2011(7):69—74.

[222] 邢彬,黄俊星.国际保险业偿付能力监管制度比较及发展趋势研究[J].保险研究,2011(7).

[223] 熊彼特.经济发展理论[M].北京:商务印书馆,1990.

[224] 熊彼特.经济周期循环论[M].叶华编译.北京:中国长安出版社,2009.

[225] 熊立军.我国商业保险资金的股市投资策略及风险管控研究[D].厦门:集美大学,2010:26.

[226] 徐高林.AIG危机的深层原因及借鉴[J].保险研究,2009(8):104—107.

[227] 徐高林.英国保险资金投资监管及启示[N].中国保险报,2008-07-21(6).

[228] 徐宏飞.浅析我国的公司债与企业融资[J].价值工程,2008(6).

[229] 徐景峰,李冰清.中外保险资金运用的比较及启示[J].经济社会体制比较,2009(5).

[230] 薛生强,何凤隽.保险监管的理论分析[J].宁夏大学学报(人文社会科学版),2004(3).

[231] 严成樑,龚六堂.熊彼特增长理论:一个文献综述[J].经济学季刊,2009(4).

[232] 杨明生.保险资金运用新规的历史跨越[J].保险研究,2011(6).

[233] 杨明生.对保险资金运用与监管的思考[J].保险研究,2008(9):77—78.

[234] 杨楠,邢力聪.基于VaR的房地产投资组合模型设计与应用[J].数理统计与管理,2007(9).

[235] 杨攀勇.保险资金运用的风险管理与控制问题研究[D].天津:天津大学,2007.

[236] 杨文生,张倩.美国国际集团被接管的教训及对中国保险业的警示[J].保险研究,2009,27(1):92—96.

[237] 尹秀艳.日本人寿保险公司相继破产的原因及走向[J].当代亚太,2002(2):35—39.

[238] 游明达,张洲.基于动态 E-VaR 模型的房地产收益波动性测度研究[J].中外企业家,2009(7).

[239] 于超银.日本保险公司破产对我国保险业风险防范的启示[J].现代日本经济,2001,117(3):26—31.

[240] 于世利.浅析中国保险资金投资的风险防范[J].大众商务,2010(8):78.

[241] 于永达,吕冰洋.中国生产率争论:方法的局限性和结论的不确定性[J].清华大学学报,2010(3).

[242] 袁敏.建立以风险为导向的非寿险公司偿付能力监管体系研究——基于欧盟保险偿付能力监管标准Ⅱ[A][C],2011.

[243] 曾庆久,蔡玉胜.保险资金运用和监管的国际比较与借鉴[J].经济纵横,2007(9).

[244] 张兵.论中国经济长周期波动的特殊性[J].南方经济,2006(9).

[245] 张洪涛.美日英韩四国及台湾地区保险资金运用的启示[J].保险研究,2003(5).

[246] 张洪涛,王国良主编.保险资金管理[M].北京:中国人民大学出版社,2005.

[247] 张金林.商业保险资金营运论[M].北京:中国财政经济出版社,2004.

[248] 张君.保险资金入市后的风险防范与管理[J].时代金融,2006(2).

[249] 张琳,朱园丽.机动车辆保险承保周期的回归模型分析[J].财经理论与实践,2009(2).

[250] 张鹏,解玉平.金融监管组织架构变迁的趋势、原因及对中国的启示[J].现代管理科学,2012(3):60—62.

[251] 张鹏,解玉平.美国金融监管有效性的趋势分析及政策建议[J].天津商业大学学报,2012(1):21—26.

[252] 张帅,申海.我国保险资金与资本市场相互关系实证研究[J].上海金融学院学报,2011(2):14—21.

[253] 张晓燕.试论保险资金运用与风险管理[J].保险论坛,2010(7):36—38.

[254] 张绪风.论寿险公司的偿付能力管理.保险研究[J],2001(9).

[255] 张仲明.保险资金运用研究[D].厦门:厦门大学,2005.

[256] 赵博.我国保险资金的运用及风险管理[D].北京:对外经济贸易大学,2010.

[257] 赵桂芹,梁庆庆.欧盟保险业 Solvency Ⅱ项目最新进展及对我国的启示[J].云南财经大学学报,2009(2).

[258] 赵征丽.我国保险资金运用风险控制探析[D].成都:西南财经大学,2007.

[259] 郑荷芬,肖文.综合经营趋势下我国保险监管模式的研究[J].证券保险,2011(12):59—61.

[260] 中国人寿.2011 年度报告[R].http://www.e-chinalife.com/IRchannel/http/gb2312/report.html

[261] 中国证券市场发展历史.http://wenku.baidu.com/view/8a4603878762caaedd33d4d5.html

[262] 周骏,张中华.保险业与资本市场/2004 年中国金融与投资发展报告[R].北京:中国金融出版社,2005.

[263] 周游,翟建辉. 长波理论、创新与中国经济周期分析[J]. 经济理论与经济管理,2012(5).

[264] 周志刚,吕鍠芹. 我国寿险偿付能力监管演变探析[J]. 财政监督,2011(3).

[265] 朱南军,何小伟. 欧盟保险偿付能力监管标准Ⅱ:框架、理念和影响[J]. 南方金融,2008(6).

[266] 朱向辉. 日本保险公司的破产及其对中国保险业的启示[D]. 北京:对外经济贸易大学保险学院,2010.

[267] 左晓慧. 我国保险业偿付能力及其监管[J]. 经济问题,2000(11).